로마서 강해설교

복음의 능력

강 효 민 지음

로마서 강해설교

복음의 능력

지 은 이 | 강효민

초판발행 | 2007년 10월 5일

발 행 처 | 새삶전도협회

출판등록 | 제 25100-2007-26호

주   소 | 143-222 서울시 광진구 중곡동 157-1

전   화 | 458-0691

팩   스 | 453-9020

인   쇄 | 금강인쇄 2274-6598

■ 책값은 뒷표지에 있습니다.

ISBN 89-960-0060-0 03230

※ 이 책에 사용된 성경은 개역개정판입니다.

「복음의 능력」을 펴내며

복음에는 능력이 있습니다.
그 능력이 저를 구원했고, 저의 삶을 변화시켰습니다.

성경은 복음의 능력을 이야기하는 책입니다.
성경 중에서도 복음의 능력을 제일 잘 설명하는 책이 로마서입니다.
로마서를 기록한 사도 바울은 복음의 능력으로 놀랍게 변화된 사람입니다. 그리고 로마서라는 위대한 글을 남겼습니다.

복음의 능력으로 구원받게 된 것이 저는 늘 감사합니다. 그 은혜에 감사하여 예수 그리스도의 복음을 전하는 자가 되었습니다.

본서의 내용은 제가 섬기는 새삶침례교회에서 한 설교를 옮긴 것입니다. 로마서가 위대한 하나님의 말씀이라는 것은 진작부터 알고 있었지만 로마서를 연속으로 강해하면서 로마서의 진가를 다시 한 번 발견하게 되었습니다. 그리고 로마서가 전하는 복음의 능력을 더 많은 사람들과 나누고 싶었습니다. 그것이 이 책을 내게 된 이유입니다.

말로 한 설교를 정리해서 글로 옮기다 보니 매끄럽지 못한 부분이 있을 수 있습니다. 이 점에 대해서는 독자들의 이해를 구합니다.

이 책을 내면서 감사한 분들이 많이 떠오릅니다.

새삶전도협회의 한혜정 간사님이 이 책을 내기 위해서 정말 수고 많이 하셨습니다. 정리와 교정을 위해서 많은 시간 수고하신 한혜정 자매님에게 진심으로 감사의 말씀을 드립니다.

책의 편집과 디자인을 위해서 김화영 집사님께서 많은 수고를 하셨습니다. 깊이 감사드립니다.

또한, 설교를 글로 옮기는 작업을 위해서 여러 형제자매들이 수고해 주셨습니다. 그분들에게도 감사의 말씀을 전합니다.

재정적으로 필요했던 부분에 대해서 도움을 주신 전병국 집사님께 감사드립니다. 목자를 도우려는 집사님의 아름다운 마음을 하나님께서 크게 축복해 주시기를 바랍니다.

제가 섬기는 새삶침례교회의 집사님들과 성도님들의 배려와 사랑을 저는 잊을 수 없습니다. 그분들이 계시기에 제가 설교할 수 있었고, 이 설교집도 나올 수 있었습니다.

저에게 예수 그리스도의 복음을 처음 전해 주셨고, 좋은 신학교육을 받을 수 있도록 도와주셨으며, 지금까지 저의 가장 큰 후원자가 되어주고 계시는 저의 사랑하는 부모님 강인규 목사님과 손필순 사모님의 은혜와 사랑을 저는 평생 잊을 수 없습니다.

남편과 아버지로서는 별로 후한 점수를 받을 수 없는 사람임에도 불구하고 항상 곁에서 사랑과 격려로 대해주는 아내(강세라)와 조이, 건에게도 사랑과 감사의 마음을 전합니다. 이들의 이해와 사랑이 없었다면 목회가 불가능했을 것입니다.

이 외에도 이름을 일일이 밝힐 수 없지만 항상 저를 사랑으로 대해주시는 모든 분들에게 진심으로 감사드립니다.

아직 복음의 능력을 깨닫지 못한 분들에게는 이 책이 예수 그리스도의 복음의 능력을 깨닫는 도구가 되고, 이미 복음의 능력을 체험한 분들에게는 다시 한 번 복음으로 인하여 하나님께 감사하며 복음을 전하기로 결심하게 되는 도구가 되기를 기도합니다.

이 책을 읽는 모든 분들에게 예수 그리스도의 은혜와 평강이 있기를 기원합니다.

2007년 10월
새삶침례교회의 창립 5주년을 맞으며
강 효 민

contents

1
복음의 능력

(롬 1:1-17)

롬 1:1-17

1 예수 그리스도의 종 바울은 사도로 부르심을 받아 하나님의 복음을 위하여 택정
함을 입었으니
2 이 복음은 하나님의 선지자들을 통하여 그의 아들에 관하여 성경에 미리 약속하
신 것이라
3 그의 아들에 관하여 말하면 육신으로는 다윗의 혈통에서 나셨고
4 성결의 영으로는 죽은 자들 가운데서 부활하사 능력으로 하나님의 아들로 선포되
셨으니 곧 우리 주 예수 그리스도시니라
5 그로 말미암아 우리가 은혜와 사도의 직분을 받아 그의 이름을 위하여 모든 이방
인 중에서 믿어 순종하게 하나니
6 너희도 그들 중에서 예수 그리스도의 것으로 부르심을 받은 자니라
7 로마에서 하나님의 사랑하심을 받고 성도로 부르심을 받은 모든 자에게 하나님
우리 아버지와 주 예수 그리스도로부터 은혜와 평강이 있기를 원하노라
8 먼저 내가 예수 그리스도로 말미암아 너희 모든 사람에 관하여 내 하나님께 감사
함은 너희 믿음이 온 세상에 전파됨이로다
9 내가 그의 아들의 복음 안에서 내 심령으로 섬기는 하나님이 나의 증인이 되시거
니와 항상 내 기도에 쉬지 않고 너희를 말하며
10 어떻게 하든지 이제 하나님의 뜻 안에서 너희에게로 나아갈 좋은 길 얻기를 구하
노라
11 내가 너희 보기를 간절히 원하는 것은 어떤 신령한 은사를 너희에게 나누어 주어
너희를 견고하게 하려 함이니
12 이는 곧 내가 너희 가운데서 너희와 나의 믿음으로 말미암아 피차 안위함을 얻으
려 함이라
13 형제들아 내가 여러 번 너희에게 가고자 한 것을 너희가 모르기를 원하지 아니하
노니 이는 너희 중에서도 다른 이방인 중에서와 같이 열매를 맺게 하려 함이로되
지금까지 길이 막혔도다
14 헬라인이나 야만인이나 지혜 있는 자나 어리석은 자에게 다 내가 빚진 자라
15 그러므로 나는 할 수 있는 대로 로마에 있는 너희에게도 복음 전하기를 원하노라
16 내가 복음을 부끄러워하지 아니하노니 이 복음은 모든 믿는 자에게 구원을 주시
는 하나님의 능력이 됨이라 먼저는 유대인에게요 그리고 헬라인에게로다
17 복음에는 하나님의 의가 나타나서 믿음으로 믿음에 이르게 하나니 기록된 바 오
직 의인은 믿음으로 말미암아 살리라 함과 같으니라

복음에는 능력이 있는 것을 믿으십니까?

로마서 1장 1절에서 17절까지의 본문 중에서 제일 중요한 구절은 16절입니다. 이 16절에 보면 '복음'이라는 단어와 '능력'이라는 단어가 나옵니다.

"내가 복음을 부끄러워하지 아니하노니 이 복음은 모든 믿는 자에게 구원을 주시는 하나님의 능력이 됨이라 먼저는 유대인에게 요 그리고 헬라인에게로다"(롬 1:16).

복음에는 능력이 있습니다. 사람을 구원하는 능력이 있고, 사람을 변화시키는 능력이 있습니다. 어느 정도의 능력이 있는가 하면 이 본문을 기록한 사도 바울을 보면 금방 이해할 수 있습니다.

사도 바울의 원래 이름은 사울이었습니다. 이 사람이 크리스천이 되고, 사도가 되기 전에는 예수 믿는 사람들을 잡아가두고 핍박하는 박해자였습니다. 그런데 어떻게 박해자가 하루아침에 이렇게 놀랍게 변화될 수 있었을까요? 그것은 이 분이 어느 날 다메섹으로 가다가 부활하신 예수 그리스도를 만났기 때문입니다. 이 사건이 계기가 되어 사도 바울로 변화 받게 되었습니다. 그가 이렇게 놀라운 사도로 변화될 수 있었던 것은 전적으로 하나님의 은혜요, 복음의 능력 때문이었습니다. 복음의 능력이 '박해자 사울'을 '사도 바울'로 만들어 놓은 것입니다. 복음의 능력이 위대하지 않습니까?

로마서 강해를 시작하면서 먼저 로마서에 대한 서론적인 이야기부터 해봅시다.

로마서를 쓰신 분은 누구일까요?

'사도 바울'이 썼습니다. 본문 1절을 보면 알 수 있습니다.

"예수 그리스도의 종 바울은 사도로 부르심을 받아 하나님의 복음을 위하여 택정함을 입었으니"(롬:1:1).

신약성경은 전체가 27권으로 이루어져 있습니다. 사도 바울은 이 27권 중 거의 반에 해당하는 13권을 하나님의 영감을 받아 썼습니다. 그 중 가장 대표적인 책이 '로마서' 입니다. 이 로마서는 정말 위대한 책입니다. 주로 '구원의 문제' 에 대해서 다루고 있는데 수많은 사람들이 이 로마서의 말씀을 통해서 구원받았고, 구원의 확신을 가지게 되었습니다. 그리고 변화된 삶을 살게 되었습니다.

가장 대표적인 사람이 종교 개혁자 '마틴 루터' 라고 생각합니다. 루터는 카톨릭교회의 사제였습니다. 그런데 이 사람은 구원의 확신이 없었습니다. 구원의 확신을 가져보려고 나름대로 수행도 하였고, 고행도 해 보았습니다. 그럼에도 불구하고 구원의 확신을 가질 수가 없었습니다. 늘 죄책감에 시달렸습니다. '어떻게 하면 내가 의로운 사람이 될 수 있을까? 어떻게 하면 기쁨 가운데 살아갈 수 있을까?' 하는 것이 루터의 고민이었습니다. 그런데 이 분이 바로 이 로마서를 통해 구원의 확신을 갖게 되었습니다. 특별히 17절 말씀 때문에 루터가 변화하게 되었습니다.

"복음에는 하나님의 의가 나타나서 믿음으로 믿음에 이르게 하나니 기록된 바 오직 의인은 믿음으로 말미암아 살리라 함과 같으니라" (롬 1:17).

그 전에 루터는 선행을 통해서, 고행을 통해서, 수행을 통해서 의롭다함을 받으려고 무척 노력했습니다. 그런데 그게 아니었습니다. 로마서 1장 17절의 말씀을 깨달으면서 '사람이 의롭게 되는 것, 사람이 구원 받는 것은 오직 하나님의 은혜로, 믿음으로 받는 것으로

구나!' 하는 것을 깨닫게 되었습니다. 그 때부터 루터는 구원의 확신을 가지게 되었고, 구원의 기쁨을 알게 되었으며, 위대한 종교 개혁을 이루게 된 것입니다.

마틴 루터뿐 아니라 감리교의 창시자 '존 웨슬리'도 역시 마찬가지로 로마서 때문에 변화된 사람입니다. 그가 로마서의 말씀을 제대로 이해하고 깨닫기 전에는 구원의 확신이 없었습니다. 그런데 이 로마서의 말씀을 통해서 '이것이 바로 구원이로구나!' 깨닫게 되었습니다. 그리고 감리교회를 창시하게 된 것입니다.

이 두 분 외에도 역사적으로 수많은 사람들이 바로 이 로마서를 통해 구원받게 되었고, 확신을 얻게 되었으며, 변화된 삶을 살아가게 되었습니다.

로마서는 누구에게 쓴 것일까요?

책 제목이 이미 말하고 있는데 '로마에 사는 그리스도인들'에게 썼습니다.

"로마에서 하나님의 사랑하심을 받고 성도로 부르심을 받은 모든 자에게 하나님 우리 아버지와 주 예수 그리스도로부터 은혜와 평강이 있기를 원하노라"(롬 1:7).

로마의 성도들 중에는 유대인들도 많이 있었습니다. 로마교회의 회원이었던 사람들 중에는 우리가 이름을 들어서 잘 아는 사람도 있습니다. 예를 들면, 브리스길라와 아굴라 부부 들어보셨지요? 로마서 16장을 보면 사도 바울이 이 두 사람에게 안부를 전하는 내용이 나옵니다. 이들이 로마에 있는 그리스도인이었습니다. 이 사람들은 유대인입니다. 상당수의 사람이 유대인이었겠지만 또 상당수의 사람들은 이방인이었습니다. 13절을 보면 이런 말씀이 있습니다.

"너희 중에서도 다른 이방인 중에서와 같이 열매를 맺게 하려 함이로되"(롬 1:13).

이 말씀을 통해 볼 때 교회를 이루고 있는 사람 중에 이방인도 상당히 많았다는 것을 발견할 수 있고, 로마서 11장 13절에 보면 "내가 이방인인 너희에게 말하노라"라는 말씀도 있어 적지 않은 수가 이방인들이었다는 것을 알 수 있습니다.

로마서의 기록 목적은 무엇일까요?

"먼저 내가 예수 그리스도로 말미암아 너희 모든 사람에 관하여 내 하나님께 감사함은 너희 믿음이 온 세상에 전파됨이로다 내가 그의 아들의 복음 안에서 내 심령으로 섬기는 하나님이 나의 증인이 되시거니와 항상 내 기도에 쉬지 않고 너희를 말하며 어떻게 하든지 이제 하나님의 뜻 안에서 너희에게로 나아갈 좋은 길 얻기를 구하노라"(롬 1:8-10).

이 말씀을 보면 사도 바울이 로마에 있는 그리스도인들을 무척 사랑하고 있는 것을 알 수 있습니다. 사도 바울은 한 번도 로마에 가본 적이 없고, 이들을 전체적으로 만난 적도 없습니다. 하지만 사도 바울은 언젠가는 로마에 꼭 가고 싶다는 마음이 간절했습니다. 그래서 그 마음을 전달하기 위해서 로마에 있는 성도들에게 로마서를 기록한 것입니다.

로마에 가려고 하는 목적은 그 곳에 있는 성도들의 믿음을 견고히 세워주고, 그 지역에 살고 있는 믿지 않는 사람들에게 복음을 전하고자 하는 것이었습니다.

"내가 너희 보기를 간절히 원하는 것은 어떤 신령한 은사를 너희에게 나누어 주어 너희를 견고하게 하려 함이니 이는 곧 내가 너희 가운데서 너희와 나의 믿음으로 말미암아 피차 안위함을 얻으려 함이라 형제들아 내가 여러 번 너희에게 가고자 한 것을 너희가 모르기를 원하지 아니하노니 이는 너희 중에서도 다른 이방인 중에서와 같이 열매를 맺게 하려 함이로되 지금까지 길이 막혔도다"(롬 1:11-13).

"그러므로 나는 할 수 있는 대로 로마에 있는 너희에게도 복음 전하기를 원하노라"(롬 1:15).

로마서는 '복음의 능력' 과 '믿음으로 말미암는 구원' 에 대해서 잘 설명하고 있습니다. 로마서 전체의 핵심 구절은 1장 16-17절입니다.

"내가 복음을 부끄러워하지 아니하노니 이 복음은 모든 믿는 자에게 구원을 주시는 하나님의 능력이 됨이라 먼저는 유대인에게요 그리고 헬라인에게로다 복음에는 하나님의 의가 나타나서 믿음으로 믿음에 이르게 하나니 기록된 바 오직 의인은 믿음으로 말미암아 살리라 함과 같으니라"(롬 1:16-17).

이 두 구절이 로마서 전체에서 가장 중요한 구절입니다.

'복음' 이라고 하는 것은 말 그대로 '복된 소식', '기쁜 소식' 입니다. 무엇이 기쁜 소식일까요? 하나님께서 우리를 위하여 예수 그리스도를 이 땅에 보내주셨고, 누구든지 예수 그리스도를 믿으면 구원해 주시고 영생을 주시는 것이 성경에서 말하고 있는 기쁜 소식입니다. 세상에 기쁜 소식이 많겠지만 이것보다 더 기쁜 소식은 없습니다. 이 소식을 '복음'이라고 합니다.

이 본문을 잘 보시면 복음에 대해서 아주 중요한 몇 가지 사실을 이야기하고 있습니다.

첫째, 복음은 하나님께서 우리에게 미리 약속해 주신 것입니다.

"이 복음은 하나님의 선지자들을 통하여 그의 아들에 관하여 성경에 미리 약속하신 것이라"(롬 1:2).

여기서 말하는 성경은 '구약성경'입니다. 구약성경 어디에서 하나님께서 복음에 대하여, 예수 그리스도에 대하여 약속을 해놓으셨을까요? 구약성경을 읽어보면 전반에 걸쳐서 복음을 이야기하고 있고, 예수 그리스도에 대하여 이야기하고 있습니다. 예수 그리스도에 대하여 구약성경에서 제일 먼저 나오는 성경구절은 창세기 3장 15절입니다.

"내가 너로 여자와 원수가 되게 하고 네 후손도 여자의 후손과 원수가 되게 하리니 여자의 후손은 네 머리를 상하게 할 것이요 너는 그의 발꿈치를 상하게 할 것이니라 하시고"(창 3:15).

이 말씀에 보면 '여자의 후손'이라는 표현이 나옵니다. 하나님께서 마귀사단에게 하시는 말씀인데 '여자의 후손'이 네 머리를 상하게 할 것이라고 이야기하고 있습니다. 여기서 말씀하는 '여자의 후손'은 '예수님'을 이야기하는 것입니다. 예수님은 남자 경험이 없는 순수한 처녀의 몸을 통해 나오셨습니다. 동정녀 마리아를 통해서 나오셨지요. 그래서 '여자의 후손'이라고 한 것입니다.

또, 출애굽기를 읽어보면 12장에 '유월절 어린 양'에 대한 이야기가 나오고, 또 계속 읽어보면 하나님께서 '제사제도'에 대하여 말씀하시는 것이 기록되어 있습니다. 출애굽기 12장에 나오는 '유월절 어린 양', 그리고 '번제에 사용되는 짐승들'이 누구를 이야기하는 것일까요? 그것도 결국은 '예수님'을 나타내는 것입니다.

민수기 21장에 보면 이스라엘 백성들이 모세에게 불평하고 원망하자 하나님께서 불뱀을 보내어 그들을 죽이기 시작합니다. 그리고 하나님께서 그들을 살려주시는 방법으로 '놋뱀'을 만들어 장대 끝에 매달아 누구라도 그 놋뱀을 바라보면 나을 수 있게 해주셨습니다. 그 장대 끝에 매달린 놋뱀 역시 '예수 그리스도'를 나타내는 것입니다.

그 외에도 시편, 이사야, 미가, 스가랴를 읽어보면 '오실 메시야'에 대해 많은 것들을 이야기하고 있습니다. 구약성경 전체가 오실 메시아에 대한 말씀이라고 해도 과언이 아닙니다. 예수님께서도 "이 성경이 곧 내게 대하여 증언하는 것이니라"(요 5:39)라고 말씀하셨습니다.

둘째, 복음은 구원을 주시는 하나님의 능력입니다.
"내가 복음을 부끄러워하지 아니하노니 이 복음은 모든 믿는 자에게 구원을 주시는 하나님의 능력이 됨이라"(롬 1:16a).

이 말씀에 보면 '복음'을 '구원을 주시는 하나님의 능력'이라고 소개하고 있습니다. 하나님이 우리에게 복음을 주신 목적이 사람들로 하여금 구원받게 하려고 주셨다는 것입니다. 그러면 구원이 도대체 무엇인가 하는 것입니다. 믿는 사람도 구원이 뭐냐고 물으면 설명하기가 쉽지 않을 것입니다. 그러니 믿지 않는 사람들은 더 어렵겠지요. 그러나 구원의 필요성은 많은 사람들이 압니다. 이 세상에는 많은 종교가 있습니다. 종교의 궁극적인 목적이 무엇이겠습니까? 구원받으려는 것입니다. 구원의 필요성이 없다면 종교를 만들지 않았을 것입니다. 그런데 세상에는 종교가 자꾸 생겨나고 있습니다. 이것은 사람들이 구원의 필요성을 알고 있다는 말입니다. 그런데 문제는 많은 사람들이 구원받는 방법을 모르고 있습니다.

사람이 어떻게 구원받을 수 있을까요?

그것은 예수 그리스도를 통해서만이 가능합니다.

"다른 이로서는 구원을 받을 수 없나니 천하 사람 중에 구원을 받을 만한 다른 이름을 우리에게 주신 일이 없음이라"(행 4:12).

예수 그 이름 외에는 그 무엇으로도 사람이 하나님께 나아갈 수 없고, 의로워질 수 없으며, 구원받을 수 없습니다. 어떤 사람들은 그것을 기독교의 독선이라고 이야기합니다. 그러나 그것은 기독교의 독선이 아니라 하나님께서 주신 유일한 구원의 길이기 때문에 그렇게 말할 수밖에 없는 것입니다. 예수님께서도 친히 이렇게 말씀하셨습니다.

"내가 곧 길이요 진리요 생명이니 나로 말미암지 않고는 아버지께로 올 자가 없느니라"(요 14:6).

예수님 말고 이런 말을 한 사람이 있었습니까? 예수님만이 하나님께로 나아갈 수 있는 유일한 길이라는 것을 믿으시기 바랍니다. 누구라도 이 사실을 진심으로 믿고 받아들일 때 구원받을 수 있습니다. 이것이 복음의 능력입니다.

셋째, 복음은 모든 사람에게 해당되는 것입니다.

"내가 복음을 부끄러워하지 아니하노니 이 복음은 모든 믿는 자에게 구원을 주시는 하나님의 능력이 됨이라"(롬 1:16a).

이 복음은 모든 사람들에게 해당됩니다. 유대인이나 이방인이나, 남자나 여자나, 어른이나 아이나, 부자나 가난한 자나, 배운 자나 못 배운 자나, 모든 자에게 해당됩니다. 이 복음은 누구에게라도 해당될 수 있고, 적용될 수 있습니다.

그리고, 이 복음을 자기의 것으로 만드는 방법은 복음의 내용을 믿는 것입니다. 16절에 보면 '이 복음은 믿는 자에게' 라고 되어 있습니다. 받아들이는 것, 믿는 것, 이것이 복음을 내 것으로 만드는 유일한 방법입니다.

이것이 얼마나 큰 하나님의 은혜입니까? 정말 하나님의 은혜가 놀랍지 않습니까? 만약 하나님이 다른 방법으로 구원해 주시기로 하셨다면 어떠했겠습니까? 선행을 많이 해야 한다든지, 죄를 많이 지었으니까 고행을 해야 한다든지, 수행을 하라고 하면서 구원의 길을 제시했다면 이 세상에 구원받을 사람이 없을 것입니다.

그러나 믿는 것을 통해서 구원해 주시니까 마음만 먹으면 누구든지 구원받을 수 있는 것입니다. '믿을 것인가, 말 것인가?' 이것이 얼마나 쉬운 것입니까? 이것은 누구나 할 수 있는 것입니다. 하나님께서는 다른 것을 요구하지 않으시고, 이것 한 가지만 요구하셨습니다. 그렇게 하신 목적은 하나님께서 이 세상을 사랑하심으로 이 세상 모든 사람을 구원시키고자 누구라도 할 수 있는 방법을 선택하신 것입니다.

"하나님이 세상을 이처럼 사랑하사 독생자를 주셨으니 이는 그를 믿는 자마다 멸망하지 않고 영생을 얻게 하려 하심이라"(요 3:16).

'그를 믿는 자마다.' 다른 것 없습니다. 예수 그리스도를 믿는 자마다 하나님께서 멸망치 않고 '영생'을 주시겠다고 약속하셨습니다.

"영접하는 자 곧 그 이름을 믿는 자들에게는 하나님의 자녀가 되는 권세를 주셨으니"(요 1:12).

'믿는 자'에게 주십니다.

"오직 이것을 기록함은 너희로 예수께서 하나님의 아들 그리스도이심을 믿게 하려 함이요 또 너희로 믿고 그 이름을 힘입어 생명을 얻게 하려 함이니라"(요 20:31).

여기서도 마찬가지로 예수 그리스도를 믿으면 '생명'을 주시겠다고 말씀하고 있습니다.

로마서 1장 17절은 루터를 변화시킨 말씀입니다.

"복음에는 하나님의 의가 나타나서 믿음으로 믿음에 이르게 하나니 기록된 바 오직 의인은 믿음으로 말미암아 살리라 함과 같으니라"(롬 1:17).

이 말씀의 핵심은 '사람은 믿음으로 구원 받는다' 하는 것입니다. 이렇게 쉬운 방법으로 구원의 길을 제시해 주신 것은 전적으로 하나님의 은혜입니다. 그래서 구원은 하나님의 은혜요, 믿음으로 받는 것입니다. 이 말씀이 루터를 변화시켰고, 존 웨슬리를 변화시켰으며, 오늘날 수많은 사람들의 삶도 이 말씀으로 변화되고 있습니다.

그러면 구원받은 그리스도인들은 어떤 삶을 살아야 할까요?

이 놀라운 복음을 안다면, 그리고 구원받았다면 복음 전하는 삶을 살아야 합니다. 사도 바울은 본문에서 로마에 가고자 하는 마음을 피력했습니다. 복음을 전하기 위해서였습니다. 이 복음은 사도 바울만 전해야 하는 것이 아닙니다. 우리 모두가 전해야 하는 것입니다.

"너희는 온 천하에 다니며 만민에게 복음을 전파하라"(막 16:15).

"오직 성령이 너희에게 임하시면 너희가 권능을 받고 예루살렘과 온 유대와 사마리아와 땅 끝까지 이르러 내 증인이 되리라"(행 1:8).

복음 전하는 일은 구원받은 모든 사람들이 해야 하는 일입니다. 여러분들은 지금 이 일을 하고 계십니까? 사도 바울처럼 여기 저기, 이 나라 저 나라 다니며 복음을 전하지는 못한다고 해도 가까이 있는 내 가족, 내 친구, 내 이웃들에게는 꼭 복음을 전할 수 있어야겠습니다.

사도 바울을 통해 배울 점

복음 전하는 일을 잘 하려면 우리가 사도 바울을 통해 몇 가지 배울 점이 있습니다.

첫째, 복음에 대해서 '빚진 자'의 의식을 가질 필요가 있습니다.
"헬라인이나 야만인이나 지혜 있는 자나 어리석은 자에게 다 내가 빚진 자라"(롬 1:14).

사도 바울은 자기를 '빚진 자'라고 표현하고 있습니다. 유대인들에 대해서, 이방인들에 대해서, 모든 사람들에 대해서 '빚진 자'라는 것입니다. 이 말씀은 '나는 복음에 대해서 책임을 느끼고 있다', '나는 복음을 전해야 할 책임이 있는 사람이다'라는 의미입니다. 사도 바울은 이런 책임감이 있었기에 만나는 모든 사람들에게 복음을 전할 수 있었습니다. 바울은 이런 고백을 하고 있습니다.

"내가 복음을 전할지라도 자랑할 것이 없음은 내가 부득불 할 일임이라 만일 복음을 전하지 아니하면 내게 화가 있을 것이로다"(고전 9:16).

그에게는 책임의식이 있었습니다. 우리도 복음을 전하기 위해서는 이런 책임의식이 있어야 합니다. 우리가 구원받은 것은 누군가가 전해주었기 때문입니다. 누군가가 전해줘서 구원받았다면 우리도 누군가에게 복음을 증거해야 하는 것입니다. 우리에게도 책임의식, 빚진 자의 의식이 있어야 합니다.

둘째, 복음전도에 대한 간절한 열망이 필요합니다.

"그러므로 나는 할 수 있는 대로 로마에 있는 너희에게도 복음 전하기를 원하노라"(롬 1:15).

'복음 전하기를 원하노라'의 '원한다'는 표현은 대충 원하는 것이 아닙니다. 정말 간절히 열망하고 있는 것입니다. 헬라어 성경에 그렇게 기록되어 있고, 영어성경에는 'I am so eager to preach the gospel'이라고 기록되어 있습니다. 여기서 'eager'는 '열망한다'는 의미입니다. 표준새번역 성경에는 '나의 간절한 소원은'이라고 기록되어 있습니다. 대충이 아니라 정말 복음 전하기를 뜨겁게 열망하고 있는 것입니다. 그것이 사도 바울의 간절한 소원이었습니다. 그러니 사도 바울이 복음을 전하지 않을 수 없었던 것이지요.

여러분들에게는 이런 열정, 열망이 있으십니까? 이런 열망을 우리도 가지고 살아야겠습니다.

셋째, 복음을 부끄러워하지 아니하는 마음이 필요합니다.

"내가 복음을 부끄러워하지 아니하노니"(롬 1:16a).

복음 전하는 것을 그는 부끄럽게 생각하지 않았습니다. 그는 어디서, 누구를 만나든지 복음을 전했습니다. 복음 전하는 것 때문에 고난도 당하고, 감옥에도 갔지만 창피하게 생각하지 않았습니다. 그는 기회가 있는 대로 복음을 전했습니다. 죄수의 신분으로 재판장에게까지 복음을 전한 사람이 사도 바울입니다.

우리 예수 믿는 사람 중에 간혹 복음을 전하라고 하면 부끄러워하는 분들이 있습니다. 전도하라고 하면 창피하게 생각합니다. 복음은 부끄러운 것이 아닙니다. 복음에는 능력이 있습니다. 이 복음 때문에 구원받았고, 이 복음이 기쁜 소식이라는 것을 믿는다면 우리도 담대히 복음을 전해야 하겠습니다.

예수님은 우리를 위해 벌거벗은 채로 십자가에 못 박혀 돌아가셨습니다. 예수님은 우리를 부끄러워하지 않으셨습니다. 우리도 예수님을 부끄럽게 생각하지 말아야겠습니다. 담대하게 복음을 전할 수 있어야 하겠습니다.

사도 바울은 이 세 가지가 있었기 때문에 위대한 전도자가 될 수 있었습니다. 오늘날 그리스도인들이 복음을 전해야 함에도 불구하고 복음을 전하지 않는 이유는 이 세 가지가 없기 때문입니다. 복음에 대해 빚진 자의 의식이 있든지, 복음전도에 대한 간절한 열망이 있든지, 복음을 부끄러워하지 않는 마음이 있든지, 이 중 한 가지만 있다면 복음을 전하게 되어 있습니다. 그런데 많은 사람들이 이 마음이 없기 때문에 복음을 전하지 않는 것입니다.

우리도 입을 열어 복음을 전할 수 있어야겠습니다. 복음에는 하나님의 능력이 있습니다. 사람을 구원하는 능력, 사람을 변화시키는 놀라운 능력이 있습니다.

2

하나님의 진노

(롬 1:18-2:16)

롬 1:18-32

18 하나님의 진노가 불의로 진리를 막는 사람들의 모든 경건하지 않음과 불의에 대하여 하늘로부터 나타나나니

19 이는 하나님을 알 만한 것이 그들 속에 보임이라 하나님께서 이를 그들에게 보이셨느니라

20 창세로부터 그의 보이지 아니하는 것들 곧 그의 영원하신 능력과 신성이 그가 만드신 만물에 분명히 보여 알려졌나니 그러므로 그들이 핑계하지 못할지니라

21 하나님을 알되 하나님을 영화롭게도 아니하며 감사하지도 아니하고 오히려 그 생각이 허망하여지며 미련한 마음이 어두워졌나니

22 스스로 지혜 있다 하나 어리석게 되어

23 썩어지지 아니하는 하나님의 영광을 썩어질 사람과 새와 짐승과 기어다니는 동물 모양의 우상으로 바꾸었느니라

24 그러므로 하나님께서 그들을 마음의 정욕대로 더러움에 내버려 두사 그들의 몸을 서로 욕되게 하게 하셨으니

25 이는 그들이 하나님의 진리를 거짓 것으로 바꾸어 피조물을 조물주보다 더 경배하고 섬김이라 주는 곧 영원히 찬송할 이시로다 아멘

26 이 때문에 하나님께서 그들을 부끄러운 욕심에 내버려 두셨으니 곧 그들의 여자들도 순리대로 쓸 것을 바꾸어 역리로 쓰며

27 그와 같이 남자들도 순리대로 여자 쓰기를 버리고 서로 향하여 음욕이 불 일듯 하매 남자가 남자와 더불어 부끄러운 일을 행하여 그들의 그릇됨에 상당한 보응을 그들 자신이 받았느니라

28 또한 그들이 마음에 하나님 두기를 싫어하매 하나님께서 그들을 그 상실한 마음대로 내버려 두사 합당하지 못한 일을 하게 하셨으니

29 곧 모든 불의, 추악, 탐욕, 악의가 가득한 자요 시기, 살인, 분쟁, 사기, 악독이 가득한 자요 수군수군하는 자요

30 비방하는 자요 하나님께서 미워하시는 자요 능욕하는 자요 교만한 자요 자랑하는 자요 악을 도모하는 자요 부모를 거역하는 자요

31 우매한 자요 배약하는 자요 무정한 자요 무자비한 자라

32 그들이 이같은 일을 행하는 자는 사형에 해당한다고 하나님께서 정하심을 알고도 자기들만 행할 뿐 아니라 또한 그런 일을 행하는 자들을 옳다 하느니라

롬 2:1-16

1 그러므로 남을 판단하는 사람아, 누구를 막론하고 네가 핑계하지 못할 것은 남을 판단하는 것으로 네가 너를 정죄함이니 판단하는 네가 같은 일을 행함이니라

2 이런 일을 행하는 자에게 하나님의 심판이 진리대로 되는 줄 우리가 아노라

3 이런 일을 행하는 자를 판단하고도 같은 일을 행하는 사람아, 네가 하나님의 심판을 피할 줄로 생각하느냐

4 혹 네가 하나님의 인자하심이 너를 인도하여 회개하게 하심을 알지 못하여 그의 인자하심과 용납하심과 길이 참으심이 풍성함을 멸시하느냐

5 다만 네 고집과 회개하지 아니한 마음을 따라 진노의 날 곧 하나님의 의로우신 심판이 나타나는 그 날에 임할 진노를 네게 쌓는도다

6 하나님께서 각 사람에게 그 행한 대로 보응하시되

7 참고 선을 행하여 영광과 존귀와 썩지 아니함을 구하는 자에게는 영생으로 하시고

8 오직 당을 지어 진리를 따르지 아니하고 불의를 따르는 자에게는 진노와 분노로 하시리라

9 악을 행하는 각 사람의 영에는 환난과 곤고가 있으리니 먼저는 유대인에게요 그리고 헬라인에게며

10 선을 행하는 사람에게는 영광과 존귀와 평강이 있으리니 먼저는 유대인에게요 그리고 헬라인에게라

11 이는 하나님께서 외모로 사람을 취하지 아니하심이라

12 무릇 율법 없이 범죄한 자는 또한 율법 없이 망하고 무릇 율법이 있고 범죄한 자는 율법으로 말미암아 심판을 받으리라

13 하나님 앞에서는 율법을 듣는 자가 의인이 아니요 오직 율법을 행하는 자라야 의롭다 하심을 얻으리니

14 율법 없는 이방인이 본성으로 율법의 일을 행할 때에는 이 사람은 율법이 없어도 자기가 자기에게 율법이 되나니

15 이런 이들은 그 양심이 증거가 되어 그 생각들이 서로 혹은 고발하며 혹은 변명하여 그 마음에 새긴 율법의 행위를 나타내느니라

16 곧 나의 복음에 이른 바와 같이 하나님이 예수 그리스도로 말미암아 사람들의 은밀한 것을 심판하시는 그 날이라

"하나님께서 정말 사람을 사랑하신다면 왜 사람을 심판하시고 지옥에 보내시나요?" 이런 질문을 받아본 적이 있으십니까? 어쩌면 우리들 자신이 이런 질문을 해본 적이 있을지도 모르겠습니다. 사실 이 질문은 굉장히 자기중심적인 질문입니다. 왜냐하면 하나님께서 사람들을 심판하시고 지옥에 보내실 때는 그만한 이유가 있어서 그러시는 것인데, 하나님의 입장에서는 전혀 생각하지 않고 전적으로 인간의 입장에서만 생각했기 때문입니다.

그래서 본문을 보며 하나님의 입장에서 하나님은 사람들을 어떻게 생각하시는지, 왜 사람들을 심판하실 수밖에 없고 지옥에 보내실 수밖에 없는지에 대해서 알아보기를 원합니다.

본문 말씀은 '하나님의 진노'라는 말로 시작되고 있습니다.

"하나님의 진노가 불의로 진리를 막는 사람들의 모든 경건하지 않음과 불의에 대하여 하늘로부터 나타나나니"(롬 1:18).

이 '진노'라는 말은 본문에 몇 번 더 나옵니다. 2장 5절에도 나오고, 2장 8절에도 나옵니다. 같은 차원의 말씀인 '심판'이란 표현도 2장 2절, 3절, 5절, 12절, 16절에 계속 나오고 있습니다. 그래서 이 본문은 '하나님의 진노'로 시작해서 '하나님의 심판'으로 끝이 난다고 말할 수 있습니다.

왜 하나님께서는 사람들을 심판하시고 지옥에 보내실까요?

결론부터 말씀드리면, 하나님께서 인간들에 대해서 진노하셨기 때문에 그렇습니다.

"하나님의 진노가 불의로 진리를 막는 사람들의 모든 경건하지 않음과 불의에 대하여 하늘로부터 나타나나니 이는 하나님을 알 만한 것이 그들 속에 보임이라 하나님께서 이를 그들에게 보이셨느니라"(롬 1:18-19).

"하나님을 알만한 것이 사람들에게 보였다"고 이야기하고 있습니다. 그럼에도 불구하고 사람들은 불의를 행하고, 불경건한 삶을 살았습니다.

"하나님을 알되 하나님을 영화롭게도 아니하며 감사하지도 아니하고 오히려 그 생각이 허망하여지며 미련한 마음이 어두워졌나니 스스로 지혜 있다 하나 어리석게 되어 썩어지지 아니하는 하나님의 영광을 썩어질 사람과 새와 짐승과 기어 다니는 동물 모양의 우상으로 바꾸었느니라"(롬 1:21-23).

사람들이 하나님께서 계시다고 하는 것을 알면서도 하나님께 영광을 돌리지도 않고, 감사하지도 않았다고 이야기합니다. 햇빛을 주시고, 공기를 주시고, 음식을 주시고, 모든 것을 하나님께서 주셨는데도 불구하고 하나님께 감사하지 않았습니다. 하나님께서 사람을 만드신 목적이 하나님께 영광 돌리라고 만든 것인데 하나님께 영광을 돌리지도 않았습니다. 그리고 그 생각이 점점 허망해지고 그 미련한 마음이 점점 더 어두워지더니 마침내 하나님을 섬기지 않고 오히려 우상을 만들어 놓고 그 앞에 절을 하고 마치 그것이 하나님인양 섬기기 시작했습니다. 이런 것이 하나님이 인간들을 향해서 진노하시는 이유입니다.

자연계시 (일반계시)

19절에 "하나님을 알만한 것이 사람들에게 보였다"고 이야기하고 있는데 이것은 하나님께서 창조하신 우주 만물을 통해서 사람들로 하여금 하나님을 알 수 있도록 하셨다는 말씀입니다. 20절을 보면 그 말씀의 의미를 조금 더 정확하게 이해할 수 있습니다.

"창세로부터 그의 보이지 아니하는 것들 곧 그의 영원하신 능력과 신성이 그가 만드신 만물에 분명히 보여 알려졌나니 그러므로 그들이 핑계하지 못할지니라"(롬 1:20).

성경이 없던 시대라고 해도 자연을 통해서 사람들이 하나님을 알 수 있었습니다. 이렇게 '자연'을 통해서 하나님을 나타내 보이는 계시를 신학적인 용어로 '일반계시' 또는 '자연계시'라고 합니다. 이것과 비교하여 '특별계시'라고 하는 것이 있는데 이것은 '말씀'을 통해서, 특별히 '예수 그리스도'를 통해서 하나님을 나타내 보이신 것입니다. 이렇게 하나님을 나타내 보이는 방법에는 크게 두 가지가 있는데 자연을 통해서, 역사를 통해서, 사람들의 양심을 통해서 하나님을 나타내 보이는 '일반계시'는 누구라도 다 알 수 있는 것이고, 성경이 없는 사람도 만물을 통해서 하나님이 계신 것을 알 수 있습니다. 그래서 이 '일반계시'는 적어도 모든 사람들이 다 알 수 있는 것이기 때문에 핑계할 수가 없다고 본문이 이야기하고 있는 것입니다.

우리 조상들은 다 어떻게 되었을까요?

처음 예수님을 믿게 되면 큰 궁금증이 하나 생기는데 그것은 "나는 이제 복음을 듣고 예수님도 알고 구원도 받게 되었는데 그럼 우리 조상들은 다 어떻게 된 것일까?"하는 것입니다. 사실 복음이 한국 땅에 들어온 지가 그렇게 오래 되지 않았습니다. 성경이 이 땅에 들어오고 복음이 들어오고 예수님이 전해진 것이 100년 조금 넘었습니다. 그럼 그 전에 살았던 우리 조상들은 복음을 한 번도 못 들어보고, 예수님도 모른 채 이 땅에 살다가 죽었는데 그들은 다 어떻게 되는 것인가, 다 지옥에 간 것인가, 그런 궁금증이 생길 수 있습니다. 거기에 대한 대답은 20절을 보면 알 수 있습니다. 20절 말씀에 "핑계할 수 없다"라고 하나님께서 말씀하고 계십니다. 이 말씀을 미루어볼 때 '자연계시'를 통해서도 구원받은 사람들이 있다는 결론을 내릴 수 있습니다. 물론 우상 숭배하는 사람들, 무신론자 같은 사람들은 절대로 구원받을 수 없습니다. 그러나 이 천지 우주만물, 자연을 보면서 창조주 하나님께 대한 믿음을 가진 사람이라면 구원받을 수 있는 것을 알 수 있습니다.

얼마 전, 책에서 '탈북 청소년 캠프를 다녀와서'라는 제목의 글을 읽었는데 이런 내용이 실려져 있었습니다.

"탈북 청소년 캠프를 다녀왔습니다. 9명의 아이들이 있었습니다. TV에서나 볼 수 있는 아이들인데 전국 각지에서 이 캠프를 위해 모인 것입니다. 그곳에서 어느 날 너무 배가 고파 하늘을 보다 문득 '그래 저 하늘에는 신이 있겠지. 이렇게 배고파 죽어도 착하게 살면 좋은 곳으로 갈 수 있을 거야…'라는 생각이 들어 날마다 기도했다는 한 여자아이를 만났습니다. 그 아이는 탈북하여 중국으로 갔는데 그곳에서 선교사님을 만나 예수님을 영접하게 되었다고 합니다. 그런데 북한에 있을 때 막연하게 믿었던 그 신이 기독교에서 말하는 신과 너무 똑같아서 자신도 놀랐다고 했습니다."

이 여자아이는 북한에 살 때 성경에 대해서 전혀 몰랐습니다. 복음이 뭔지도 몰랐습니다. 예수님에 대해서도 들어보지 못했습니다. 그런데도 하늘을 보면서 "저 하늘에는 신이 있을 거야. 저 신에게 내가 잘 보이고, 저 신이 기뻐하는 대로 내가 착하게 살면 좋은 데로 갈 거야."라는 믿음을 가지고 있었던 것입니다. 이 아이가 중국에 와서 복음을 듣고 예수님을 믿고 구원을 받았습니다. 그런데 만약 이 아이가 끝내 중국으로 오지 못하고 한 평생 하나님에 대한 막연한 믿음만 가지고 살았다면 어떻게 되었을까요? 이 아이는 천국에 갔을까요, 지옥에 갔을까요? 신학적으로는 논쟁거리가 될지 모르지만 제가 믿기에 이 아이는 천국에 갔을 것입니다. 로마서 1장 20절의 말씀에 비춰보면 이 아이에게는 '특별계시'가 없었습니다. 성경도 없고 복음도 못 들어 보았습니다. 예수님이 누군지도 몰랐습니다. 그러나 자연계시를 통해서 하나님이 계시다는 것을 알았고, 하나님의 그 기준에 맞추려고 나름대로 열심히 살았습니다. 그런 경우라면 하나님의 은혜가 이 아이를 천국으로 인도해 주실 것이라고 믿습니다.

그러면 여러분들 중에는 또 이렇게 생각하시는 분들이 계실 것입니다. 그럼 예수님을 모르고도 구원받는 것이 가능한 일이라면 예수님께서 오실 필요가 없지 않았는가 하는 것입니다. 구약시대 성도들은 사실 예수님을 모르고 구원받았습니다. 아브라함, 모세, 다윗은 예수님을 몰랐습니다. 한 번도 들어보지 못했습니다. 물론 메시아를 보내주실 것이라는 사실을 다윗의 경우 조금 알았을 것입니다. 그러나 예수님에 대해서 정확하게는 몰랐습니다. 정확한 복음을 그들은 듣지 못했습니다. 그럼에도 불구하고 아브라함, 모세, 다윗은 모두 구원받고 천국에 갔습니다. 무엇이 그들을 구원했을까요? 바로 '하나님을 믿는 믿음'이 그들을 구원한 것입니다. 그래서 이렇게 볼 때 '구원'이라는 것은 하나님께서 각 개인에게 나타내 보여주신 계시에 따라 결정되는 것입니다. 어떤 사람들에게는 '특별계시'를 보여주지 않으셨습니다. 성경도 없고, 복음도 없고, 예수님에 대해서도 들어보지 못했습니다. 그런데 그런 사람들에게 "너, 왜 예수를 안 믿었느냐?"라고 묻는다면 하나님은 공평하지 않은 분이 될 것입니다. 하나님께서는 각 사람에게 보여 주신 그 계시를 기준으로 해서 결정을 하시는 것입니다.

그래서 '자연계시'는 전적으로 모든 사람들에게 해당되기 때문에 "내가 예수님을 몰랐습니다. 하나님이 계시는 것을 몰랐습니다. 그래서 구원 못 받았습니다." 이렇게 핑계할 수 없다는 것입니다. 이것이 본문이 이야기하고 있는 것입니다.

그런데 여기서 한 가지 중요한 것을 잊지 말아야 합니다. 어느 시대, 어느 개인, 어느 상황을 막론하고 사람이 구원받는 것은 '예수 그리스도의 보혈'이 그 근거라는 것입니다. 아브라함, 모세, 다윗 이 분들은 예수님을 몰랐지만 예수 그리스도께서 그 분들을 위해서 피 흘려 죽으셨기 때문에 그 분들도 구원받을 수 있었습니다. 예수 그리스도의 보혈이 그들에게까지 영향력을 미친 것입니다. 그들의 죄 값을 예수님이 지불해 주신 것입니다. 그들은 예수님을 몰랐지만 예수님께서는 그들을 위해서도 죽으셨다고 하는 사실입니다.

오늘날에도 '자연계시'를 통해서 구원받는 사람들이 없지 않아 있다고 생각합니다. 사실 우리는 예수님의 이름을 수도 없이 들었습니다. 너무 너무 복음을 잘 압니다. 그러나 이 지구상의 3분의 1 내지는 절반에 해당하는 사람들이 예수 이름조차 들어보지 못했습니다. 그러면 이 사람들은 다 지옥에 가야 합니까? 그들이 예수 이름을 몰랐기 때문에 지옥에 가야 한다면 하나님은 공평한 하나님이라고 말할 수 없을 것입니다. 그러나 우리 하나님은 그런 하나님이 아닙니다. 구원의 방법은 시대를 초월해서 '하나님을 믿는 믿음'이고 구원해 주시는 근거는 '예수 그리스도의 대속의 죽음'이라는 것을 잘 이해해야 합니다.

그러면 또 이런 질문을 할 수 있습니다. 예수님의 이름을 한 번도 들어보지 못한 사람들이 '자연계시' 만으로도 구원받을 수 있다면 굳이 복음을 전할 필요가 무엇인가 하는 것입니다. 예수 이름을 끝까지 안 들려줘도 자연계시를 통해서 하나님을 믿는 사람들이 있을 것이고, 구원받을 수 있을 텐데 굳이 예수님을 전해야 할 이유가 무엇인가 하는 것입니다. 그것은 이렇게 설명할 수 있습니다. '특별계시' 라는 것을 전깃불에 비유한다면, '자연계시' 는 호롱불 또는 반딧불에 비유할 수 있을 것입니다. 우리는 지금 전깃불의 혜택을 마음껏 누리며 살아가고 있습니다. 아무리 어두운 밤이라도 전깃불만 켜면 매우 밝고 좋습니다. 그런데 우리 마을에서 조금 떨어진 곳에 사는 사람들은 전깃불 자체를 모르고 살아가고 있습니다. 그래서 반딧불을 잡아서 불 밝히고, 호롱불을 가지고 살아가고 있다면 전깃불의 혜택을 누리고 살아가는 우리들이 어떻게 해야 하겠습니까? 당신들은 호롱불만 가지고도 살 수 있으니까 앞으로도 계속 그렇게 살라고 하시겠습니까, 아니면 우리가 가지고 있는 전깃불을 그들도 쓸 수 있도록 알려주고 그 혜택을 누리도록 하겠습니까? 당연히 전깃불을 가르쳐 줘야 되겠지요. 그들도 빛 가운데서 살게 해주어야 하는 것입니다. 바로 이런 이유 때문에 우리가 여전히 선교를 열심히 해야 할 필요가 있습니다. 예수님께서도 땅 끝까지, 예수님의 이름을 듣지 못한 사람들에게, 자연계시에만 의존하고 살아가는 그 사람들에게 특별계시인 하나님의 말씀을 가지고, 복음을 가지고 나아가라고 말씀하셨습니다. 그렇기 때문에 우리는 여전히 전도를 열심히, 선교를 열심히 해야 하는 것입니다.

하나님을 알면서도 영광 돌리지 않는 인간들의 모습

그런데 사람들이 하나님이 계시다는 것을 알면서도 하나님을 찾거나 하나님께 영광을 돌리지 않습니다. 그리고 기껏 한다는 것이 우상을 만들어놓고 그 앞에서 절을 하고 우상 숭배하면서 살아갑니다. 그리고 못된 짓을 하면서 죄악된 삶을 살아가고 있습니다. 이런 것이 인간들의 모습입니다.

"그러므로 하나님께서 그들을 마음의 정욕대로 더러움에 내버려두사 그들의 몸을 서로 욕되게 하게 하셨으니 이는 그들이 하나님의 진리를 거짓 것으로 바꾸어 피조물을 조물주보다 더 경배하고 섬김이라 주는 곧 영원히 찬송할 이시로다 아멘 이 때문에 하나님께서 그들을 부끄러운 욕심에 내버려 두셨으니 곧 그들의 여자들도 순리대로 쓸 것을 바꾸어 역리로 쓰며 그와 같이 남자들도 순리대로 여자 쓰기를 버리고 서로 향하여 음욕이 불 일듯 하매 남자가 남자와 더불어 부끄러운 일을 행하여 그들의 그릇됨에 상당한 보응을 그들 자신이 받았느니라"(롬 1:24-27).

이 말씀은 동성애에 대한 말씀입니다. 하나님을 떠난 인간들이 결국 한다는 짓이 이런 짓들입니다. 남자가 여자와 결혼해서 살아야 하는데 남자가 남자를 사랑하고, 여자가 여자를 사랑하여 요즘은 이들의 결혼까지 허가하는 그러한 세상이 되고 말았습니다. 그리고 사람들이 동성애를 성적인 취향인 것으로 인식하기 시작했습니다. 그러나 동성애는 굉장히 추악하고 더럽고 가증한 죄라는 것을 알아야 합니다.

"또한 그들이 마음에 하나님 두기를 싫어하매 하나님께서 그들을 그 상실한 마음대로 내버려 두사 합당하지 못한 일을 하게 하셨으니 곧 모든 불의, 추악, 탐욕, 악의가 가득한 자요 시기, 살인, 분쟁, 사기, 악독이 가득한 자요 수군수군하는 자요 비방하는 자요 하나님께서 미워하시는 자요 능욕하는 자요 교만한 자요 자랑하는 자요 악을 도모하는 자요 부모를 거역하는 자요 우매한 자요 배약하는 자요 무정한 자요 무자비한 자라 그들이 이같은 일을 행하는 자는 사형에 해당한다고 하나님께서 정하심을 알고도 자기들만 행할 뿐 아니라 또한 그런 일을 행하는 자들을 옳다 하느니라"(롬 1:28-32).

이 말씀에는 인간들이 범하는 여러 가지 추악한 죄들이 기록되어 있습니다. 이런 죄악들의 시발점이 무엇인가 주의 깊게 보아야 합니다. 28절에 나와 있는데 모든 죄악들의 시발점은 '마음에 하나님 두기를 싫어하는 것'입니다. 하나님을 마음에 두고 살면 절대로 이러한 죄를 안 짓습니다. 그런데 하나님을 마음에 두지 않고 살다보니 자신이 하나님이 되고, 결국 자기가 원하는 대로 한다는 것이 죄 짓고 살아가는 것입니다. 사람은 하나님을 모시고 살아야 하는데 사람 마음속에 하나님이 안 계시면 결국은 우상숭배를 하거나 아니면 타락된 생활을 하게 되어 있습니다. 사람의 마음은 진공상태로 못 있습니다. 무언가가 들어와 있어야 합니다. 참 하나님이 마음 속에 들어와 계시지 아니하면 결국 엉뚱한 것이 마음속에 들어와 있게 됩니다. 그래서 하나님이 없는 사람들은 엉뚱한 것을 신이라고 생각하고 그 앞에서 절을 하는 것입니다. 무언가를 믿어야 한다는 것, 무언가를 경외해야 한다는 것은 본성이 가르쳐 주는 것입니다. 그런데 참 하나님이 마음에 안 계시니까 가짜 하나님 앞에서 절을 하고 있는 것입니다. 또, 어떤 사람들은 누가 하나님이 되는가 하면 결국 자기 자신이 하나님이 됩니다. "하나님은 없어! 내가 하나님이야!" 하면서 자기 마음대로 무슨 짓도 다 하는 것입니다. 그래서 사람들이 죄악된 삶을 살아가게 되는 것입니다. 그리고 자기들만 죄를 짓는 것이 아니라 다른 사람들이 죄를 짓는 것을 보고도 괜찮다, 그럴 수 있다, 옳다고 이야기합니다(본문 32절).

앞에서 동성애 이야기를 잠깐 했지만 옛날에는 동성애에 대해서 굉장히 쉬쉬 하고, 그런 것에 대해서 수치스럽게 생각했습니다. 양심이 그렇게 이야기해주기 때문입니다. 그런데 사람들의 양심이 무뎌지면서 그럴 수도 있지, 성적인 취향 아니겠어, 괜찮아, 옳은 거야… 이렇게 한다는 것입니다. 다른 죄도 다 마찬가지입니다. 지금 이 시대의 사람들이 죄에 대해서 얼마나 관대해졌습니까? 자기들도 죄를 짓고, 누가 죄를 짓는 누군가를 보고도 그럴 수도 있겠거니 생각을 하는 것이 사람들의 마음입니다. 사람 중에는 그래도 조금 도덕적인 사람들이 있습니다. 누가 죄짓는 것을 보면 책망하고 비난합니다. 하지만 사람이 아무리 도덕적이라고 해도 하나님 보시기에는 다 똑같은 죄인들일 뿐입니다. 성인군자라고 해도, 사람이 볼 때 도덕적으로 선한 사람이라고 해도, 하나님 보시기에는 악한 사람이나 그 사람이나 매 한 가지인 것입니다. 그러한 말씀이 2장에 나옵니다.

"그러므로 남을 판단하는 사람아, 누구를 막론하고 네가 핑계하지 못할 것은 남을 판단하는 것으로 네가 너를 정죄함이니 판단하는 네가 같은 일을 행함이니라 이런 일을 행하는 자에게 하나님의 심판이 진리대로 되는 줄 우리가 아노라 이런 일을 행하는 자를 판단하고도 같은 일을 행하는 사람아, 네가 하나님의 심판을 피할 줄로 생각하느냐"(롬 2:1-3).

이 말씀에서는 '남을 판단하는 사람'에 대해서 말씀합니다. 이 사람들은 도덕적인 사람들이라고 볼 수도 있고, 유대인들이라고 볼 수도 있습니다. 이 로마서는 이방인과 유대인을 염두에 두고 사도 바울이 기록한 것입니다. 유대인들은 이방인들을 볼 때 아주 부도덕하고 짐승 같은 사람들이라고 생각하여 늘 비판하고 정죄했습니다. 그래서 여기서 비판하고 판단하는 사람은 유대인들일 수도 있고, 아니면 폭 넓게 도덕적인 사람이라고 이해해도 무방합니다. 그런데 하나님이 보시기에는 하나님을 마음에 두기 싫어하고, 하나님을 떠나서 사는 사람이라면 경건한 사람이건 불경건한 사람이건, 도덕적인 사람이건 비도덕적인 사람이건, 유대인이건 이방인이건 모두가 죄인이고, 심판받기에 합당한 사람들이라는 것입니다. 그것이 하나님께서 말씀하시고 있는 내용입니다. 큰 돌을 바닷물 속에 떨어뜨렸을 때 물에 빠지는 것이나 조그마한 돌멩이나 모래알 하나를 바닷물 속에 떨어뜨렸을 때 물에 빠지는 것이나 마찬가지라는 것입니다. 큰 죄인, 작은 죄인 할 것 없이 하나님 보시기에는 모두가 죄인일 뿐입니다. 아무리 착하고 아무리 도덕적으로 살아도 하나님 보시기에는 똑같은 사람이라는 것입니다. 그것이 행동으로 표현되었는가, 안 되었는가의 차이일 뿐이지 사람은 근본적으로 다 똑같고 그래서 죄인이기에 심판받을 수밖에 없는 것입니다.

"무릇 율법 없이 범죄한 자는 또한 율법 없이 망하고 무릇 율법이 있고 범죄한 자는 율법으로 말미암아 심판을 받으리라"(롬 2:12).

이 말씀에서 '율법 없이 범죄한 자'는 이방인들을 이야기하는 것이고, '율법이 있고 범죄한 자'는 유대인들, 이스라엘 사람들을 이야기하는 것입니다. 그런데 율법이 있는 유대인들은 무엇에 의해서 심판을 받게 되는가 하면 그들에게 율법이 있었으므로 그 율법이 그들의 거울이 되어 "자 봐라. 너희들 얼마나 추악한 죄인들이냐?" 하며 율법에 근거해서 심판을 받게 됩니다. 그러나 이방인들에게는 하나님께서 율법을 주시지 않으셨습니다. 어떤 사람들은 이방인임에도 불구하고 율법을 지켜서 구원받으려고 하는데 율법은 이스라엘 사람들에게 주신 것이지 이방인들에게 주신 것이 아닙니다. 그런데도 불구하고 하나님께서 이방인들을 심판하시는데 무엇을 근거로 해서 심판하시는가 하면 그들의 양심을 근거로 해서 심판을 하십니다. 그 말씀이 2장 14-15절에 나와 있습니다.

"율법 없는 이방인이 본성으로 율법의 일을 행할 때에는 이 사람은 율법이 없어도 자기가 자기에게 율법이 되나니 이런 이들은 그 양심이 증거가 되어 그 생각들이 서로 혹은 고발하며 혹은 변명하여 그 마음에 새긴 율법의 행위를 나타내느니라"(롬 2:14-15).

사람에게는 '양심'이란 것이 다 있습니다. 그래서 어떤 일을 할 때, 이것이 옳은가, 그른가 하는 것을 다 압니다. 누가 안 가르쳐도 천성적으로, 본성적으로 사람은 양심이 있기 때문에 해도 되는 일,

해서는 안 되는 일을 다 압니다. 그래서 양심은 내 마음속의 재판관이고, 내 마음속에 기록된 하나님의 율법입니다. 그러므로 이방인들은 율법을 받지 않았지만 그들의 양심이 그들의 죄를 고발하고, 하나님은 결국 그들의 양심을 근거로 해서 심판하고 지옥으로 보내신다는 것입니다.

왜 하나님께서 사람들을 향해서 이토록 진노하시고 멸망시키시는지 이해가 되지 않습니까? 하나님 앞에서 인간들이 우상숭배하고 못된 짓을 많이 하고 살아가니까 하나님께서 가만히 보고 계실 수가 없는 것입니다. 거룩하신 하나님, 공의로우신 하나님께서는 우상숭배를 제일 미워하십니다. 그리고 죄 짓는 것을 정말 미워하십니다. 그래서 인간들에 대해서 하나님은 진노하고 계시고 결국은 심판하게 되는 것입니다. 이해가 잘 안 된다면 이렇게 생각해 보십시오. 여기에 자녀가 있습니다. 그런데 그 자녀가 부모를 등지고 떠나갔습니다. 그리고 하는 말이 "나는 부모가 없어. 부모가 세상에 어디 있냐?" 이러면서 세상 속에서 온갖 못된 짓을 다하고 다닌다고 한다면 그런 자녀를 둔 부모의 심정이 어떻겠습니까? 가만 놔두어야 하겠습니까? 이것이 바로 하나님의 마음입니다. 지금 인간들이 하나님께 하는 모습이 이렇습니다. "하나님은 없어. 하나님이 어디 있어. 내 맘대로 살아가면 되는 거지." 그래서 못된 짓, 악한 짓, 하나님이 싫어하는 죄악들을 다 범하고 살아가고 있습니다. 그래서 하나님께서 진노하시고 심판하실 수밖에 없는 것입니다.

이제 우리는 하나님의 진노를 피하고 하나님의 심판에서 벗어나기 위해서 어떻게 해야 하겠습니까?

방법은 다른 게 없습니다. 회개하고 하나님께로 돌아와야 합니다. 그 길만이 하나님의 진노를 피할 수 있고, 하나님의 심판에서 벗어날 수 있는 유일한 길입니다.

"혹 네가 하나님의 인자하심이 너를 인도하여 회개하게 하심을 알지 못하여 그의 인자하심과 용납하심과 길이 참으심이 풍성함을 멸시하느냐 다만 네 고집과 회개하지 아니한 마음을 따라 진노의 날 곧 하나님의 의로우신 심판이 나타나는 그 날에 임할 진노를 네게 쌓는도다"(롬 2:4-5).

'회개'라는 말이 2번 나왔습니다. 결국 '회개하라'는 말씀이지요. '회개'라는 말의 의미는 '돌이킨다'는 말입니다. 하나님을 떠난 생각에서 돌이키고, 하나님을 떠난 마음에서 돌이키고, 하나님을 떠난 행동에서 돌이키고, 하나님을 떠난 삶에서 돌이키는 것입니다. 그리고 하나님께로 나아가는 것, 이것이 '회개'입니다.

하나님께서는 범죄한 사람들이 하나님께 돌아올 수 있도록 하기 위해서 우리들이 받아야 할 모든 죄에 대한 형벌을 예수 그리스도께서 받도록 하셨습니다. 그래서 예수님이 십자가에서 처참하게 돌아가신 것입니다. 우리의 죄 값을 예수님께서 대신 지불하기 위해 그렇게 처참하게 죽으셔야 했던 것입니다. 그것이 하나님께서 우리 인생들에게 보여주신 사랑입니다. 하나님의 공의는 우리 인간들을 벌해야 합니다. 지옥에 보내야 합니다. 그러나 하나님께서는 또한 우리를 사랑해주셔서 예수님을 이 땅에 보내주셨습니다. 아직까지도 하나님을 등지고, 우상숭배하고, 마음대로 살아가는 죄악된 삶을 살고 있다면 하나님께로 돌아와야 합니다. 계속 그런 삶을 살게 되면 하나님의 진노를 당하게 됩니다. 멸망당할 수밖에 없습니다. 본문 2장 4절에 '멸시' 라는 말이 나옵니다. 하나님의 은혜와 사랑을 '멸시' 하지 말아야 합니다. 하나님께서 사랑을 베풀어 주셨는데 그 사랑을 받아들이지 아니하고 끝까지 거부하는 것은 하나님의 은혜와 사랑을 멸시하는 행동입니다. 그런 사람은 하나님의 심판을 피할 수 없습니다. 절대로 하나님께서 용서해주시지 않습니다. 그러나 지금은 기다리고 계십니다. 두 팔 벌리고 "나에게 돌아와라. 너희들 계속 가다가는 멸망한다. 지금 나에게로 나오너라." 하고 기다리고 계십니다. 아직 하나님께로 나오지 않은 사람이 있다면 예수 그리스도의 공로를 의지하여 두 손 들고 "하나님, 제가 이제 하나님께로 돌아갑니다. 이제 새로운 사람이 되기를 원합니다. 하나님 나를 받아주시고 구원해 주십시오." 하며 나오시기를 바랍니다.

3

믿음으로 말미암는 의

(롬 2:17-3:31)

롬 2:17-29

17 유대인이라 불리는 네가 율법을 의지하며 하나님을 자랑하며
18 율법의 교훈을 받아 하나님의 뜻을 알고 지극히 선한 것을 분간하며
19 맹인의 길을 인도하는 자요 어둠에 있는 자의 빛이요
20 율법에 있는 지식과 진리의 모본을 가진 자로서 어리석은 자의 교사요 어린 아이
   의 선생이라고 스스로 믿으니
21 그러면 다른 사람을 가르치는 네가 네 자신은 가르치지 아니하느냐 도둑질하지
   말라 선포하는 네가 도둑질하느냐
22 간음하지 말라 말하는 네가 간음하느냐 우상을 가증히 여기는 네가 신전 물건을
   도둑질하느냐
23 율법을 자랑하는 네가 율법을 범함으로 하나님을 욕되게 하느냐
24 기록된 바와 같이 하나님의 이름이 너희 때문에 이방인 중에서 모독을 받는도다
25 네가 율법을 행하면 할례가 유익하나 만일 율법을 범하면 네 할례는 무할례가 되
   느니라
26 그런즉 무할례자가 율법의 규례를 지키면 그 무할례를 할례와 같이 여길 것이 아
   니냐
27 또한 본래 무할례자가 율법을 온전히 지키면 율법 조문과 할례를 가지고 율법을
   범하는 너를 정죄하지 아니하겠느냐
28 무릇 표면적 유대인이 유대인이 아니요 표면적 육신의 할례가 할례가 아니라
29 오직 이면적 유대인이 유대인이며 할례는 마음에 할지니 영에 있고 율법조문에
   있지 아니한 것이라 그 칭찬이 사람에게서가 아니요 하나님에게서니라

롬 3장

 1 그런즉 유대인의 나음이 무엇이며 할례의 유익이 무엇이냐
 2 범사에 많으니 우선은 그들이 하나님의 말씀을 맡았음이니라
 3 어떤 자들이 믿지 아니하였으면 어찌하리요 그 믿지 아니함이 하나님의 미쁘심을
   폐하겠느냐
 4 그럴 수 없느니라 사람은 다 거짓되되 오직 하나님은 참되시다 할지어다 기록된
   바 주께서 주의 말씀에 의롭다 함을 얻으시고 판단 받으실 때에 이기려 하심이라
   함과 같으니라
 5 그러나 우리 불의가 하나님의 의를 드러나게 하면 무슨 말 하리요 [내가 사람의
   말하는 대로 말하노니] 진노를 내리시는 하나님이 불의하시냐
 6 결코 그렇지 아니하니라 만일 그러하면 하나님께서 어찌 세상을 심판하시리요
 7 그러나 나의 거짓말로 하나님의 참되심이 더 풍성하여 그의 영광이 되었다면 어
   찌 내가 죄인처럼 심판을 받으리요
 8 또는 그러면 선을 이루기 위하여 악을 행하자 하지 않겠느냐 어떤 이들이 이렇게
   비방하여 우리가 이런 말을 한다고 하니 그들은 정죄 받는 것이 마땅하니라

9 그러면 어떠하냐 우리는 나으냐 결코 아니라 유대인이나 헬라인이나 다 죄 아래에 있다고 우리가 이미 선언하였느니라

10 기록된 바 의인은 없나니 하나도 없으며

11 깨닫는 자도 없고 하나님을 찾는 자도 없고

12 다 치우쳐 함께 무익하게 되고 선을 행하는 자는 없나니 하나도 없도다

13 그들의 목구멍은 열린 무덤이요 그 혀로는 속임을 일삼으며 그 입술에는 독사의 독이 있고

14 그 입에는 저주와 악독이 가득하고

15 그 발은 피 흘리는 데 빠른지라

16 파멸과 고생이 그 길에 있어

17 평강의 길을 알지 못하였고

18 그들의 눈 앞에 하나님을 두려워함이 없느니라 함과 같으니라

19 우리가 알거니와 무릇 율법이 말하는 바는 율법 아래에 있는 자들에게 말하는 것이니 이는 모든 입을 막고 온 세상으로 하나님의 심판 아래에 있게 하려함이라

20 그러므로 율법의 행위로 그의 앞에 의롭다 하심을 얻을 육체가 없나니 율법으로는 죄를 깨달음이니라

21 이제는 율법 외에 하나님의 한 의가 나타났으니 율법과 선지자들에게 증거를 받은 것이라

22 곧 예수 그리스도를 믿음으로 말미암아 모든 믿는 자에게 미치는 하나님의 의니 차별이 없느니라

23 모든 사람이 죄를 범하였으매 하나님의 영광에 이르지 못하더니

24 그리스도 예수 안에 있는 속량으로 말미암아 하나님의 은혜로 값없이 의롭다 하심을 얻은 자 되었느니라

25 이 예수를 하나님이 그의 피로써 믿음으로 말미암는 화목제물로 세우셨으니 이는 하나님께서 길이 참으시는 중에 전에 지은 죄를 간과하심으로 자기의 의로우심을 나타내려 하심이니

26 곧 이때에 자기의 의로우심을 나타내사 자기도 의로우시며 또한 예수 믿는 자를 의롭다 하려 하심이라

27 그런즉 자랑할 데가 어디냐 있을 수가 없느니라 무슨 법으로냐 행위로냐 아니라 오직 믿음의 법으로니라

28 그러므로 사람이 의롭다 하심을 얻는 것은 율법의 행위에 있지 않고 믿음으로 되는 줄 우리가 인정하노라

29 하나님은 다만 유대인의 하나님이시냐 또한 이방인의 하나님은 아니시냐 진실로 이방인의 하나님도 되시느니라

30 할례자도 믿음으로 말미암아 또한 무할례자도 믿음으로 말미암아 의롭다 하실 하나님은 한 분이시니라

31 그런즉 우리가 믿음으로 말미암아 율법을 파기하느냐 그럴 수 없느니라 도리어 율법을 굳게 세우느니라

이미 아는 바대로 로마서는 사도 바울이 로마에 있는 그리스도인들에게 쓴 편지입니다. 이 편지를 받는 사람들 중에는 유대인도 있었고, 이방인도 있었습니다. 그런데 이 본문은 특별히 유대인들을 염두에 두면서 기록한 내용입니다. 2장 17절에 보면 "유대인이라 불리는 네가 율법을 의지하며 하나님을 자랑하며" 이렇게 시작하고 있습니다. 또 본문을 보면 '우리'라고 하는 표현이 여러 번 나옵니다. 여기서 말하는 '우리'는 이 글을 쓰고 있는 사도 바울과 이 글을 받는 유대인들을 함께 포함해서 표현한 것입니다.

유대인들은 누구인가요?

유대인들이 누구인가 하면 육신적으로 볼 때 아브라함의 후손들입니다. 아브라함은 우리 믿는 사람들의 조상이기도 하지요. 그리고 모세를 통해서 율법을 받은 민족이 유대인이기도 합니다. 그러다 보니 유대인들, 이스라엘 사람들은 선민의식이 굉장히 강했습니다. 2장 17절부터 20절까지의 말씀을 보면 이들이 어느 정도로 우월의식이 있었는지 알 수 있습니다.

"유대인이라 불리는 네가 율법을 의지하며 하나님을 자랑하며 율법의 교훈을 받아 하나님의 뜻을 알고 지극히 선한 것을 분간하며 맹인의 길을 인도하는 자요 어둠에 있는 자의 빛이요 율법에 있는 지식과 진리의 모본을 가진 자로서 어리석은 자의 교사요 어린 아이의 선생이라고 스스로 믿으니"(롬 2:17-20).

누가 그렇게 믿는다는 것입니까? 유대인들이 스스로 그렇게 생각한다는 것입니다. 이들은 굉장한 우월의식, 선민의식이 있었습니다. 그런데 실생활에서 그들이 그렇게 소중하게 생각하는 율법을 제대로 지키며 살았는가 하면 전혀 그렇지 못했습니다.

"그러면 다른 사람을 가르치는 네가 네 자신은 가르치지 아니하느냐 도둑질하지 말라 선포하는 네가 도둑질하느냐 간음하지 말라 말하는 네가 간음하느냐 우상을 가증히 여기는 네가 신전 물건을 도둑질하느냐 율법을 자랑하는 네가 율법을 범함으로 하나님을 욕되게 하느냐 기록된 바와 같이 하나님의 이름이 너희 때문에 이방인 중에서 모독을 받는도다"(롬 2:21-24).

이 말씀을 보면 그들이 율법에 대해서 자부심은 대단했지만 그 말씀대로 살지는 못한 것을 발견할 수 있습니다. 이 유대인들은 자신들이 '할례 받은 민족'이라고 하는 것에 대해서도 굉장한 우월의식이 있었습니다. '할례'라고 하는 것은 오늘날 남자들이 받는 포경수술과 같은 것인데, 이스라엘 민족의 조상인 아브라함에게 하나님께서 명하신 것입니다.

"하나님이 또 아브라함에게 이르시되 그런즉 너는 내 언약을 지키고 네 후손도 대대로 지키라 너희 중 남자는 다 할례를 받으라 이것이 나와 너희 후손 사이에 지킬 내 언약이니라"(창 17:9-10).

유대인들은 하나님과 일종의 '언약의 표시'로 다 할례를 받았습니다. 그래서 그들은 이방인들이 받지 않는 '할례'라는 의식을 가지고 있었고, 할례를 받았기 때문에 자신들은 대단한 사람들이라는 마음을 가지고 있었습니다.

그런데 이 '할례'에 대해서 사도 바울이 이렇게 말합니다.

"네가 율법을 행하면 할례가 유익하나 만일 율법을 범하면 네 할례는 무할례가 되느니라"(롬 2:25).

무슨 말씀입니까? 율법을 제대로 지킨다면 할례 받는 것이 상당히 의미 있는 일이지만, 율법을 제대로 지키지 않는다면 그것이 대단한 일이 아니라는 말씀입니다.

"무릇 표면적 유대인이 유대인이 아니요 표면적 육신의 할례가 할례가 아니라 오직 이면적 유대인이 유대인이며 할례는 마음에 할지니 영에 있고 율법조문에 있지 아니한 것이라"(롬 2:28-29).

그러므로 외형적으로 할례 받는 것보다 더 중요한 것이 '마음에 할례를 받는 것'이라고 이야기하고 있습니다. '마음에 할례를 받는다'는 말의 의미는 '하나님의 말씀을 지키면서 산다', '구별된 삶을 산다', '성별된 삶을 산다'는 것입니다.

마음에 할례를 받는 것에 대해서는 이미 구약성경에서도 말씀하고 있습니다.

"너희는 마음에 할례를 행하고 다시는 목을 곧게 하지 말라"(신 10:16).

신명기는 '모세 오경' 중 하나입니다. 그런데 이 말씀에서 이미 할례를 마음에 행하라고 했습니다.

"네 하나님 여호와께서 네 마음과 네 자손의 마음에 할례를 베푸사 너로 마음을 다하며 뜻을 다하여 네 하나님 여호와를 사랑하게 하사 너로 생명을 얻게 하실 것이며"(신 30:6).

이 말씀에 보면 '마음의 할례'의 중요성을 이야기하고 있습니다. 사실 '육체의 할례'를 명하신 이유가 무엇이겠습니까? '육체의 할례'를 생각할 때마다 '마음의 할례'를 생각하고, 그러한 삶을 살라고 하나님께서 명하셨던 것입니다. 그런데 유대인들은 그렇게 살지를 못했습니다.

유대인이나 이방인이나 모두가 다 죄인

사도 바울은 유대인들의 잘못을 들추어내고, 그들을 끌어내리기 위해서 이 본문을 기록한 것이 절대로 아닙니다. 사도 바울이 이 본문 전체를 통해서 이야기하려고 하는 것은 유대인, 이방인 할 것 없이 사람은 모두가 다 죄인이라는 것입니다. 유대인들은 율법을 가지고 있음에도 불구하고 생활은 그렇지 못하므로 그들도 어쩔 수 없는 죄인이라는 것을 본문을 통해서 이야기해주고 있습니다.

"그러면 어떠하냐 우리는 나으냐 결코 아니라 유대인이나 헬라인이나 다 죄 아래에 있다고 우리가 이미 선언하였느니라 기록된 바 의인은 없나니 하나도 없으며 깨닫는 자도 없고 하나님을 찾는 자도 없고 다 치우쳐 함께 무익하게 되고 선을 행하는 자는 없나니 하나도 없도다 그들의 목구멍은 열린 무덤이요 그 혀로는 속임을 일삼으며 그 입술에는 독사의 독이 있고 그 입에는 저주와 악독이 가득하고 그 발은 피 흘리는 데 빠른지라 파멸과 고생이 그 길에 있어 평강의 길을 알지 못하였고 그들의 눈앞에 하나님을 두려워함이 없느니라 함과 같으니라"(롬 3:9-18).

이 말씀의 핵심은 모든 사람은 다 '죄인'이라는 것입니다. 한 사람도 예외 없이 모두가 다 죄인이라고 이야기하고 있습니다. 그런데 사람이 '죄인이다, 아니다'는 기준이 무엇이냐에 따라서 달라질 수 있습니다. 본문을 보았을 때 그 기준이 무엇인가 하면 '하나님의 율법'입니다. 하나님의 율법을 기준으로 놓고 보았을 때, 하나님 앞에서 의롭다함을 받을 수 있는 사람은 아무도 없고, 모두가 다 죄인이라는 것입니다.

"우리가 알거니와 무릇 율법이 말하는 바는 율법 아래에 있는 자들에게 말하는 것이니 이는 모든 입을 막고 온 세상으로 하나님의 심판 아래에 있게 하려함이라 그러므로 율법의 행위로 그의 앞에 의롭다 하심을 얻을 육체가 없나니 율법으로는 죄를 깨달음이니라"(롬 3:19-20).

'율법'이라는 단어가 네 번 나왔습니다. 사람이 죄인이라고 하는 그 기준이 하나님의 율법입니다. 하나님의 율법을 기준으로 놓고 보았을 때 그 율법에 저촉되지 않는 사람은 한 사람도 없다는 것입니다. 모든 사람이 다 죄인이라는 것입니다. 그렇기 때문에 모든 사람은 하나님의 정죄 아래 놓여 있고, 하나님의 심판 아래 놓여 있습니다. 이것이 인간들의 문제입니다.

그러면 어떻게 우리 인간들이 하나님 앞에서 의롭다함을 받을 수 있겠습니까?

사람이 대한민국 법을 기준으로 유죄판결을 받아도 심각한 문제가 됩니다. 대한민국 법으로 보았을 때 죄인이라고 판결을 받으면 감옥에 가야 됩니다. 우리가 지금 대한민국 법으로 볼 때 죄인이 아니기 때문에 자유로운 몸으로 사는 것입니다. 그런데 하나님의 법에다 놓고 보면 죄인 아닌 사람이 한 사람도 없다는 것입니다. 그러면 이것은 심각한 문제입니다. 하나님은 공의의 하나님이므로 결국 심판하시게 됩니다. 우리는 여기서 벗어나야 하는 것입니다. 어떻게 하면 우리가 하나님께로부터 의롭다함을, 무죄판결을 받을 수가 있을까요?

"이제는 율법 외에 하나님의 한 의가 나타났으니 율법과 선지자들에게 증거를 받은 것이라 곧 예수 그리스도를 믿음으로 말미암아 모든 믿는 자에게 미치는 하나님의 의니 차별이 없느니라 모든 사람이 죄를 범하였으매 하나님의 영광에 이르지 못하더니 그리스도 예수 안에 있는 속량으로 말미암아 하나님의 은혜로 값없이 의롭다 하심을 얻은 자 되었느니라"(롬 3:21-24).

22절의 표현을 그대로 옮기면 "예수 그리스도를 믿음으로 말미암아 사람이 하나님께로부터 의롭다함을 받을 수 있다"고 이야기하고 있습니다. 예수님께서 이 땅에 오신 목적은 인간들의 죄 값을 지불하고, 누구라도 예수 그리스도를 믿을 때에 하나님께서 의롭다 해주시기 위해서였습니다.

3장 23절-24절은 대단히 중요한 말씀입니다.

"모든 사람이 죄를 범하였으매 하나님의 영광에 이르지 못하더니 그리스도 예수 안에 있는 속량으로 말미암아 하나님의 은혜로 값없이 의롭다 하심을 얻은 자 되었느니라"(롬 3:23-24).

여기 '속량'이라는 말이 나옵니다. '속량'이라고 하는 말은 '죄 값을 대신 지불하셨다'는 의미입니다. 예수님께서 우리의 죄 값을 대신 지불해 주신 것을 말씀합니다. 그래서 구원은 전적으로 하나님의 은혜로 우리 인생들에게 주어지는 것입니다. 구원을 위해서, 의롭다함을 받기 위해서 우리 인간들이 하나님께 지불해야 할 값이 없습니다. '하나님의 은혜로 값없이' 우리에게 구원을 주신, 의롭게 해주신다고 말씀하고 있습니다. 그런데 우리가 한 가지 잊지 말아야 할 것이 있습니다. 우리는 하나님의 은혜로 값없이 구원 받을 수 있습니다. 의롭다함 받을 수 있습니다. 그러나 하나님께서는 우리가 값없이 구원 받도록 하기 위해서 예수님으로 하여금 엄청난 대가를 지불하게 하셨다는 사실입니다.

"이 예수를 하나님이 그의 피로써 믿음으로 말미암는 화목제물로 세우셨나니"(롬 3:25a).

여기 '피' 라는 단어가 눈에 들어옵니다. 예수님께서 왜 십자가 위에서 피 흘려 돌아가셨습니까? 우리들의 죄 값을 지불하기 위해서, 우리가 받아야 할 그 벌을 예수님께서 대신 받으신 것입니다. 그래서 십자가 위에서 피 흘리시며 돌아가신 것입니다.

여기 또 '화목제물' 이라는 말이 나오는데, 이 말은 '속죄의 제물' 이라는 의미입니다. 우리의 죄를 속해 주시기 위해서 예수님께서 십자가 지신 것을 이렇게 표현하고 있습니다. 그러므로 사람은 구원받을 때 값없이 구원받을 수 있습니다. 하나님의 은혜로 구원받을 수 있습니다. 많은 분들이 이미 그렇게 구원을 받았습니다. 그런데 우리가 값없이 구원받는다고 해서 이 구원을 절대로 값싼 것으로 생각하면 안 됩니다. 우리가 지불하지 않아서 그렇지, 예수님께서는 자기의 목숨을 버리셨다는 사실을 절대로 잊지 말아야 합니다. 이것이 하나님께서 우리를 위해서 베푸신 '구원의 은혜' 입니다. 그래서 요한복음 1장 29절에서 침례 요한은 예수님을 보고 "세상 죄를 지고 가는 하나님의 어린 양" 이라고 말했습니다. 우리 죄를 대신 지시기 위해서 예수님은 이 땅에 내려오셨습니다. 그리고 십자가에 피 흘려 죽으심으로 영원한 속죄를 이루어 주셨습니다.

"염소와 송아지 피로 하지 아니하고 오직 자기의 피로 영원한 속죄를 이루사 단 번에 성소에 들어 가셨느니라"(히 9:12).

예수님께서 피 흘려 죽으심으로 영원한 속죄를 이루어주셨습니다.

우리의 과거의 죄, 현재의 죄, 미래의 죄, 그 모든 죄를 예수님께서 다 짊어지시고 십자가에서 돌아가신 것입니다. 그래서 예수 그리스도의 피의 공로를 의지하고 하나님께 나아갈 때 사람은 하나님께로부터 의롭다함을 받을 수 있는 것입니다. 예수님의 이 죽음은 예수님 이후의 사람들뿐만 아니라 예수님 이전의 모든 사람들의 죄도 위한 것이었습니다.

"이 예수를 하나님이 그의 피로써 믿음으로 말미암는 화목제물로 세우셨으니 이는 하나님께서 길이 참으시는 중에 전에 지은 죄를 간과하심으로 자기의 의로우심을 나타내려 하심이니"(롬 3:25).

이 말씀에 보면 우리 예수님께서 '전에 지은 죄를 간과하셨다' 는 말씀을 하고 있습니다. 여기 '전에 지은 죄' 는 누가 지은 죄를 이야기하는 것일까요? 예수님 이전시대에 살았던 사람들이 지은 죄를 이야기하는 것입니다. 아브라함, 모세, 다윗… 이러한 사람들이 예수님 이전시대에 살았던 사람들인데 그들의 죄를 여기에서 이야기하는 것이고, 그들의 죄를 간과하셨다고 말씀하고 있습니다. 그래서 예수 그리스도의 죽으심은 예수님 이후 사람들의 죄에만 적용되는 것이 아니라, 예수님 이전시대 사람들의 죄에 대해서도 적용되는 것이라는 것을 알아야 합니다. 구약시대의 성도들도 결국은 예수 그리스도의 보혈이 있었기 때문에 구원받을 수 있었습니다. 아브라함, 모세 이런 사람들은 사실 예수님을 몰랐던 사람들입니다. 그러나 그들도 역시 예수 그리스도의 보혈의 능력으로 구원받을 수 있었습니다. 예수 그리스도의 보혈의 능력은 예수님의 십자가 사건을 기준으로 그 이전, 그 당시, 그 이후 모든 사람들의 죄를 다 포함하는 것입니다.

하나님께서는 사람들을 구원해 주시기 위해서 왜 이런 방법을 선택하셨을까요?

우리 하나님은 전능하신 하나님인데, 왜 굳이 예수님을 십자가에서 죽게 하셔야 했을까요? 그냥 사람들을 다 무죄로 만들어주시면 안되었을까요? 왜 그렇게밖에 할 수 없었을까요?

그것은 '하나님의 공의' 때문입니다. 우리 하나님은 '공의의 하나님'이십니다. '공의의 하나님'이시기 때문에 죄에 대해서는 반드시 벌하셔야 됩니다. 또한 우리 하나님은 '사랑의 하나님'이십니다. 그래서 우리가 받아야 할 그 벌을 예수님께 지우셨습니다. 그런데 이 예수님이 누구입니까? 하나님께서 친히 인간의 몸을 입고 오신 분입니다. 그러니까 결국 인생들의 모든 죄 값을 자신이 지불하신 것입니다.

"곧 이때에 자기의 의로우심을 나타내사 자기도 의로우시며 또한 예수 믿는 자를 의롭다 하려 하심이라"(롬 3:26).

왜 하나님께서 예수 그리스도를 통해서 사람들을 구원해 주시는가 하면 자신의 공의를 나타내고, 사람들을 의롭게 해주시기 위해서라는 말씀입니다. 우리 하나님은 '공의의 하나님'이고, '사랑의 하나님'이기 때문에 예수 그리스도의 십자가 사건이 필요했다는 것입니다. 그래서 우리가 꼭 기억해야 하는 것은 사람이 구원받을 수 있는 근거는 '예수 그리스도의 보혈'이라는 것입니다. 예수님 이전, 예수님 당시, 예수님 이후, 모든 시대를 초월해서 사람이 구원받을 수 있는 근거는 '예수 그리스도의 보혈' 뿐입니다.

구원의 방법은 믿음입니다.

"그런즉 자랑할 데가 어디냐 있을 수가 없으니라 무슨 법으로냐 행위로냐 아니라 오직 믿음의 법으로니라 그러므로 사람이 의롭다 하심을 얻는 것은 율법의 행위에 있지 않고 믿음으로 되는 줄 우리가 인정하노라 하나님은 다만 유대인의 하나님이시냐 또한 이방인의 하나님은 아니시냐 진실로 이방인의 하나님도 되시느니라 할례자도 믿음으로 말미암아 또한 무할례자도 믿음으로 말미암아 의롭다 하실 하나님은 한 분이시니라"(롬 3:27-30).

이 말씀을 보면 사람이 어떻게 구원받을 수 있다고 말씀하고 있습니까? '믿음'이라는 단어를 계속 강조하고 있습니다. '믿음의 법' 그것이 하나님께서 사람들을 구원하는 법칙입니다. 믿음이 사람들을 구원하는 것입니다. 모든 시대를 초월해서 사람이 구원받는 방법은 딱 한 가지, '믿음'으로 구원받는 것입니다. 우리 하나님이 한 분이듯이, 구원해주시는 방법도 동일할 수밖에 없습니다.

그런데 믿음의 내용은 시대마다 조금씩 다를 수 있습니다. 예를 들어 아브라함도 구원받은 사람이고, 모세도 구원받은 사람이고, 다윗도 구원받은 사람입니다. 그리고 우리도 구원받은 사람인데 믿음의 내용은 조금씩 다릅니다. 아브라함이 가졌던 믿음의 내용과 오늘날 우리가 가지고 있는 믿음의 내용이 다릅니다. 차이가 있습니다. 정확하게 말하면 우리는 우리가 죄인이라는 것을 알고, 예수님께서 날 위해서 십자가에서 피 흘리시고 돌아가신 것을 믿음으로 구원받습니다. 그것이 우리 믿음의 중요한 내용입니다. 그런데 아브라함의 믿음에는 그런 내용이 없습니다. 아브라함은 예수님을 몰랐습니다. 예수님께서 자신을 위해 피 흘려 돌아가셨다는 그런 믿음이 아브라함의 마음속에는 없었습니다. 또 모세나 다윗이 가졌던 믿음의 내용도 아브라함이 가졌던 믿음의 내용이나 우리가 가지고 있는 믿음의 내용과는 차이가 있습니다. 아브라함은 율법 이전시대의 사람이기 때문에 구체적으로 율법의 어떠한 행위를 한다든가, 율법에 순종한다든가, 그런 것이 없었습니다. 그러나 모세나 다윗은 율법시대의 사람이었기 때문에 율법에서 하나님이 요구하신 것을 지키려고 노력했습니다. 이렇듯 시대마다 요구하는 것이 다릅니다. 하나님이 아브라함에게 요구하신 것과 모세, 다윗에게 요구하신 것이 다르고, 오늘날 우리에게 요구하시는 것이 다릅니다. 그런데 결국 믿음이 있는 사람은 그 요구가 무엇이든지간에 그대로 응한다는 것입니다. 그러므로 사람이 어떻게 구원받느냐, 시대를 초월해서 '믿음' 으로 구원받는 것입니다.

하나님께서는 왜 많은 사람들 중에서 이스라엘 백성을 선택하셔서 율법을 주셨을까요?

하나님께서는 인생들의 죄 문제를 해결해 주시기 위해서 메시아를 이 땅에 보내시기 원하셨습니다. 그런데 메시아를 보내시는데 갑자기 하늘에서 나타나는 것이 아니라 사람의 몸을 통해서 태어나게 할 계획을 가지고 계셨습니다. 그렇다면 어떤 누군가의 혈통이 필요하겠지요. 그래서 하나님께서는 그 혈통으로 아브라함을 선택하신 것입니다. 그가 믿음 있는 사람이었기 때문입니다. 그를 선택하다보니 결국 아브라함의 후손인 이스라엘 백성들, 유대인들이 선택된 것이지요. 그래서 예수님께서 메시아로 이 땅에 오실 때 한국 사람으로도 안 오시고, 미국 사람으로도 안 오시고, 이스라엘 사람으로, 유대인으로 오시게 된 것입니다. 엄격히 이야기하면 하나님께서 아브라함 한 개인을 선택하셨는데 그 후손이 이스라엘 백성이 되다 보니 메시아가 그들 가운데 탄생하게 된 것입니다.

사람이 '믿음'으로 구원받을 수 있다면 율법은 왜 주셨을까요?

하나님께서 이스라엘 백성들에게 율법을 주셨는데 율법을 주신 이유는 무엇일까요? 하나님께서 사람들에게 율법을 주신 이유는 '사람은 메시아를 필요로 하고, 구원을 필요로 하는 죄인'이라는 사실을 깨닫도록 하기 위함이었습니다.

"그러므로 율법의 행위로 그의 앞에 의롭다 하심을 얻을 육체가 없나니 율법으로는 죄를 깨달음이니라"(롬 3:20).

율법의 목적은 죄를 깨닫도록 하기 위한 것입니다. 율법을 통해서 구원받으라고 주신 것이 아닙니다. 죄를 깨닫게 하기 위해서 율법을 주셨습니다.

"이같이 율법이 우리를 그리스도께로 인도하는 초등교사가 되어 우리로 하여금 믿음으로 말미암아 의롭다함을 얻게 하려 함이라"(갈 3:24).

율법을 통해서 사람들은 자신이 죄인이라는 것을 알게 됩니다. 사람들이 자신이 죄인이라는 것을 알게 되면 메시아를 찾게 되고 결국 율법은 사람들을 그리스도에게로 인도하는 역할을 하게 되는 것입니다. 그것이 하나님께서 사람들에게 율법을 주신 목적입니다.

요즘에는 별로 그런 사람들이 없지만, 한 10년 전이나 15~20년 전만 하더라도 교회 다니는 많은 사람들이 구원을 받으려면 율법을 지켜야 된다고 생각했습니다. 그런데 요즘에는 그렇게 가르치는 사람도 없고, 그렇게 믿는 사람도 없게 되어 너무 감사한 일입니다. 그런데 예전에 이 복음이 분명하지 못했을 때에는 사람들이 그것을 잘 몰라서 율법도 지켜야 되고, 예수도 믿어야 되는 줄 알았습니다. 그런데 구원은 율법 지키는 것과는 아무런 관계가 없습니다. 율법으로는 의롭다함을 얻을 육체가 없습니다. 우리는 다 죄인으로 태어난 사람들이고, 죄성이 우리에게 있는데 어떻게 우리가 하나님의 말씀을 100% 다 지킬 수 있겠습니까. 그것은 불가능한 일입니다. 그래서 '율법'을 통해서, 특별히 이방인들의 경우에는 '양심'이 율법의 역할을 하여 '아, 내가 어쩔 수 없는 죄인이구나!' 하는 것을 발견하게 되는 것입니다. 그리하여 결국 예수 그리스도를 만나게 되고, 예수 그리스도를 영접함으로 구원받게 되는 것입니다. 유대인도, 이방인도 다 마찬가지로 구원받는 방법은 '믿음'입니다.

"그러므로 사람이 의롭다 하심을 얻는 것은 율법의 행위에 있지 않고 믿음으로 되는 줄 우리가 인정하노라"(롬 3:28).

"할례자도 믿음으로 말미암아 또한 무할례자도 믿음으로 말미암아 의롭다 하실 하나님은 한 분이시니라"(롬 3:30).

여기에 '할례자'는 '유대인'을 이야기하는 것이고, '무할례자'는 이방인을 이야기하는 것입니다. 이방인, 유대인 할 것 없이 누구라도 구원받는 방법은 딱 한 가지, '믿음'이라고 말씀하고 있습니다.

여러분은 예수 그리스도를 믿음으로 구원받은 체험이 있습니까? 혹시 여러분 중에 그저 착하게 살면 되는 것이 아니냐, 착하게 살면 되는 것이지 꼭 예수를 믿어야 하는 것이냐, 이렇게 생각하는 분이 계실지 모르겠습니다. 그런데 사람이 아무리 착하게 산다고 할지라도 하나님 보시기에는 역시 죄인이고, 멸망당할 수밖에 없는 존재들입니다. '죄'라고 하면 어디 가서 못된 짓하고, 사람을 죽이고, 도둑질하고, 이런 것들만 '죄'라고 생각하는데 '죄'는 '하나님을 떠나서 살아가는 것' 그 자체가 '죄'입니다. 이 세상의 모든 죄가 다 거기서 나오는 것입니다. 로마서 1장 28절 이하에 보면 사람들이 그 마음에 하나님 두기를 싫어한다고 했습니다. 그래서 하나님께서 그 상실한 마음대로 내버려두니까 사람들이 나가서 온갖 불의, 추악, 악한 죄를 짓게 되었다고 말씀하고 있습니다.

전도서 12장 13절에 보면 "하나님을 경외하는 것이 인간의 본분"이라고 이야기하고 있습니다. 그러므로 사람이 아무리 착하게 산다고 할지라도 그 삶 가운데 하나님이 없고, 하나님을 믿지 않고 살아간다면 하나님 보시기에는 엄청난 죄인이라고 하는 것을 알아야 합니다. 우리가 종종 신문이나 TV에서 그런 뉴스를 볼 때가 있습니다. 출세한 아들이 자기 아버지를 아버지로 대우도 안 해주고 아주 못되게 대하는 그런 사람들 이야기를 종종 듣습니다. 세상적으로 보면 교수이고, 박사인 사람도 있습니다. 그런데 아무리 세상적으로 훌륭한 업적을 쌓고 인정을 받는다 할지라도 자기 아버지를 몰라보는 그런 자식이 있다면 그건 제대로 된 자식이 아니지요. 어디 가서 도둑질하는 그런 자식보다도 훨씬 더 못한 자식입니다. 하나님 떠난 인생들이 다 그렇다는 것입니다. 아무리 착하게 살면 뭐합니까. 하나님을 부정하고 살아간다면 하나님 보시기에는 얼마나 추악한 죄인인지 모릅니다.

이렇게 하나님을 떠난 인생들은 결국 파멸과 고생이 있다고 말씀하고 있습니다.

"파멸과 고생이 그 길에 있어"(롬 3:16).

'파멸과 고생' 여기 '고생'은 '비참함'이 더 정확한 번역입니다. 파멸과 비참함이 하나님을 떠난 죄인들에게 있다는 것입니다. 하나님을 떠난 인생, 외형적으로 보면 그럴듯해 보이지만 그것은 비참한 인생입니다. 불쌍한 인생입니다. 3장 17절을 보면 그들은 '평강의 길을 알지 못한다'고 하였습니다. 하나님을 떠난 사람의 마음속에는 평강이 없습니다. 일시적인 평강, 평강 비슷한 것은 있을지 모르지만 하나님이 주시는 참 평안은 없습니다.

여러분의 삶 가운데, 여러분의 마음 가운데 하나님이 계시지 않는다면 하나님 앞으로 나와야 합니다. 하나님께 나아가는 길은 예수 그리스도를 통해서만 가능합니다. 그 일을 위해서 예수님께서 이천 년 전에 십자가에서 피 흘려 돌아가셨습니다. 아직 하나님을 알지 못하고, 하나님을 떠나서 살아가고 있다면 하나님께로 나오십시오. 하나님께서 지금 당신을 기다리고 계십니다.

4
믿음을 의로 여기신다

(롬 4장)

롬 4장

1 그런즉 육신으로 우리 조상인 아브라함이 무엇을 얻었다 하리요

2 만일 아브라함이 행위로써 의롭다 하심을 받았으면 자랑할 것이 있으려니와 하나님 앞에서는 없느니라

3 성경이 무엇을 말하느냐 아브라함이 하나님을 믿으매 그것이 그에게 의로 여겨진 바 되었느니라

4 일하는 자에게는 그 삯이 은혜로 여겨지지 아니하고 보수로 여겨지거니와

5 일을 아니할지라도 경건하지 아니한 자를 의롭다 하시는 이를 믿는 자에게는 그의 믿음을 의로 여기시나니

6 일한 것이 없이 하나님께 의로 여기심을 받는 사람의 복에 대하여 다윗이 말한 바

7 불법이 사함을 받고 죄가 가리어짐을 받는 사람들은 복이 있고

8 주께서 그 죄를 인정하지 아니하실 사람은 복이 있도다

9 그런즉 이 복이 할례자에게냐 혹은 무할례자에게도냐 무릇 우리가 말하기를 아브라함에게는 그 믿음이 의로 여겨졌다 하노라

10 그런즉 그것이 어떻게 여겨졌느냐 할례시냐 무할례시냐 할례시가 아니요 무할례시니라

11 그가 할례의 표를 받은 것은 무할례시에 믿음으로 된 의를 인친 것이니 이는 무할례자로서 믿는 모든 자의 조상이 되어 그들도 의로 여기심을 얻게 하려 하심이라

12 또한 할례자의 조상이 되었나니 곧 할례 받을 자에게뿐 아니라 우리 조상 아브라함이 무할례시에 가졌던 믿음의 자취를 따르는 자들에게도 그러하니라

13 아브라함이나 그 후손에게 세상의 상속자가 되리라고 하신 언약은 율법으로 말미암은 것이 아니요 오직 믿음의 의로 말미암은 것이니라

14 만일 율법에 속한 자들이 상속자이면 믿음은 헛것이 되고 약속은 파기 되었느니라

15 율법은 진노를 이루게 하나니 율법이 없는 곳에는 범법도 없느니라

16 그러므로 상속자가 되는 그것이 은혜에 속하기 위하여 믿음으로 되나니 이는 그 약속을 그 모든 후손에게 굳게 하려 하심이라 율법에 속한 자에게 뿐만 아니라 아브라함의 믿음에 속한 자에게도 그러하니 아브라함은 우리 모든 사람의 조상이라

17 기록된 바 내가 너를 많은 민족의 조상으로 세웠다 하심과 같으니 그가 믿은 바 하나님은 죽은 자를 살리시며 없는 것을 있는 것으로 부르시는 이시니라

18 아브라함이 바랄 수 없는 중에 바라고 믿었으니 이는 네 후손이 이 같으리라 하신 말씀대로 많은 민족의 조상이 되게 하려 하심이라

19 그가 백 세나 되어 자기 몸이 죽은 것 같고 사라의 태가 죽은 것 같음을 알고도 믿음이 약하여지지 아니하고

20 믿음이 없어 하나님의 약속을 의심하지 않고 믿음으로 견고하여져서 하나님께 영광을 돌리며

21 약속하신 그것을 또한 능히 이루실 줄을 확신하였으니

22 그러므로 그것이 그에게 의로 여겨졌느니라

23 그에게 의로 여겨졌다 기록된 것은 아브라함만 위한 것이 아니요

24 의로 여기심을 받을 우리도 위함이니 곧 예수 우리 주를 죽은 자 가운데서 살리신 이를 믿는 자니라

25 예수는 우리가 범죄한 것 때문에 내줌이 되고 또한 우리를 의롭다 하시기 위하여 살아나셨느니라

이 세상을 살아가는 사람들 중에 하나님 보시기에 죄인 아닌 사람은 한 사람도 없습니다. 아무리 착한 사람이라고 해도, 세상에서 법 없이 살 수 있는 사람이라고 해도 역시 하나님 보시기에는 죄인입니다.

"의인은 없나니 하나도 없으며"(롬 3:10).

"모든 사람이 죄를 범하였으매 하나님의 영광에 이르지 못하더니"(롬 3:23).

'하나님의 영광에 이르지 못한다' 고 하는 말은 하나님의 기준에 못 미친다는 말입니다. 사람의 기준으로 볼 때는 괜찮을 수 있습니다. 상당히 의로워 보일 수 있습니다. 그러나 하나님의 기준을 가지고 사람을 보면 그 기준에 미칠 사람이 없습니다. 모두가 다 죄인입니다. 그래서 이 세상을 살아가는 모든 사람들은 한 사람도 예외 없이 죄인이라고 하는 심각한 문제를 가지고 살아가고 있습니다.

그러면 사람이 하나님께 의롭다함을 받을 수 있는 방법은 없겠습니까?

어떻게 하면 하나님께로부터 의롭다함을 받을 수 있을까요?

성경은 사람이 믿음으로만 의롭다함을 받을 수 있다고 말씀하고 있습니다.

어떤 사람들은 의로워지기 위해서 선행을 합니다. 선행을 하면 자기가 선한 사람이 되는 것이라고 생각하는 것이지요. 어떤 사람들은 수행을 하고, 어떤 사람들은 고행을 합니다. 또, 성경을 조금 아는 사람들은 하나님께서 주신 율법을 잘 지키면 자기가 하나님 보시기에 좀 의로워지지 않을까 해서 율법을 열심히 지킵니다. 그러나 이런 방법으로는 사람이 절대로 의로워질 수 없습니다. 사람이 의로워질 수 있는 딱 한 가지 방법은 하나님을 믿는 것입니다. 그것이 성경이 말하고 있는 의로워지는 유일한 길입니다.

"우리의 의는 다 더러운 옷 같으며"(사 64:6).

사람이 아무리 의로워지려고 노력해도 하나님 보시기에는 더러운 옷을 입고 나아가는 것과 똑같습니다.

"네가 잿물로 스스로 씻으며 네가 많은 비누를 쓸지라도 네 죄악이 내 앞에 그대로 있으리니"(렘 2:22).

사람이 아무리 죄악된 길로부터 손을 씻고, 목욕을 하고, 아무리 노력해도 하나님 보시기에는 절대로 의로워질 수 없습니다.

율법도 마찬가지입니다. 성경말씀을 보면 율법의 행위로 하나님 앞에 의롭다하심을 얻을 육체가 없다고 말씀하셨습니다. 아무리 율법을 지키려고 해도 사람은 절대로 그것을 다 지킬 수가 없습니다. 그것으로 의로워질 수가 없습니다. 그래서 하나님을 믿음으로만 가능하다고 하는 것입니다.

"일을 아니할지라도 경건하지 아니한 자를 의롭다 하시는 이를 믿는 자에게는 그의 믿음을 의로 여기시나니"(롬 4:5).

이 말씀은 굉장히 중요한 말씀입니다. 경건하지 아니한 자라고 할지라도 하나님을 믿으면 그 믿음을 보시고 그 사람을 의롭다 해주신다고 말씀하고 있습니다. 여기서 말씀하고 있는 '일'은 율법을 지킨다든지, 선행을 한다든지 하는 인간의 행위, 어떤 인간적인 공로를 이야기하는 것입니다. 공로가 없고, 어떤 행위가 따르지 않고, 악한 사람이라고 할지라도 하나님을 믿으면 그 믿음 보시고 하나님께서 의롭다고 칭해 주신다는 말씀입니다.

하나님께서 사람에게 그렇게 해 주시는 이유가 무엇일까요?

그것은 하나님께서 사람들로부터 온전한 영광을 받기 위해서 입니다.

"그러므로 상속자가 되는 그것이 은혜에 속하기 위하여 믿음으로 되나니"(롬 4:16).

이 말씀에서 왜 믿음으로 해주셨다고 말씀하나요? '은혜에 속하기 위하여'라고 말씀합니다. 은혜에 속해야 하나님께서 온전한 영광을 받으시기 때문입니다. 그러므로 하나님께서는 믿음으로, 은혜로 구원해 주시는 것입니다.

"일하는 자에게는 그 삯이 은혜로 여겨지지 아니하고 보수로 여겨지거니와"(롬 4:4).

우리가 어떤 인간적인 공로를 통해서 하나님께 의롭다함을 받았다면 그것은 하나님께서 주신 100% 은혜라고 이야기할 수 없습니다. 은혜 플러스 보수입니다. 내가 한 만큼 하나님께서 해주시는 것이지요. 그런데 하나님은 그것을 원하지 않으십니다. 하나님이 사람을 지으신 목적, 하나님께서 사람을 의롭다고 해주시는 목적은 단 한 가지입니다. 영광받기 위해서입니다. 그렇기 때문에 100% 영광 받기 위해서는 하나님께서 100% 은혜로, 거저, 값없이 선물로 주셔야 하는 것입니다. 그러므로 은혜로 구원받은 사람은 자랑할 수 없습니다. 내가 한 것이 없기 때문입니다. 하나님이 그냥 주신 구원인데 자랑할 수 있겠습니까.

"그런 즉 자랑할 데가 어디냐 있을 수가 없느니라 무슨 법으로냐 행위로냐 아니라 오직 믿음의 법으로니라"(롬 3:27).

"만일 아브라함이 행위로써 의롭다 하심을 받았으면 자랑할 것이 있으려니와 하나님 앞에서는 없느니라"(롬 4:2).

믿음으로 의롭다함을 받은 아브라함도 역시 하나님 앞에서는 내세울 것이 없었습니다. 만약 어떤 인간적인 노력이나 선행, 고행, 수행, 이런 것들을 통해서 하나님이 우리를 구원해 주신다면 우리가 자랑할 것이 있겠지요. 그런데 하나님은 그런 것을 원치 않으십니다. 하나님은 무조건 100% 은혜로 주시기를 원하시고, 또 100% 영광받기를 원하십니다.

"너희는 그 은혜에 의하여 믿음으로 말미암아 구원을 받았으니 이것은 너희에게서 난 것이 아니요 하나님의 선물이라 행위에서 난 것이 아니니 이는 누구든지 자랑하지 못하게 함이라"(엡 2:8-9).

구원은, 하나님께서 사람을 의롭다고 해주시는 것은 하나님의 선물입니다. 그냥 은혜로 주시는 것입니다. 그래서 아무도 자랑할 수 없습니다. 로마서 전체의 주제가 "사람은 오직 믿음으로 구원받을 수 있다, 의롭다 함을 받을 수 있다"입니다.

로마서 4장에서는 아브라함을 예로 들어서 사람이 믿음으로 의롭다 함 받을 수 있는 것을 설명해 주고 있습니다. 아브라함은 이스라엘 민족의 조상입니다. 이스라엘 민족은 율법을 받은 민족이지요. 한편 아브라함은 우리 믿는 사람들의 조상이기도 합니다. 그래서 아브라함이 어떻게 의롭다함을 입었는지, 어떻게 구원받았는지 보는 것은 굉장히 중요합니다. 그렇기 때문에 특별히 로마서에서는 아브라함을 예로 들어서 사람이 어떻게 구원 받느냐, 어떻게 의롭다함을 받느냐 하는 것을 설명하고 있습니다.

아브라함이 어떻게 구원받았을까요?

할례를 통해서도 아니고, 율법의 행위로도 아니고, 믿음으로 구원받았습니다.

"그런즉 그것이 어떻게 여겨졌느냐 할례시냐 무할례시냐 할례시가 아니요 무할례시니라 그가 할례의 표를 받은 것은 무할례시에 믿음으로 된 의를 인친 것이니 이는 무할례자로서 믿는 모든 자의 조상이 되어 그들도 의로 여기심을 얻게 하려 하심이라"(롬 4:10-11).

이 말씀에 의하면 아브라함은 할례를 통해서 구원받지 않았습니다. 아브라함이 할례를 받은 이야기는 창세기 17장에 기록되어 있는데 아브라함이 하나님께로부터 의롭다함을 받은 것은 그 이전입니다. 그러므로 할례와 아브라함이 의롭다함을 받은 것은 아무런 상관이 없습니다. 그러면 할례는 왜 받았을까요? 11절이 그 답을 말해 주고 있는데 '믿음으로 된 의를 인친 것'이라고 이야기하고 있습니다. 그러니까 이미 의롭다함을 받았는데 그것을 표시하기 위해서 하나님께서 할례를 받으라고 명령하셨기 때문에 할례를 받은 것입니다.

또, 율법의 행위로도 그가 구원 받은 것이 아니라는 것을 이야기하고 있습니다.

"아브라함이나 그 후손에게 세상의 상속자가 되리라고 하신 언약은 율법으로 말미암은 것이 아니요 오직 믿음의 의로 말미암은 것이니라 만일 율법에 속한 자들이 상속자이면 믿음은 헛것이 되고 약속은 파기되었느니라"(롬 4:13-14).

율법은 아브라함 500년 이후에 하나님께서 이스라엘 백성들에게 주신 것입니다. 아브라함이 있을 때에는 율법이라는 것 자체가 없었습니다. 그러므로 율법을 통해서 구원받을 수 없는 것은 너무도 당연한 것이지요. 그리고 율법을 주신 목적은 그것을 통해서 구원받으라고 주신 것이 아니라 죄인인 것을 깨달으라고 주신 것입니다.

"그러므로 율법의 행위로 그의 앞에 의롭다 하심을 얻을 육체가 없나니 율법으로는 죄를 깨달음이니라."(롬 3:20).

"율법은 진노를 이루게 하나니 율법이 없는 곳에는 범법도 없느니라"(롬 4:15).

율법이 있기 전에는 사람이 죄를 지으면서도 어떤 기준이 없다 보니 그것이 죄인줄 몰랐습니다. 그런데 율법이 있고난 뒤에는 그것이 기준이 되기 때문에 범법하고 있다는 것을 알게 됩니다. 율법을 주신 목적은 그것을 통해서 죄인인 것을 알도록 하기 위해서 하나님께서 주신 것입니다. 결국 아브라함이 구원받은 것은 할례를 통해서도 아니고, 율법의 행위를 통해서도 아니고, 믿음을 통해서 받았다는 것이 이 본문의 핵심입니다.

"성경이 무엇을 말하느냐 아브라함이 하나님을 믿으매 그것이 그에게 의로 여겨진바 되었느니라"(롬 4:3).

다른 것 때문이 아니라, 하나님을 믿었기 때문에 그것이 하나님께 의로 여겨졌다, 구원받았다는 말씀입니다.

아브라함은 가나안 땅으로 와서 살기 전에 갈대아 우르라는 곳에서 살았습니다. 갈대아 우르는 오늘날의 이라크에 있는 지방입니다. 그런데 그 지방의 문화는 완전히 우상 숭배하는 문화였습니다. 여호수아 24장 2절에 보면 아브라함의 아버지 데라는 '다른 신들'

을 섬겼다고 기록되어 있습니다. 아브라함의 아버지만 그렇게 했을 까요? 그 당시 문화가 다 우상 숭배하는 문화였으므로 많은 사람들 이 우상을 섬겼을 것입니다. 우리나라도 옛날에 얼마나 우상 숭배 를 많이 했습니까.

그런데 아브라함은 우상을 숭배하는 사람들을 보면서 이런 생각 을 했습니다. '왜 사람들은 자기들 스스로가 만든 조각품 앞에서 절 을 하고, 복을 기원하고 있을까? 참 답답하다. 저 우상이라고 하는 것은 입이 있어도 말을 못하고, 눈이 있어도 보지 못하고, 귀가 있 어도 듣지 못하는데 왜 사람들은 저렇게 어리석은 짓을 하고 있을 까? 이것은 아니다.' 그러면서 어딘가에 저런 우상 말고 진짜 이 천 지와 우주만물을 창조하신 분이 계실 것이라는 믿음을 가지기 시작 했습니다. 그리고 그는 창조주 하나님께 대한 믿음을 가지게 되었 습니다. 그 때 하나님께서는 메시야를 이 땅에 보내주시기 위해서 한 사람을 택하셔야 했는데 아브라함에게 믿음이 있는 것을 보셨습 니다. 그래서 하나님께서는 아브라함을 불러서 '이곳에 살지 말고 내가 지정하는 곳에 가서 살고 거기서 큰 민족을 이루라'고 말씀하 시며, 그의 혈통을 통해서 메시야를 보내 줄 것이라는 비전을 그에 게 보여 주신 것입니다. 아브라함은 그 말씀에 믿음으로 순종합니 다. 그 말씀이 창세기에 나옵니다.

"여호와께서 아브람에게 이르시되 너는 너의 고향과 친척과 아 버지의 집을 떠나 내가 네게 보여 줄 땅으로 가라 내가 너로 큰 민족을 이루고 네게 복을 주어 네 이름을 창대하게 하리니 너는 복이 될지라 너를 축복하는 자에게는 내가 복을 내리고 너를 저주 하는 자에게는 내가 저주하리니 땅의 모든 족속이 너로 말미암아 복을 얻을 것이라 하신지라 이에 아브람이 여호와의 말씀을 따라 갔고"(창 12:1-4a).

"여호와의 말씀이 그에게 임하여 이르시되 그 사람이 네 상속자가 아니라 네 몸에서 날 자가 네 상속자가 되리라 하시고 그를 이끌고 밖으로 나가 이르시되 하늘을 우러러 뭇 별을 셀 수 있나 보라 또 그에게 이르시되 내 자손이 이와 같으리라 아브라함이 여호와를 믿으니 여호와께서 이를 그의 의로 여기시고"(창 15:4-6).

결국 아브라함은 하나님을 믿은 것 때문에 의롭다함을 받았습니다.

아브라함의 믿음에 대해서는 본문 로마서 4장에서 상세하게 이야기하고 있습니다.

"기록된 바 내가 너를 많은 민족의 조상으로 세웠다 하심과 같으니 그가 믿은 바 하나님은 죽은 자를 살리시며 없는 것을 있는 것으로 부르시는 이시니라 아브라함이 바랄 수 없는 중에 바라고 믿었으니 이는 네 후손이 이 같으리라 하신 말씀대로 많은 민족의 조상이 되게 하려 하심이라 그가 백 세나 되어 자기 몸이 죽은 것 같고 사라의 태가 죽은 것 같음을 알고도 믿음이 약하여지지 아니하고 믿음이 없어 하나님의 약속을 의심하지 않고 믿음으로 견고하여져서 하나님께 영광을 돌리며 약속하신 그것을 또한 능히 이루실 줄을 확신하였으니 그러므로 그것이 그에게 의로 여겨졌느니라"(롬 4:17-22).

아브라함은 믿음의 사람이었습니다. 그 믿음 때문에 하나님께서는 그를 의롭다 해주시고, 하나님의 자녀삼아 주셨습니다.

그러면 오늘날에는 어떠할까요?

아브라함은 믿음으로 구원받았는데 오늘날에는 사람이 어떻게 해야 구원받을 수 있을까요? 어떻게 하면 의롭다함을 받을 수 있을까요?

원리는 항상 동일합니다.

"그런즉 자랑할 데가 어디냐 있을 수가 없느니라 무슨 법으로냐 행위로냐 아니라 오직 믿음의 법으로니라"(롬 3:27).

이 말씀에 '믿음의 법' 이라는 용어가 나옵니다. '믿음의 법' 이 사실은 하나님께서 사람들을 구원해 주시는 법입니다. 또, 본문 로마서 4장 13절에 보면 '믿음의 의' 라는 말도 나옵니다. 다 같은 차원입니다. '믿음의 의' 또는 '믿음의 법', '믿음' 을 통해서 사람이 의로워진다고 세워 놓으신 하나님의 법칙입니다.

"할례자도 믿음으로 말미암아 또한 무할례자도 믿음으로 말미암아 의롭다 하실 하나님은 한 분이시니라"(롬 3:30).

하나님은 한 분이시고, 과거나 현재나 앞으로도 영원히 동일하신 분이십니다. 그 하나님께서 정해 놓으신 구원의 법칙이 '믿음' 입니다. '믿음의 법' 을 통해서 하나님께서는 과거에도 그렇고, 오늘날에도 그렇고, 앞으로도 사람들을 구원해 주십니다.

"그에게 의로 여겨졌다 기록된 것은 아브라함만 위한 것이 아니요 의로 여기심을 받을 우리도 위함이니 곧 예수 우리 주를 죽은 자 가운데서 살리신 이를 믿는 자니라"(롬 4:23-24).

하나님께서 사람을 의롭다고 해주시는 것은 '아브라함만을 위한 것이 아니라 또한 우리를 위한 것' 이라고 말씀하고 있습니다. 하나님께서는 '예수 우리 주를 죽은 자 가운데서 살리신 이를 믿는 자'

를 구원해 주신다고 하셨습니다. '예수 우리 주를 죽은 자 가운데서 살리신 이' 가 누구일까요? 하나님이십니다. 그 하나님을 믿는 자를 하나님께서 구원해 주신다는 말씀입니다. 그래서 구원의 원리는 항상 동일합니다. 하나님을 믿는 그 믿음 보시고 하나님께서는 오늘날에도 사람들을 구원해 주십니다.

그런데 성경을 잘 보면 그 믿음의 내용은 시대마다 조금씩 다릅니다. 우리는 하나님을 믿는 사람들인데 우리가 어떤 하나님을 믿는가 하면 '예수 그리스도를 이 땅에 보내주시고, 우리 죄를 위해서 십자가에서 죽게 하셨으며, 3일 만에 살려주신 그 하나님' 을 믿습니다. 그런데 아브라함이나 모세의 믿음의 지각 속에는 예수 그리스도에 대한 정확한 정보가 없었습니다. 하나님께서 간접적인 방법으로, 그림자로 자꾸 설명하고 보여주시니까 어렴풋하게는 알고 있었을지 모릅니다. 그러나 그들은 '예수 그리스도라는 분이 이 땅에 오셔서 십자가를 지시고 죽으시고 3일 만에 부활하실 것'이라는 내용은 몰랐습니다. 그럼에도 불구하고 그들이 하나님께 대한 믿음을 보였을 때 하나님께서는 그들도 예수 그리스도를 믿는 것으로 간주해 주셨습니다. 그래서 그들도 구원받을 수 있었던 것입니다. 예수 그리스도의 보혈은 예수님 이후의 사람들에게만 해당되는 것이 아닙니다. 아담 이후의 모든 사람들에게 다 해당되는 것이 예수 그리스도의 죽으심과 부활입니다. 그들이 설령 예수 그리스도를 몰랐다 할지라도, 그들의 하나님을 향한 믿음을 보시고 예수 그리스도의 보혈의 능력을 적용시켜 주서서 그들도 결국은 예수님 때문에 구원받을 수 있었던 것입니다.

그렇기 때문에 성경에 보면 조금 이해가 가지 않는 그런 표현들이 나옵니다.

"너희 조상 아브라함은 나의 때 볼 것을 즐거워하다가 보고 기뻐하였느니라"(요 8:56).

이 말씀은 예수님께서 하신 말씀인데 아브라함은 예수님의 때를 보고 즐거워했다고 말씀하고 있습니다. 그런데 실제로 아브라함은 예수님을 못 보았습니다. 그런데도 불구하고 하나님께서는 아브라함이 예수님을 본 것처럼 인정해 주셨습니다. 하나님을 향한 믿음이 있었고, 예수 그리스도를 통한 하나님의 구원 계획안에 아브라함이 포함되어 있었기 때문에 그가 실제로는 예수님을 못 봤지만 예수님을 본 것처럼 인정해 주셨다는 것입니다. 그러므로 이런 표현이 가능한 것입니다.

"그리스도를 위하여 받는 수모를 애굽의 모든 보화보다 더 큰 재물로 여겼으니 이는 상 주심을 바라봄이라"(히 11:26).

이 말씀은 모세에 대한 기록인데 모세가 그리스도를 위하여 수모를 당했다고 기록하고 있습니다. 모세가 예수님을 알지 못했는데 어떻게 예수 그리스도를 위하여 수모를 당할 수가 있었겠습니까? 정확하게 이야기하면 하나님을 위해서 수모를 당했고, 이스라엘 민족을 위해서 고통을 당한 것입니다. 그런데도 성경은 모세가 마치 그리스도를 위하여 고난당한 것처럼 기록하고 있습니다. 하나님의 구원 계획안에 있는 사람이므로 하나님께서는 미리 그렇게 인정을 해 주신 것입니다. 그러므로 아브라함도, 모세도 다 그림자만 본 사람들이지만 하나님께서는 실체를 본 것처럼 인정해 주시는 것입니다. 이것이 하나님의 은혜입니다. 시대를 초월해서 하나님을 믿는 그 믿음이 구원의 방법입니다. 그리고 구원의 근거는 예수 그리스도의 보혈, 죽음, 그리고 3일 만에 부활하신 것입니다. 노아, 아브라함, 모세, 다윗은 예수님을 직접적으로는 몰랐습니다. 그러나 하나님께서는 그들의 믿음을 보시고 예수 그리스도의 보혈을 그들에게도 적용해 주셔서 구원받을 수 있었던 것입니다. 구약시대 성도들은 죄 사함받기 위해서 짐승을 죽인 피로 하나님께 나아갔습니다. 그런데 짐승의 피를 들고 나간다고 해서 그것으로 어떻게 사람의 죄가 용서될 수 있겠습니까. 하나님께서는 짐승의 피를 예수 그리스도의 피로 봐 주신 것입니다. 그래서 죄를 용서해 주신 것입니다.

또, 아브라함은 하나님께서는 죽은 자도 살릴 수 있는 분이라고 믿었습니다.

"그가 믿은 바 하나님은 죽은 자를 살리시며 없는 것을 있는 것으로 부르시는 이시니라"(롬 4:17b).

아브라함은 늙어서 아기를 가질 수 없었지만 하나님을 믿었기 때문에 소망을 가지고 살았습니다. 하나님이 이삭을 모리아 산에서 바치라고 했을 때에도 부활의 능력을 믿었기 때문에 기꺼이 하나님 말씀에 순종하였습니다. 하나님께서는 아브라함이 믿었던 그런 부활 신앙을 예수 그리스도의 부활을 믿는 신앙으로 봐주신 것입니다. 그래서 그 믿음을 보시고 아브라함을 구원해 주신 것이고, 모세와 믿음의 사람들을 다 구원해 주신 것입니다.

이제 우리는 어떻습니까?

그들은 그림자만 보았습니다. 예수님은 못 보았습니다. 그런데 우리는 실체를 보았습니다. 예수님께서 십자가에서 피 흘려 죽으신 것, 3일 만에 부활하신 것을 우리는 성경을 통해서 보고 알았습니다. 그러므로 오늘날 우리는 크게 보면 우리가 하나님을 믿을 때 구원받을 수 있습니다. 그러나 구체적으로는 하나님께서 예수님을 보내주셔서 날 위해서 십자가에서 피 흘려 죽게 하시고 3일 만에 다시 부활시켜 주셨다는 사실을 믿을 때 구원받을 수 있습니다.

"예수는 우리가 범죄한 것 때문에 내줌이 되고 또한 우리를 의롭다 하시기 위하여 살아나셨느니라"(롬 4:25).

하나님께서 인류의 모든 죄, 아담 이후의 모든 사람들의 죄 문제를 해결해 주시기 위해서 하신 것이 이것입니다. 예수님을 이 땅에 보내주셨고, 모든 그 사람을 죄를 위해서 죽게 하셨으며, 죽으신지 3일 만에 부활시켜 주셨습니다. 그래서 누구라도 이 예수 그리스도를 믿을 때에 하나님께서는 그 사람을 의롭다고 인정해 주십니다. 당신은 이 사실을 마음으로부터 진정으로 믿고 받아들인 적이 있습니까? 그렇지 못하다면 오늘 그렇게 해야 합니다. 하나님을 믿어야 되고, 하나님께서 예수 그리스도를 통해서 하신 이 일을 받아들여야 합니다. 사람이 착하게 산다고 의로워지는 것이 아닙니다. 아무리 착하게 살아도 하나님 보시기에는 그저 누추한 죄인일 뿐입니다. 또, 하나님께서는 죄 값을 스스로 지불하라고 고행할 것을 요구하지도 않으십니다. 우리 몸을 아무리 괴롭게 해봐야 그것이 하나님께 무슨 의미가 있겠습니까. 하나님께서 우리에게 요구하시는 것은 딱 한 가지입니다. 그것은 하나님께 대한 믿음을 보이는 것입니다. 그것을 하나님께서는 기뻐하시고 그렇게 하는 사람을 의롭다고 해 주십니다.

"일을 아니할지라도 경건하지 아니한 자를 의롭다 하시는 이를 믿는 자에게는 그의 믿음을 의로 여기시나니"(롬 4:5).

아무런 인간적인 공로가 없어도, 경건하지 못한 사람이라고 할지라도, 흉악한 죄를 범한 사람이라고 할지라도 하나님을 믿으면 그 믿음 보시고 하나님께서는 오늘날에도 사람들을 의롭다고 해주십니다. 당신은 정말 의롭다함을 받은 사실이 있습니까? 하나님께 의롭다함을 받아야 됩니다. 세상에 많은 사람들이 있는데 하나님께로부터 무죄선고를 받은 사람들, 하나님께로부터 의롭다고 칭함 받은 사람들이 제일 복 받은 사람들입니다.

"일한 것이 없이 하나님께 의로 여기심을 받는 사람의 복에 대하여 다윗이 말한 바 불법이 사함을 받고 죄가 가리어짐을 받는 사람들은 복이 있고 주께서 그 죄를 인정하지 아니하실 사람은 복이 있도다"(롬 4:6-8).

이것이 사람이 누릴 수 있는 최고의 복입니다. 건강하고, 돈 많이 벌고, 출세하고, 성공하고 이런 것이 복이 아니라 진짜 복은 하나님께로부터 내가 의롭다함을 받는 것입니다. 사람이 아무리 장수하고, 성공하고, 출세하면 뭐 합니까? 하나님께서 "너는 죄인이야. 너는 지옥 가야 해."라고 하신다면 그것이 얼마나 비참한 인생입니까. 그래서 하나님께서 의롭다고 해주시는 사람은 7-8절에 보면 모든 불법을 다 사해 주시고, 모든 죄가 가리어짐을 받는다고 했습니다. 하나님께서 죄를 인정하지 않으십니다. 죄가 없다는 것이 아닙니다. 죄가 있는데도 불구하고 더 이상 그것을 죄로 안 보시겠다는 것입니다. 무조건 그냥 무죄입니다. 이것이 하나님께서 우리를 의롭다고 해주시는 것입니다.

하나님의 은혜와 사랑이 정말 놀랍지 않습니까? 더럽고 누추한 죄인들을 그 믿음 하나 보시고, 겨자씨알만한 믿음이지만 그 믿음 하나 가지고 하나님께 나아가면 하나님께서는 그것이 기특하셔서 우리를 다 용서해 주시고 의롭다고 해 주십니다. 아직까지 구원받지 못한 분이 있다면 오늘 하나님께 나아와야 합니다. 하나님이 보시기에 죄인으로 사는 것만큼 불행한 일은 없습니다. 그 길은 파멸이요, 결국 비참함입니다. 오늘 그 길에서 돌이켜 하나님께 나아와 참 평안과 행복을 누리며 살아갈 수 있기를 바랍니다.

5

의롭다함 받은 자의 복

(롬 5:1–11)

롬 5:1-11

1 그러므로 우리가 믿음으로 의롭다 하심을 받았으니 우리 주 예수 그리스도로 말미암아 하나님과 화평을 누리자

2 또한 그로 말미암아 우리가 믿음으로 서 있는 이 은혜에 들어감을 얻었으며 하나님의 영광을 바라고 즐거워하느니라

3 다만 이뿐 아니라 우리가 고난 중에도 즐거워하나니 이는 환난은 인내를,

4 인내는 연단을, 연단은 소망을 이루는 줄 앎이로다

5 소망이 우리를 부끄럽게 하지 아니함은 우리에게 주신 성령으로 말미암아 하나님의 사랑이 우리 마음에 부은 바 됨이니

6 우리가 아직 연약한 때에 기약대로 그리스도께서 경건하지 않은 자를 위하여 죽으셨도다

7 의인을 위하여 죽는 자가 쉽지 않고 선인을 위하여 용감히 죽는 자가 혹 있거니와

8 우리가 아직 죄인 되었을 때에 그리스도께서 우리를 위하여 죽으심으로 하나님께서 우리에 대한 자기의 사랑을 확증하셨느니라

9 그러면 이제 우리가 그의 피로 말미암아 의롭다 하심을 받았으니 더욱 그로 말미암아 진노하심에서 구원을 받을 것이니

10 곧 우리가 원수 되었을 때에 그의 아들의 죽으심으로 말미암아 하나님과 화목하게 되었은즉 화목하게 된 자로서는 더욱 그의 살아나심으로 말미암아 구원을 받을 것이니라

11 그뿐 아니라 이제 우리로 화목하게 하신 우리 주 예수 그리스도로 말미암아 하나님 안에서 또한 즐거워하느니라

여러분은 '복'이 무엇이라고 생각하십니까?

돈 많이 벌고 건강하게 사는 것이 복일까요? 성공하고 출세하는 것이 복의 전부일까요? 물론 그런 것도 복은 복입니다. 그러나 진짜 복은 하나님을 섬기면서 그리스도인으로서 이 땅을 살아가는 것입니다.

여러분은 자녀들에게 선물을 해본 경험이 있으십니까? 자녀를 키워 보신 분들은 그런 경험이 다 있으리라고 생각되는데 자녀들에게 선물을 주면 아이들의 반응이 어떠합니까? 굉장히 좋아하죠! 그런데 아이들에게 진짜 의미 있는 것은 사실 선물이 아니라 선물을 준 부모입니다. 부모가 있기 때문에 선물도 있는 것이지요. 그런데 이 세상의 모든 좋은 것들을 누가 주는가 하면 하나님께서 주십니다. 사람에게 필요한 건강, 물질, 지위, 모두 다 하나님께서 주시는 것입니다.

우리 그리스도인들은 하나님의 자녀들입니다. 그러므로 이 땅을 살아가면서 많은 물질을 누리고 사는 것, 건강하고 오래 사는 것, 이런 것보다도 하나님이 내 아버지가 되시고, 내가 하나님의 자녀로 살아가는 그 자체가 진짜 복이라는 것입니다. 아무리 좋은 선물을 받는다 할지라도 부모가 없는 아이들은 결코 행복할 수가 없습니다. 그러나 별로 좋은 선물을 못 받는다고 해도 부모가 늘 곁에 있고, 부모의 사랑을 받으며, 부모와 아름다운 관계를 유지하면서 살아간다면 그 아이는 복 받은 아이입니다. 우리 그리스도인들이 바로 하나님과 그런 관계라는 것입니다.

또, 사람이 처한 위치를 생각해 보아도 우리 그리스도인들이 얼마나 복 받은 사람들인지 알 수 있습니다. 원래 사람은 다 죄인입니다. 죄인은 벌을 받아야 하고, 하나님의 영원한 형벌이 죄인들을 기다리고 있습니다. 그런데 하나님께서는 예수 그리스도를 영접하고, 하나님께 나오는 사람들에겐 무조건 다 의롭다고 해주십니다. 더이상 죄인으로 여기시지 않습니다. 우리 그리스도인들이 어떤 사람들입니까? 하나님께로부터 의롭다함을 받은 사람들이고, 용서받은 사람들입니다. 그러므로 우리가 정죄 하에 있지 않고, 자유인으로서, 하나님의 사랑받는 자녀로서 이 세상을 살아간다는 것은 보통 축복이 아닐 수 없습니다.

이해가 잘 안된다면 이렇게 한 번 생각해 보십시오. 여러분이 죄를 지어서 사형선고를 받았습니다. 지금 감옥에 갇혀 있고 죽을 날을 기다리고 있습니다. 언제 사형이 집행될까, 언제 죽을 것인가 그것만 생각하면서 두려워하고 있는데, 어느 날 갑자기 '특별사면 대상자'가 되어 사형을 면하게 되었습니다. 그래서 자유인이 되었다면 그 기쁨을 무엇에다 비교할 수 있겠습니까. 그런데 가만히 생각해보면 우리 그리스도인들이 다 그런 사람들입니다. 우리는 원래 '죄인들'이었습니다. 죽을 수밖에 없는 사람들이었습니다. 그런데 하나님께서 우리를 사랑하셔서 우리에게 무죄를 선언해 주시고, 의롭다고 칭해주셨습니다. 그래서 우리는 죄에서 자유함을 얻었고 사망의 권세로부터 자유롭게 된 사람들입니다.

그러니 하나님을 섬기면서 그리스도인으로 살아간다는 것이 적은 축복입니까? 돈이 없어도, 비록 건강이 좋지 못해도, 세상적으로 크게 출세 못했어도, 내가 하나님을 섬기고, 하나님이 내 아버지이고, 내가 의롭다함 받은 하나님의 자녀로 이 땅을 살아갈 수 있다면 나는 분명 축복받은 사람입니다.

하나님께로부터 의롭다함 받은 사람들이 가지는 복

본문 말씀을 잘 보면 왜 우리 그리스도인들이 복 받은 사람들인가, 왜 의롭다함을 받은 사람들이 복받은 사람들인가 하는 것을 설명하고 있습니다. 여섯 가지를 살펴볼 수 있는데 이 말씀 속에서 '나야말로 정말 복 받은 사람이구나!' 하는 것을 다시 한 번 깨달을 수 있을 것입니다.

첫째, 의롭다함을 받은 사람은 하나님과 화평을 이루었습니다.
"그러므로 우리가 믿음으로 의롭다 하심을 받았으니 우리 주 예수 그리스도로 말미암아 하나님과 화평을 누리자"(롬 5:1).

이 말씀에 '하나님과 화평을 누리자' 하는 표현이 나옵니다. 이 표현은 '하나님과 화평이 있고' 라고 번역할 수도 있는데 이것이 더 정확한 번역입니다. 영어성경에는 번역을 잘해 놨는데 "we have peace with God"이라고 되어 있습니다. '우리는 하나님과 화평이 있다' 하는 말씀입니다. 그리고 표준새번역 성경을 보면 "하나님과 더불어 평화를 누리고 있습니다" 이렇게 번역이 되어 있습니다. 그러니까 우리 그리스도인들, 하나님께로부터 의롭다함을 받은 사람들은 하나님과 화평을 이룬 사람들이라는 것입니다.

사람이 하나님과 화평을 이루고 살아간다는 것이 얼마나 좋은 것인지 알고 계십니까? 이것은 굉장한 축복입니다. 사람이 사람과 화평을 이루지 못해도 굉장히 불편합니다. 여러분이 사랑하는 어떤 사람과 불화하거나, 이웃 사람과 매일 싸우고 살아간다고 생각해 보십시오. 마음에 평안이 있겠습니까? 편치가 않겠지요. 사람이 사람과 화평을 이루지 못해도 굉장히 불편한데 하물며 사람이 절대자 하나님과 화평을 이루지 못한다면 그건 굉장한 비극입니다. 그런데 우리 그리스도인들은 하나님과 화평을 이룬 사람들입니다. 그래서 예수님 믿는 사람들 마음속에는 평안이 있습니다.

그러나 하나님과 화평을 이루지 못한 사람들, 하나님을 대적하면서 살아가는 사람들 마음속에는 진정한 평안이 없습니다. 물론 세상이 주는 일시적인 기쁨, 평안, 그런 것은 있을 수 있겠지요. 그러나 진정한 참 평안, 그것은 하나님만이 주실 수 있는 것입니다. 그러니 우리가 얼마나 축복받은 사람들입니까. 하나님을 모르는 사람들 마음속에는 평안이 없을 뿐 아니라 두려움이 있습니다. 특별히 죽음에 대한 두려움이 있습니다. 아무리 "나는 겁이 안 난다.", "나는 괜찮다." 그러지만 하나님을 모르는 불신자들 마음속에는 '이러다 내가 언젠가는 죽을 텐데….' '죽으면 어떻게 되나?' '죽으면 그 후에 진짜 천국과 지옥이 있는 것은 아닌가?' 하면서 그 마음속이 굉장히 불안합니다. 그들 마음속에 이러한 두려움이 있는 이유도 사실은 하나님과 화평을 이루지 못해서 그런 것입니다. 그들의 정신, 그들의 지식은 하나님이 없다고 부인합니다. 그런데 그들 마음속 깊은 양심에서는 하나님이 있는 것을 이야기해 주고 있거든요. 무의식 세계는 사람이 죽은 뒤에 하나님의 심판이 있는 것을 그들에게 자꾸만 이야기해 주고 있습니다. 그러니까 그들은 뭔지는 잘 모르지만 죽음이 두려운 것입니다. 그런데 우리 예수 믿는 사람들은 죽음이 와도 두렵지 않습니다. 아파서 고통스러운 게 조금 겁이 나긴 하지만 죽는 그 자체를 겁내는 참 크리스천은 없을 줄 압니다. 두렵지가 않습니다. 하나님이 내 아버지이고, 눈 감으면 하나님의 품으로 가는데 두려울 게 뭐가 있겠습니까. 오히려 행복한 것이지요. 우리 그리스도인들은 하나님과 화평을 이룬 사람들입니다. 이것이 우리들이 가지고 있는 축복입니다.

둘째, 하나님께 의롭다함을 받은 사람은 하나님의 은혜의 자리에 나아갈 수 있게 되었습니다.

"또한 그로 말미암아 우리가 믿음으로 서 있는 이 은혜에 들어감을 얻었으며"(롬 5:2a).

이 말씀은 헬라어 성경을 보면 "하나님의 은혜에 접근함을 얻었다", "하나님의 은혜에 우리가 이제 접근할 수 있게 되었다"라는 말씀입니다. 표준새번역 성경은 "하나님의 은혜의 자리에 나아오게 되었다"라고 번역하고 있습니다. 본래 사람은 하나님 앞에 죄인입니다. 죄인은 거룩하신 하나님 앞에 절대로 나아갈 수 없습니다. 그런데 우리가 예수 그리스도를 영접함으로 하나님의 자녀가 되었습니다. 의롭다함을 받았습니다. 그래서 이제는 언제라도 하나님 앞에 나아갈 수 있게 되었습니다. 하나님 은혜의 보좌 앞에 우리가 나아갈 수 있게 된 것입니다. 이것이 오늘 이 본문이 우리들에게 알려주는 두 번째 축복입니다.

우리가 하나님 앞에 나아갈 수 있다고 하는 것은 보통 축복이 아닙니다. 죄인은 하나님 앞에 나아갈 수 없습니다. 그러나 구원받은 하나님의 백성들, 의롭다 칭함 받은 하나님의 자녀들은 언제든지 하나님 앞에 나아갈 수 있습니다. 우리가 하나님 앞에 나아갈 수 있도록 예수님께서 일을 다 마쳐 놓으셨기 때문입니다.

"우리가 예수의 피를 힘입어 성소에 들어갈 담력을 얻었나니"(히 10:19).

옛날 이스라엘 백성들은 성소 안에 함부로 들어갈 수 없었습니다. 그런데 예수 그리스도께서 피 흘려 죽으심으로 단번에 희생제물이 되셨고, 모든 구원문제를 다 해결해 놓으셨습니다. 예수님이 죽으셨을 때 성소의 휘장이 위로부터 아래로 찢어졌습니다. 그것이 무엇을 상징하는 것일까요? 이제는 누구라도 하나님의 존전에 나아갈 수 있게 되었다는 것입니다. 우리 구원받은 사람들은 그런 은혜를 가지고 살아가는 사람들입니다. 언제라도 하나님 은혜의 보좌 앞에 나아갈 수 있습니다. 이게 보통 축복이 아닙니다.

히브리서 4장 16절에는 참 좋은 말씀이 있습니다. "그러므로 우리는 긍휼하심을 받고 때를 따라 돕는 은혜를 얻기 위하여 은혜의 보좌 앞에 담대히 나아갈 것이니라." 사람이 살다보면 하나님의 긍휼하심을 필요로 할 때가 있습니다. 또, 때를 따라 돕는 은혜가 필요할 때가 있습니다. 그럴 때 우리는 어떻게 한다고 했습니까? 하나님의 은혜의 보좌 앞에 나아간다고 했습니다. 진노의 보좌가 아닙니다. 하나님은 우리에게 은혜를 베푸시는 분입니다. 그 하나님 앞에 우리가 언제라도 나아갈 수 있고, 하나님의 긍휼을 구할 수 있으며, 하나님의 은혜를 구할 수 있습니다.

셋째, 하나님의 자녀가 된 우리들에게는 하나님의 영광의 소망이 있습니다.

본문 2절 하반절을 보면 "하나님의 영광을 바라고 즐거워하느니라"라고 나와 있습니다. 이 말씀에는 '소망'이라는 단어가 없지만 헬라어성경을 보면 '소망'이라고 하는 단어가 나옵니다. 또, 영어성경에도 "하나님의 영광의 소망을 인하여 즐거워한다"라고 '소망'이라는 단어를 잘 살려서 번역을 해놓았습니다. 표준새번역 성경에는 "하나님의 영광에 이르게 될 소망을 품고 즐거워한다"라고 되어 있습니다. 그러므로 우리 하나님의 자녀들에게는 '영광의 소망'이 있다는 것입니다.

언제 이 소망이 이루어지는가 하면 예수님께서 다시 오실 때 이루어집니다. 예수님께서 우리를 데리러 이 땅에 다시 오시면 우리들은 그 때부터 영원토록 주님과 함께 천국에서 살게 됩니다. 그것이 우리가 가지고 있는 '영광의 소망'입니다. 그래서 그 날을 생각하고, 우리에게 있는 그 소망을 생각하면 가슴이 벅차 오르게 됩니다. 이 소망이 있기 때문에 우리가 살아가는 것입니다. 이 세상을 살아가다보면 어려운 일도 많고, 힘들고, 눈물 날 때도 참 많습니다. 그런데도 우리가 살아갈 힘이 생기는 것은 우리에게 이런 소망이 있기 때문입니다. 만약 이 세상 삶이 전부라면 우리는 낙심하고 좌절할 수밖에 없습니다. 그러나 우리에겐 영원한 천국의 소망이 있고, 주님을 만날 소망이 있기 때문에 힘들어도 참고, 또 참는 정도가 아니라 즐거워하면서 이 땅을 살아갈 수 있는 것입니다.

3절에 보면 이렇게 나옵니다. "다만 이뿐 아니라 우리가 환난 중에도 즐거워하나니" 환난 중에도 즐거워한다고 했습니다. 환난이 있는데 어떻게 즐거워할 수가 있을까요? 그것은 우리에게 '소망'이 있기 때문에 그렇습니다. 이 세상이 전부라면 환난이 오면 우리는 정말 좌절하겠지요. '이 세상이 전부인데 내가 이렇게 고생만 하다가 가는구나!' 좌절하고 낙심할 수밖에 없습니다. 그러나 우리는 이 세상의 삶이 전부가 아니라는 것을 잘 알고 있습니다. 그러니까 참을 수 있는 것입니다. 그리고 희망을 가질 수 있는 것입니다.

3절 하반절과 4절을 계속 보면 "이는 환난은 인내를, 인내는 연단을, 연단은 소망을 이루는 줄 앎이로다"라고 말씀합니다. 여기 '연단'이라고 하는 말이 나오는데 이 말은 원래는 '단련된 인격', '증명된 성품'을 이야기하는 것입니다. 우리는 환난이 오면 그 환난을 통해 인내하는 것을 배우게 됩니다. 또, 인내하다 보면 성숙한 사람으로 변화하게 됩니다. 그러면서 또 소망하게 되지요. '아 주님께서 언제 오실까? 빨리 이 고통의 삶에서 벗어나 천국에 갔으면 좋겠다' 하고 '소망'을 생각하게 되는 것입니다. 우리들에게 이런 소망이 있음이 참 감사하지 않습니까? 이것이 우리가 가지고 있는 축복입니다. 이 소망은 아무나 가지는 것이 아닙니다. 하나님으로부터 의롭다 칭함을 받은 사람만이 이런 소망을 가지고 살아갈 수 있습니다.

넷째, 우리 마음속에는 하나님의 사랑이 가득히 있습니다.

"소망이 우리를 부끄럽게 하지 아니함은 우리에게 주신 성령으로 말미암아 하나님의 사랑이 우리 마음에 부은 바 됨이니"(롬 5:5).

말씀 끝 부분에 보면 '하나님의 사랑이 우리 마음에 부은 바 되었다'고 합니다. 우리의 마음속에 하나님의 사랑이 가득하다는 말씀입니다. 사람은 언제 가장 행복할까요? 주머니 속에 돈만 많으면 행복할까요? 절대로 아닙니다. 마음속에 사랑이 있을 때 행복합니다. 사랑하는 사람들의 얼굴을 가만히 보십시요. 애인이 생겨서 막 사랑하기 시작한 청춘 남녀들을 보면 굉장히 행복해 합니다. 가난해도 사랑만 있으면 행복합니다. 사람을 행복하게 만드는 것이 사랑이기 때문에 그렇습니다. 그런데 우리들 마음속에는 어떤 사랑이 있는가 하면 하나님의 사랑이 있습니다. 이 세상에는 많은 종류의 사랑이 있습니다. 많은 종류의 사랑 중에서 가장 좋은 사랑, 최고의 사랑이 하나님의 사랑입니다. 하나님께서 우리들을 사랑하셔서 친히 인간의 몸을 입으시고 이 땅에 오셔서 우리를 위해 십자가에서 피 흘려 죽기까지 한 그 사랑! 그게 최고의 사랑입니다. 그런데 그 사랑이 우리들 마음속에 가득하다는 것입니다. 그러니 우리가 얼마나 행복한 사람입니까! 그냥 남녀가 사랑해도 행복해서 어쩔 줄 몰라 하는데 우리들 마음속에는 하나님의 사랑, 가장 위대한 사랑이 있다고 하는 사실입니다. 이 사랑 생각하면 얼마나 감동이 되는지 모릅니다. 그래서 우리가 부르는 노래 중에 이런 노래가 있습니다.

> "주님이 주시는 따도 같은 사랑은
> 내 작은 가슴에 흘러 흘러 넘쳐요.
> 생각하면 할수록, 기도하면 할수록
> 두 눈가에 눈물이 터질 것만 같아요.
> 주님의 사랑은 한없이 크셔라
> 우리의 영혼에 한줄기 빛이어라."

당신의 마음속에 이런 하나님의 사랑이 있습니까? 이 사랑이 있는 사람은 행복한 사람입니다. 세상에서 가장 복 받은 사람입니다.

다섯째, 우리의 마음속에 성령님이 계십니다.
"소망이 우리를 부끄럽게 하지 아니함은 우리에게 주신 성령으로 말미암아"(롬 5:5a).
하나님께서 우리에게 '성령'을 주셨다고 말씀하고 있습니다. '성령'은 말 그대로 '하나님의 영'입니다. 하나님은 거룩하신 분이기 때문에 절대로 더럽고 누추한 곳에는 들어가실 수 없습니다. 그런데 우리가 예수 그리스도를 영접하고 죄인에서 의인으로 바뀌었을 때 하나님께서 우리 마음에 들어와 주셨습니다. 그 분이 성령님이십니다. 성령님께서 우리 마음속에서 어떤 일을 하시는가 하면 우리가 구원받은 것을 가르쳐 주십니다. 이제 우리는 더 이상 하나님 보시기에 죄인이 아니고 의인으로 칭함 받은 사람이란 것을 알려 주시고 확신시켜 주십니다.

또, 하나님께서 우리의 '아버지'가 된다는 사실도 성령님께서 계속 해서 알려 주십니다. 그래서 우리가 하나님을 부를 때 "아버지!"라고 할 수가 있는 것이지요. 성령이 안 계신 사람은 절대로 하나님을 '아버지'라고 할 수 없습니다. 성령님은 우리들 마음속에 계셔서 우리들을 위로해 주시고, 격려해 주십니다. 사람이 살다보면 힘들고 어려울 때가 참 많습니다. 그럴 때 성령님은 우리를 위로해 주십니다. 사람의 말로는 위로가 잘 안 되어도 성령님께서 우리를 위로해 주시면 큰 위로가 됩니다. 성령님은 그런 일을 하고 계십니다. 또한, 하나님의 말씀을 깨닫게 해주시고 하나님의 뜻을 분별하게 해주시며 하나님께서 기뻐하시는 인품의 사람으로 살아가게 해 주십니다. 이런 일들이 성령님께서 우리 안에서 하시는 일입니다. 갈라디아서 5장 22절은 '성령의 열매'에 대해 말씀하고 있습니다. **"사랑과 희락과 화평과 오래 참음과 자비와 양선과 충성과 온유와 절제니"** 성령의 열매는 다 인격적인 것입니다. 이런 인격으로 우리가 변화되는 것입니다. 성령님이 우리 안에 계시기 때문에 우리가 변화된 삶을 살아갈 수 있습니다. 더 이상 죄 짓지 않고 구별된 삶을 살아갈 수 있는 것입니다. 이것이 성령님께서 하시는 사역이십니다. 그러니 얼마나 감사합니까. 하나님이 늘 우리와 함께 하시는 것입니다. 성령님이 우리 마음속에 계시기 때문에 그렇습니다.

여섯째, 하나님의 진노로부터 구원받게 해주십니다.

"그러면 이제 우리가 그의 피로 말미암아 의롭다 하심을 받았으니 더욱 그로 말미암아 진노하심에서 구원을 받을 것이니 곧 우리가 원수 되었을 때에 그의 아들의 죽으심으로 말미암아 하나님과 화목하게 되었은즉 화목하게 된 자로서는 더욱 그의 살아나심으로 말미암아 구원을 받을 것이니라"(롬 5:9-10).

이 말씀 끝부분에 보시면 '구원을 받을 것이다'라는 표현이 나옵니다. 이것은 미래형으로 우리의 영혼이 과거에 구원받은 것을 이야기하는 것이 아니고, 장차 있을 '하나님의 심판으로부터 구원받게 되는 것'을 이야기하는 것입니다. 성경을 보면 믿지 않는 사람들에겐 하나님의 심판이 있습니다. 그리고 심판을 거쳐서 영원한 지옥에 떨어지게 됩니다. '칠년 대환난'의 심판도 믿지 않는 사람들에게 있는 것을 보게 됩니다. 그런데 구원받은 하나님의 자녀들에게는 이런 것이 없습니다. 그러니 얼마나 감사합니까. 우리는 죽어도 편안히 떳떳하게 죽을 수가 있는 것이지요. 그러나 하나님을 모르는 사람들은 하나님의 심판을 받아야 됩니다. 지옥에 들어가야 되는 것이지요. 그러나 우리들은 거기서 면제 되었다고 하는 사실입니다. 그것을 여기에 미래형으로 '구원받을 것이다' 이렇게 쓰고 있는 것입니다. 그래서 이런 것을 생각하면 '내가 얼마나 복 받은 사람인가!' 하는 것을 생각하게 됩니다. 정말 우리 그리스도인들은 축복받은 사람들입니다.

"하나님이 우리를 세우심은 노하심에 이르게 하심이 아니요 오직 우리 주 예수 그리스도로 말미암아 구원을 받게 하심이라"(살전 5:9).

이 말씀의 '구원'도 역시 마찬가지로 미래적인 측면에서의 '구원' 입니다. 심판받지 않는 것, 우리가 천국에 들어가는 것을 이야기하는 것입니다. 그래서 이런 것이 하나님께로부터 의롭다함 받은 사람들이 가지고 살아가는 축복들입니다. 이제 하나님께 의롭다함을 받은 사람들이 왜 복 받은 사람들인가 이해하셨을 것입니다.

의롭다함을 받은 사람들의 삶은 행복한 삶, 즐거운 삶입니다.

로마서 5장 1절부터 11절까지 보면 '즐거워한다'는 표현이 계속 나오고 있습니다. 2절 마지막 부분에 '즐거워하느니라', 3절 중간에 '즐거워하나니', 11절 마지막 부분에 '즐거워하느니라.' 하나님께로부터 의롭다함 받은 사람들의 삶은 즐거운 삶입니다. 행복한 삶입니다. 그런데 우리가 이런 축복을 누리게 된 것은 전적으로 예수 그리스도의 죽으심과 부활이 있었기 때문에 가능하게 되었다는 것을 잊어서는 안 됩니다.

"그러면 이제 우리가 그의 피로 말미암아 의롭다 하심을 받았으니"(롬 5:9a).

예수 그리스도의 피, 즉 예수님 때문에 우리가 의롭다함 받게 된 것입니다.

"곧 우리가 원수 되었을 때에 그의 아들의 죽으심으로 말미암아 하나님과 화목하게 되었은즉"(롬 5:10a).

우리가 하나님과 화목하게 된 것은 예수님께서 우리를 대신해서 죽으셨기 때문입니다. 그래서 이런 하나님의 은혜를 생각하면 정말 너무 너무 감사할 뿐입니다. 원래 우리들은 '경건하지 않은 자'(롬 5:6)였습니다. 8절에는 '죄인'이었다고 이야기를 하고 있고, 10절에는 '하나님의 원수'라고 기록하고 있습니다. 과거에 우리들이 그런 사람들이었습니다. 혹시 여러분 중에 "나는 하나님 보시기에 정말 경건한 사람이었습니다." 이렇게 말할 수 있는 사람이 있습니까? 없지요. 우리는 하나님 보시기에 정말 더럽고 누추한 사람들이었고 불경건한 사람들이었습니다. 더러운 죄인들이었습니다. 하나님의 원수로 행하던 사람들이었습니다. "하나님은 없다"고 하고, 하나님이 미워하시는 죄만 골라서 범하면서 살았습니다. 그런데 이런 죄인을 위해서 하나님께서 친히 인간의 몸을 입고 이 땅에 내려오셔서 십자가에서 피 흘려 돌아가셨습니다. 이 하나님의 은혜가 얼마나 감사합니까. 7절에도 이야기하고 있지만 의인을 위하여 죽는 것도 쉽지 않고, 선인을 위하여 죽는 것도 쉽지 않습니다. 그런데 우리 하나님께서는 경건치 못한 사람들을 위해서, 죄인을 위해서, 하나님의 원수를 위해서 대신 죽으셨다는 사실입니다. 그렇기 때문에 우리가 예수 그리스도의 은혜로 하나님께 나아갈 수 있게 되었고, 하나님께 믿음으로 의롭다 함을 받을 수 있게 되었습니다. 이것이 하나님께서 우리에게 보여주신 사랑입니다.

"우리가 아직 죄인 되었을 때에 그리스도께서 우리를 위하여 죽으심으로 하나님께서 우리에 대한 자기의 사랑을 확증하셨느니라"(롬 5:8).

예수님께서는 우리를 위해서 십자가에서 죽으셨습니다. 우리를 위해 죽으셨다고 하는 말은 우리를 대신하여, 우리가 죽어야 할 그 자리에서 예수님이 죽으셨다는 말입니다. 원래 그 십자가에는 죄인이 달려야 했습니다. 그런데 예수님은 죄인이 아닙니다. 원래 그 자리는 우리 한 사람, 한 사람이 달려야 할 자리였습니다. 그런데 하나님께서는 우리 대신 독생자 예수 그리스도를 그 곳에 달리게 하셨습니다. 그리고 그 예수 그리스도를 진심으로 영접하고 받아들이면 하나님께서 더 이상 우리의 죄를 묻지 아니하시고 다 의롭다고 해주십니다. 이것이 하나님의 은혜요, 사랑입니다.

6
사망과 생명

(롬 5:12-21)

롬 5:12-21

12 그러므로 한 사람으로 말미암아 죄가 세상에 들어오고 죄로 말미암아 사망이 들어왔나니 이와 같이 모든 사람이 죄를 지었으므로 사망이 모든 사람에게 이르렀느니라

13 죄가 율법 있기 전에도 세상에 있었으나 율법이 없었을 때에는 죄를 죄로 여기지 아니하였느니라

14 그러나 아담으로부터 모세까지 아담의 범죄와 같은 죄를 짓지 아니한 자들까지도 사망이 왕 노릇 하였나니 아담은 오실 자의 모형이라

15 그러나 이 은사는 그 범죄와 같지 아니하니 곧 한 사람의 범죄를 인하여 많은 사람이 죽었은즉 더욱 하나님의 은혜와 또한 한 사람 예수 그리스도의 은혜로 말미암은 선물은 많은 사람에게 넘쳤느니라

16 또 이 선물은 범죄한 한 사람으로 말미암은 것과 같지 아니하니 심판은 한 사람으로 말미암아 정죄에 이르렀으나 은사는 많은 범죄로 말미암아 의롭다 하심에 이름이니라

17 한 사람의 범죄로 말미암아 사망이 그 한 사람을 통하여 왕 노릇 하였은즉 더욱 은혜와 의의 선물을 넘치게 받는 자들은 한 분 예수 그리스도를 통하여 생명 안에서 왕 노릇 하리로다

18 그런즉 한 범죄로 많은 사람이 정죄에 이른 것 같이 한 의로운 행위로 말미암아 많은 사람이 의롭다 하심을 받아 생명에 이르렀느니라

19 한 사람이 순종하지 아니함으로 많은 사람이 죄인된 것 같이 한 사람이 순종하심으로 많은 사람이 의인이 되리라

20 율법이 들어온 것은 범죄를 더하게 하려 함이라 그러나 죄가 더한 곳에 은혜가 더욱 넘쳤나니

21 이는 죄가 사망 안에서 왕 노릇 한 것 같이 은혜도 또한 의로 말미암아 왕 노릇 하여 우리 주 예수 그리스도로 말미암아 영생에 이르게 하려 함이라

여러분은 죽음에 대해 생각해 본 적이 있습니까?

죽음을 생각하면 어떤 느낌이 드십니까? 평상시에는 잘 못 느꼈지만 인생이 무상하게 느껴지지 않습니까? 죽음을 깊이 생각하면 사는 게 정말 의미가 없다는 생각이 들기도 합니다.

사람의 수명이 70~80년, 요즘은 의학이 발달해서 한 80~90년도 사는데, 아무리 오래 살아도 결국은 죽음으로 끝이 나게 됩니다. 이런 것이 우리의 인생이라는 걸 생각하면 얼마나 허무한지 모릅니다.

"주께서 사람을 티끌로 돌아가게 하시고 말씀하시기를 너희 인생들은 돌아가라 하셨사오니 주의 목전에는 천 년이 지나간 어제 같으며 밤의 한 순간 같을 뿐임이니이다 주께서 그들을 홍수처럼 쓸어가시나이다 그들은 잠깐 자는 것 같으며 아침에 돋는 풀 같으니이다 풀은 아침에 꽃이 피어 자라다가 저녁에는 시들어 마르나이다"(시 90: 3-6).

이 말씀을 보면 사람이 설령 천년을 산다고 할지라도 그 산 날을 돌아보면 지나간 어제와 같다고 했습니다. 살아온 날을 돌아보면 진짜 엊그제 일 같은데 세월이 정말 빠른 것을 실감하게 됩니다. 밤의 한 순간 같고, 잠깐 자는 것과 같은 것이 우리의 인생이라고 말씀하고 있습니다. 사람이 잠을 잘 때 시간이 얼마나 빨리 지나갑니까. 많이 안 잤는데도 일어나 보면 벌써 아침이고, 몇 시간이 그냥 훌쩍 지나가 버린 것을 보게 됩니다. 우리 인생이 그렇다는 것입니다.

또, 우리 인생은 풀과 같다고 했습니다. 아침에는 싱싱하여 낮에는 아름다운 꽃도 피우지만 저녁이 되면 벌써 시들어 버립니다. 그것이 우리의 인생입니다. 젊을 때는 사람이 얼마나 아름답습니까.
피부도 탄력이 있고 건강미가 넘치는데, 늙으면 시들어버린 꽃처럼
그 싱싱함과 아름다움을 상실해 버리고 쭈글쭈글 주름이 져서 기운
없이 그렇게 가는 것이 우리의 인생입니다.

또, 우리 인생은 홍수처럼 쓸려 간다고 했습니다. 어디로 쓸려 가
는 지 아십니까? 죽음을 향해서 쓸려 가는 것입니다. 지금 지구상
에 수십억 인구가 살고 있는데 우리가 잘 몰라서 그렇지 엄청난 속
도로 지금 쓸려 내려가고 있습니다. 죽음을 향해서 쓸려 내려가고
있는 것이지요. 우리는 세상의 인구가 백년이 가고 이백년이 가도
늘 일정 수 아니면, 그 인구가 자꾸 불어나니까 홍수처럼 쓸려 가는
걸 잘 못 느끼고 있는데 지금도 사람들은 죽음을 향해서 마구 쓸려
내려가고 있습니다. 쓸려 내려가면 다른 세대가 와서 그 자리를 메
우고 살아가고, 또 조금 있으면 그 세대는 또 사라지고 또 다른 새
로운 세대가 와서 사는 것입니다. 그러니까 그 흐름을 잘 못 느껴서
그렇지 정말 엄청난 속도로 우리 인생들은 죽음의 바다를 향해서
쓸려 내려가고 있는 것입니다. 그래서 이렇게 보면 인생이 참 허무
한 것입니다.

"주께서 모든 사람을 어찌 그리 허무하게 창조하셨는지요"(시
89:47).

"사람은 존귀하나 장구하지 못함이여 멸망하는 짐승 같도다"(시
49:12).

우리가 인생으로 태어났기 때문에 인생으로 살다가 가지만, 죽는
걸 생각하면 정말 인생들이나 짐승들이나 별 차이가 없습니다. 그
래서 이 세상 모든 사람들의 가장 큰 문제, 가장 큰 적은 '죽음'입

니다. 힘 있는 자들에게도, 많이 가진 자들에게도, 지혜가 있는 자, 또 아름다운 자, 심지어 건강한 자라 할지라도 죽음은 그들에게 가장 큰 문제요, 적입니다. 그래서 지혜의 왕인 솔로몬은 사는 것을 미워한다고 하였습니다. "이러므로 내가 사는 것을 미워하였노니" (전 2:17a). 솔로몬 왕은 결국 죽을 것을 아니까 사는 것이 참 밉고 괴로움이라고 이야기했습니다. 본문 14절과 17절을 보면 '사망이 모든 사람들에게 왕노릇 한다'고 했습니다. 이 표현이 참 적절한 것 같습니다. 모든 사람들에게 죽음이 왕 노릇을 하고 있습니다. 죽음 앞에서는 사람이 벌벌 깁니다. 무서워서 어쩔 줄을 모릅니다. 죽음이 모든 사람들의 왕입니다.

'건강이 제일'이라는 참 의미 있는 유머가 있는데 이런 내용입니다. "똑똑한 여자는 예쁜 여자를 못 당하고, 예쁜 여자는 시집 잘 간 여자를 못 당하고, 시집 잘 간 여자는 자식 잘 둔 여자를 못 당하고, 자식 잘 둔 여자는 건강한 여자를 못 당한다." 건강한 게 최고라는 말이지요. 그런데 건강한 여자가 못 당하는 게 있는데 그게 뭔지 아십니까? 세월입니다. 흘러가는 세월 앞에서는 아무리 건강하고 아름다워도 절대로 당해낼 수가 없습니다. 그러니까 결국 죽음이 제일 강한 것입니다.

나이에 대한 유머도 있습니다. 사람의 나이를 상품에 비유했는데 한 번 생각해 볼만한 내용인 듯 합니다. "10대는 신상품, 20대는 명품, 30대는 정품, 40대는 기획상품, 50대는 반액세일, 60대는 창고방출, 70대는 분리수거, 80대는 폐기처분, 90대는 소각처리." 그럴 듯하지요? 이것이 인생입니다. 이런 인생을 생각하면 얼마나 무상한지 모릅니다.

그런데 왜 사람들에게 죽음이 찾아오는지, 왜 사람은 죽어야 하는지 생각해 보셨습니까?

의학적인 설명은 우리가 이미 다 알고 있습니다. 기능이 다 하고 심장이 멈추니까 사람은 죽는 것인데 그것은 의학적인 설명이고, 좀 더 근원적인 대답은 무엇일까요? 왜 사람은 죽을까요? 그 이유를 로마서 5장 12절에서 발견할 수 있습니다

"그러므로 한 사람으로 말미암아 죄가 세상에 들어오고 죄로 말미암아 사망이 들어왔나니 이와 같이 모든 사람이 죄를 지었으므로 사망이 모든 사람에게 이르렀느니라"(롬 5:12).

이 말씀에 보면 죄 때문에 죽음이 찾아왔다고 말씀하고 있습니다. 여기에는 한 사람도 예외가 없습니다. 12절 하반절에 보면 모든 사람이 죄를 지었으므로 사망이 모든 사람에게 이르렀다고 말씀하고 있습니다. 한 사람도 예외가 없습니다. 모든 사람이 다 죄인이기 때문에 그런 것입니다.

그러면 사람은 도대체 언제부터 죄인이 된 것일까요? 어릴 때는 죄인이 아니다가 자라면서 죄를 알게 되고 첫 번째 죄를 범할 때 죄인이 되는 것일까요? 성경은 그것이 아니라고 이야기 합니다.

"사람의 마음이 계획하는 바가 어려서부터 악함이라"(창 8:21).

사람은 어릴 때부터 죄인이라는 것입니다. 그럼 몇 살부터 죄인일까요?

"악인은 모태에서부터 멀어졌음이여 나면서부터 곁길로 나아가 거짓을 말하는도다"(시 58:3).

"내가 죄악 중에서 출생하였음이여 어머니가 죄 중에서 나를 잉태하였나이다"(시 51:5).

언제부터 죄인인가 하면 잉태되는 순간부터, 날 때부터도 아니고 잉태되는 순간, 즉 생명이 시작되는 그 순간부터가 사람은 이미 죄인이라는 것입니다. 어린 아이들을 보면 얼마나 맑고 순수합니까? '저 아이가 죄를 알까?' 하는 생각이 들지만 하나님의 말씀에 의하면 그 아이도 죄인입니다. 천진난만하고 순수한 아기라 할지라도 엄마 뱃속에서 있을 때부터 죄인입니다. 창세기 25장에 보면 에서와 야곱은 쌍둥이 형제인데 뱃속에서부터 벌써 싸움을 했습니다. 서로 미우니까 싸웠겠지요? 뱃속에서, 잉태되는 그 순간부터 죄인이라는 것을 알 수 있습니다.

그러면 사람은 왜 잉태되는 그 순간부터 죄인이 되는 것일까요?

그 이유는 사람들이 부모로부터 죄성을 물려받아 잉태되기 때문에 그렇습니다. 부모님의 유전자 속에는 그 분의 생김새, 성격, 특징 등 모든 것이 다 들어 있는데 그것이 자녀들에게 그대로 유전되는 것처럼 죄성도 그렇다는 것입니다. 부모의 죄성이 자녀들에게 넘어가는 것입니다. 그럼 우리 부모의 죄성은 누구로부터 물려받은 것일까요? 역시 그들의 부모님으로부터 물려받은 것입니다. 그들의 부모님은 또 그들의 부모님으로부터 물려받았고, 이렇게 해서 쭉 위로 올라가면 제일 위에 아담과 하와가 나옵니다. 모든 인류의 조상인 아담과 하와가 죄인이었습니다. 그래서 그 이후의 모든 사람들은 죄성을 가지고 태어날 수밖에 없습니다.

우리의 조상인 아담과 하와는 어떻게 하다가 죄인이 되었을까요?

"여호와 하나님이 그 사람들을 이끌어 에덴동산에 두어 그것을 경작하며 지키게 하시고 여호와 하나님이 그 사람에게 명하여 이르시되 동산 각종나무의 열매는 네가 임의로 먹되 선악을 알게 하는 나무의 열매는 먹지 말라 네가 먹는 날에는 반드시 죽으리라 하시니라"(창 2:15-17).

하나님께서는 사람을 창조하시고 에덴동산에 살게 하셨습니다. 그 에덴동산에는 수많은 나무가 있었습니다. 하나님께서는 그 모든 나무의 실과를 다 따 먹을 수 있도록 허락하셨습니다. 그런데 한 나무의 실과는 절대로 먹지 말라고 금하셨습니다. 그 나무는 우리가 일반적으로 말하는 선악과입니다. 선악을 알게 하는 그 나무의 열매는 절대로 따먹지 말라고 하시며 그것을 따먹는 날에는 죽을 것이라고 말씀하셨습니다.

이 말씀에서 어떤 사람들은 의문을 갖고 말하는 경우가 있습니다. 그럼 하나님께서 선악과를 안 만드셨으면 될 텐데 왜 선악과를 에덴동산에 만들어놓고 결국 사람으로 하여금 따먹게 해서 죄인이 되게 했느냐는 것입니다. 그것은 이렇게 생각해 보아야 합니다. 에덴동산에는 선악과도 있었지만 선악과 외에도 먹을 것이 너무 많았습니다. 그래서 그곳에 있는 많은 열매를 먹으며 감사하면 될 텐데 왜 선악과를 만들었냐고 하나님께 말한다면 그것은 굉장히 무례한 행동이 되는 것입니다. 다른 열매를 얼마든지 먹을 수 있었고, 감사할 수 있었습니다. 더군다나 거기에는 생명나무도 있었습니다. 그 생명나무 열매를 따먹으면 죽지 않고 영원히 살 수 있었습니다. 그런데 이렇게 먹을 수 있는 열매들이 풍성하게 있었는데도 아담과 하와는 그만 하나님께서 먹지 말라고 한 그 선악과의 열매를 따먹은 것입니다. 그것은 하나님께 대한 불순종이며, 도전이었습니다. 그것 때문에 죄인이 된 것입니다.

하나님께서는 그들 위에 하나님이 계시고, 하나님의 말씀에 순종해야 한다는 것을 알게 하기 위해서 선악과를 에덴동산에 두셨습니다. 그 하나님의 의도는 전혀 나쁜 것이 아닙니다. 너희들이 하나님이 아니고, 너희 위에 하나님이 있으므로 너희는 그 하나님의 말씀에 절대로 순종해야 한다는 것을 알게 하기 위해서 그렇게 하신 것입니다. 그런데 하나님께 불순종함으로 선악과를 따먹고 말았습니다. 그렇게 해서 사람은 죄인이 되었고 에덴동산으로부터 쫓겨났습니다. 그리고 그 때부터 사람은 죽음을 맞게 된 것입니다. "네가 먹는 날에는 반드시 죽으리라"는 하나님의 말씀이 그 때부터 그들에게 적용되기 시작한 것입니다. 이렇게 해서 아담은 죄인이 되었고 아담의 모든 후손들은 그 죄성을 물려받아서 이 땅에 태어나게 되었습니다. 그리고 그 죄 때문에 우리들도 역시 죽을 수밖에 없는 처지가 된 것입니다.

왜 아담의 모든 후손까지 죄인이 되어야 합니까?

어떤 분들은 이런 질문을 할 수 있습니다. "아담이 죄를 지었으면 아담만 죄인이 되어야지, 왜 아담의 모든 후손까지 죄인이 되어야 합니까?" 머리가 좋은 분들은 이런 질문을 하는데 거기에 대한 대답은 히브리서에 나옵니다.

"또한 십분의 일을 받는 레위도 아브라함으로 말미암아 십분의 일을 바쳤다고 할 수 있나니 이는 멜기세덱이 아브라함을 만날 때에 레위는 이미 자기 조상의 허리에 있었음이라"(히 7:9-10).

이 말씀은 아담에 대한 얘기는 아닙니다. 레위에 대한 말씀인데 레위가 태어나기 전에 그는 그의 조상의 허리에 있었다고 말씀하고 있습니다. 그렇다면 아담이 범죄했을 때 온 인류는 어디에 있었다고 볼 수 있습니까? 아담의 허리 안에 있었습니다. 우리는 다 아담으로부터 나온 사람들입니다. 그러니까 아담이 범죄한 것은 곧 온 인류가 범죄한 것입니다. 왜냐하면 아담은 인류의 조상이고, 온 인류가 그 허리에서 나왔기 때문에 아담이 범죄한 것은 곧 우리가 범죄한 것입니다. 그래서 아담의 후손으로 태어나는 모든 사람들은 죄인일 수밖에 없고, 죄인은 죽을 수밖에 없는 것입니다. 그것이 하나님의 말씀이 우리들에게 설명하고 있는 죽음의 이유입니다.

죽음을 해결할 수 있는 방법은 없을까요?

그럼 죽음을 해결할 방법은 없는가를 이제 우리는 연구할 필요가 있습니다. 죽음을 극복할 수 있는 방법은 과연 없을까요? 있습니다. 성경이 바로 그것을 보여주는 책입니다.

"그런즉 한 범죄로 많은 사람이 정죄에 이른 것같이 한 의로운 행위로 말미암아 많은 사람이 의롭다 하심을 받아 생명에 이르렀느니라 한 사람이 순종하지 아니함으로 많은 사람이 죄인 된 것같이 한 사람이 순종하심으로 많은 사람이 의인이 되리라"(롬 5:18-19).

이 말씀은 한 사람으로 인해서 결국 모든 사람은 죄인이 되었고, 그 죄 때문에 죽을 수밖에 없게 되었는데, 죽음을 해결하는 방법도 결국은 한 사람을 통해서 이루어진다는 것입니다. 그 한 사람이 누구일까요? 예수 그리스도이십니다. 18절에 보면 '한 의로운 행위'라는 말이 나오는데 이 행위가 예수님께서 십자가에서 죽은 그 사건을 이야기하는 것입니다.

예수님께서 이 땅에 오셔서 죽으신 이유를 알고 계십니까?

"자기 지식으로 많은 사람을 의롭게 하며 또 그들의 죄악을 친히 담당하리로다"(사 53:11b).

"우리는 다 양 같아서 그릇 행하여 각기 제 길로 갔거늘 여호와께서는 우리 모두의 죄악을 그에게 담당시키셨도다"(사 53:6).

"그가 찔림은 우리의 허물 때문이요 그가 상함은 우리의 죄악 때문이라 그가 징계를 받으므로 우리는 평화를 누리고 그가 채찍에 맞으므로 우리는 나음을 받았도다"(사 53:5).

예수님께서 이 땅에 오신 것은 온 인류의 모든 죄를 담당하시고, 십자가에서 처참하게 돌아가시기 위해 오신 것입니다.

"인자가 온 것은 섬김을 받으려 함이 아니라 도리어 섬기려 하고 자기 목숨을 많은 사람의 대속물로 주려 함이니라"(막 10:45).

그러나 우리 예수님은 죽은 것으로 끝난 것이 아니라 죽으신지 3일 만에 부활하셨습니다.

"예수는 우리가 범죄한 것 때문에 내어줌이 되고 또한 우리를 의롭다 하시기 위하여 살아나셨느니라"(롬 4:25).

예수님은 우리 죄 때문에 죽으셨지만 그 분은 하나님이셨기 때문에 다시 살아나셨습니다. 그래서 사람이 다시 살아날 수 있는 방법은 예수 그리스도 안에 있는 것입니다.

그러면 우리 인생들이 이 죽음의 문제를 해결하기 위해서 이제 다른 할 일은 없는 것일까요?

예수님께서 모든 일들을 다 해결해 놓으셨으므로 사람들은 이제 아무 것도 안 해도 저절로 새로운 생명을 얻게 되고 천국갈 수 있는 것은 아닙니다.

"한 사람의 범죄로 말미암아 사망이 그 한 사람을 통하여 왕 노릇 하였은즉 더욱 은혜와 의의 선물을 넘치게 받는 자들은 한 분 예수 그리스도를 통하여 생명 안에서 왕 노릇 하리로다"(롬 5:17).

이 말씀에 보면 예수 그리스도를 영접하는 사람은 이제 '생명 안에서 왕 노릇 한다' 고 했습니다. 그런데 조건이 있습니다. 17절 말씀에 아주 중요한 단어가 나오는데 예수님께서 하신 그 일을 '은혜와 의의 선물' 이라고 하였습니다. 여기서 그 '선물을 넘치게 받는 자들은' 이라고 하였는데 넘치게 받는 것이 아니라 번역을 좀 더 정확히 하면 '넘치는 은혜와 의의 선물을 받는 자들은' 이라고 해야 합니다. 아무리 좋은 선물이라도 받지 않으면 그것은 절대로 자기 것이 될 수 없습니다. 똑같은 원리입니다.

예를 들면 이렇게 설명할 수 있습니다. 어느 마을에서 한 사람 때문에 전염병이 돌게 되었습니다. 이제 그 마을 사람들은 한 사람이 옮긴 전염병 때문에 다 죽게 되었습니다. 그런데 또 다른 한 사람이 그 전염병을 치료할 수 있는 좋은 약을 개발하였습니다. 얼마나 다행한 일입니까. 전염병 때문에 죽어갈 수밖에 없었는데 누군가가 약을 개발했다면 그것은 복음(기쁜 소식) 입니다. 그런데 그 복음이 복음 되기 위해서는 어떻게 해야 할까요? 누군가가 약을 개발한 것으로 끝난다면 아무 소용이 없고 사람들이 그 약을 사용해야 하는 것입니다. 먹든지 바르든지, 자기가 사용해야 그것이 진짜 자기에게 복음이 되는 것입니다.

구원도 이런 것입니다. 예수님께서는 이미 다 이루어 놓으셨습니다. '죄'라고 하는 전염병을 치유할 수 있는 약을 하나님께서 예수님을 통해 개발해 놓으셨습니다. 하지만 아무리 좋은 약이라고 할지라도 받아들이지 않으면 그것은 소용없는 것입니다. 그것을 사용해야 하는 것입니다.

민수기 21장에 보면 이스라엘 백성들이 하나님께 범죄했을 때 하나님께서는 불뱀을 보내어 사람들을 물어 죽게 만들었습니다. 그런데 하나님께서는 그 사람들을 불쌍히 여기셔서 살 수 있는 방법을 제시해 주셨는데 그 방법이 무엇인가 하면 모세가 만든 놋뱀을 바라보는 것이었습니다. 불뱀에게 물려 죽어가는 사람들에게 놋뱀을 바라보면 산다고 하는 것은 분명히 복음입니다. 그런데 아무리 좋은 소식이고, 그것이 효력이 있다 할지라도 바라보지 않으면 그것은 소용이 없는 것입니다. 믿음을 가지고 바라볼 때 불뱀에게 물린 것을 나음 받을 수 있었던 것처럼 구원도 그런 것입니다. 예수 그리스도께서 이미 다 이루어 놓으셨지만 그것을 내가 받아들여야 하는 것입니다. '받아들인다'고 하는 말은 그것을 '믿는다'는 말입니다. 진심으로 믿는 것이 받아들이는 것입니다.

"모세가 광야에서 뱀을 든 것 같이 인자도 들려야 하리니 이는 그를 믿는 자마다 멸망하지 않고 영생을 얻게 하려 하심이라"(요 3:14-15).

"영접하는 자 곧 그 이름을 믿는 자들에게는 하나님의 자녀가 되는 권세를 주셨으니"(요 1:12).

하나님께서 나를 사랑하셔서 그렇게 하셨다는 사실을 진심으로 믿어야 합니다. 그것이 받아들이는 것이고 구원받는 방법입니다. 예수 그리스도께서 우리를 위해서 한 그 의로운 행위, 그 십자가 사건을 내가 진심으로 믿고 받아들이면 하나님께서 영생을 주시겠다고 약속하고 계십니다.

"이는 죄가 사망 안에서 왕 노릇한 것 같이 은혜도 또한 의로 말미암아 왕 노릇하여 우리 주 예수 그리스도로 말미암아 영생에 이르게 하려 함이라"(롬 5:21).

사람은 죄인이고 죄인이기 때문에 죽을 수밖에 없습니다. 그러나 아무리 좋은 것이라도 내가 믿지 않고, 받아들이지 아니하면 그것은 소용없는 것입니다. 그러므로 엄격히 말하면 사람이 멸망당하는 이유는 죄성 때문이 아닙니다. 사람은 모두가 죄인으로 태어난다고 했는데 그것 때문에 사람이 지옥 가는 것이 아닙니다. 그리고 지은 죄가 많아서 지옥 가는 것도 아닙니다. 엄격히 말하면 예수 그리스도를 믿지 않기 때문에 그런 것입니다.

"죄에 대하여라 함은 그들이 나를 믿지 아니함이요"(요 16:9).

우리가 지은 죄, 그것이 문제가 아닙니다. 그런 죄는 예수님이 다 해결해 놓으셨습니다. 그러나 믿지 않을 때에는 방법이 없습니다. 그러나 믿으면 하나님께서 영생을 선물로 주십니다. 그렇지만 우리가 아무리 예수님을 잘 믿고 영생을 받았다고 해도 육신을 가지고 있는 한 어쩔 수 없이 때가 되면 죽습니다. 그러나 영생을 소유한 사람들에게는 하나님께서 새로운 생명을 허락해 주십니다.

"형제들아 내가 이것을 말하노니 혈과 육은 하나님 나라를 이어받을 수 없고 또한 썩는 것은 썩지 아니하는 것을 유업으로 받지 못하느니라 보라 내가 너희에게 비밀을 말하노니 우리가 다 잠 잘 것이 아니요 마지막 나팔에 순식간에 홀연히 다 변화되리니 나팔 소리가 나매 죽은 자들이 썩지 아니할 것으로 다시 살아나고 우리도 변화되리라 이 썩을 것이 반드시 썩지 아니할 것을 입겠고 이 죽을 것이 죽지 아니함을 입으리로다"(고전 15:50-53).

이것이 하나님께서 우리에게 약속하신 내용이고, 그리스도 안에서 우리가 가지고 있는 소망입니다. 그리고 그 때부터는 천국에서 영원히 우리 주님과 함께 살아가게 되는 것입니다.

이제 죽음의 문제를 극복한 사람들은 이렇게 고백할 수 있습니다.

"사망아 너의 승리가 어디 있느냐 사망아 네가 쏘는 것이 어디 있느냐 사망이 쏘는 것은 죄요 죄의 권능은 율법이라 우리 주 예수 그리스도로 말미암아 우리에게 승리를 주시는 하나님께 감사하노라"(고전 15:55-57).

영생을 소유한 사람은 이렇게 고백할 수 있습니다.

"사망아 너의 승리가 어디 있느냐? 네가 쏘는 것이 어디 있느냐? 나는 이미 영생을 소유하고 있다. 나는 네가 두렵지 않다. 나에게 구원을 허락해 주신 하나님! 감사합니다."

7

거룩함에 이르는 삶

(롬 6장)

롬 6장

1 그런즉 우리가 무슨 말을 하리요 은혜를 더하게 하려고 죄에 거하겠느냐

2 그럴 수 없느니라 죄에 대하여 죽은 우리가 어찌 그 가운데 더 살리요

3 무릇 그리스도 예수와 합하여 침례를 받은 우리는 그의 죽으심과 합하여 침례를
받은 줄을 알지 못하느냐

4 그러므로 우리가 그의 죽으심과 합하여 침례를 받음으로 그와 함께 장사되었나니
이는 아버지의 영광으로 말미암아 그리스도를 죽은 자 가운데서 살리심과 같이
우리로 또한 생명 가운데서 행하게 하려 함이라

5 만일 우리가 그의 죽으심과 같은 모양으로 연합한 자가 되었으면 또한 그의 부활
과 같은 모양으로 연합한 자도 되리라

6 우리가 알거니와 우리의 옛 사람이 예수와 함께 십자가에 못 박힌 것은 죄의 몸
이 죽어 다시는 우리가 죄에게 종 노릇 하지 아니하려 함이니

7 이는 죽은 자가 죄에서 벗어나 의롭다 하심을 얻었음이라

8 만일 우리가 그리스도와 함께 죽었으면 또한 그와 함께 살 줄을 믿노니

9 이는 그리스도께서 죽은 자 가운데서 살아나셨으매 다시 죽지 아니하시고 사망이
다시 그를 주장하지 못할 줄을 앎이로라

10 그가 죽으심은 죄에 대하여 단번에 죽으심이요 그가 살아 계심은 하나님께 대하
여 살아 계심이니

11 이와 같이 너희도 너희 자신을 죄에 대하여는 죽은 자요 그리스도 예수 안에서
하나님께 대하여는 살아 있는 자로 여길지어다

12 그러므로 너희는 죄가 너희 죽을 몸을 지배하지 못하게 하여 몸의 사욕에 순종하
지 말고

13 또한 너희 지체를 불의의 무기로 죄에게 내주지 말고 오직 너희 자신을 죽은 자
가

운데서 다시 살아난 자 같이 하나님께 드리며 너희 지체를 의의 무기로 하나님께 드리라

14 죄가 너희를 주장하지 못하리니 이는 너희가 법 아래에 있지 아니하고 은혜 아래에 있음이라

15 그런즉 어찌하리요 우리가 법 아래에 있지 아니하고 은혜 아래에 있으니 죄를 지으리요 그럴 수 없느니라

16 너희 자신을 종으로 내주어 누구에게 순종하든지 그 순종함을 받는 자의 종이 되는 줄을 너희가 알지 못하느냐 혹은 죄의 종으로 사망에 이르고 혹은 순종의 종으로 의에 이르느니라

17 하나님께 감사하리로다 너희가 본래 죄의 종이더니 너희에게 전하여 준 바 교훈의 본을 마음으로 순종하여

18 죄로부터 해방되어 의에게 종이 되었느니라

19 너희 육신이 연약하므로 내가 사람의 예대로 말하노니 전에 너희가 너희 지체를 부정과 불법에 내주어 불법에 이른 것 같이 이제는 너희 지체를 의에게 종으로 내주어 거룩함에 이르라

20 너희가 죄의 종이 되었을 때에는 의에 대하여 자유로웠느니라

21 너희가 그 때에 무슨 열매를 얻었느냐 이제는 너희가 그 일을 부끄러워하나니 이는 그 마지막이 사망임이라

22 그러나 이제는 너희가 죄로부터 해방되고 하나님께 종이 되어 거룩함에 이르는 열매를 맺었으니 그 마지막은 영생이라

23 죄의 삯은 사망이요 하나님의 은사는 그리스도 예수 우리 주 안에 있는 영생이니라

그리스도인들은 의롭다함을 받은 사람들

구원받은 그리스도인들은 하나님의 은혜로 죄 사함을 받은 사람들이고, 의롭다함을 받은 사람들입니다. 그렇기 때문에 우리 그리스도인들에게는 정죄함이 없습니다. 설령 우리들 삶 가운데 죄가 있고, 허물이 있다 할지라도 그것 때문에 다시 멸망당하거나 지옥에 가는 일은 절대로 없습니다. 왜냐하면 우리가 하나님께로부터 받은 것이 '영생'이기 때문에 그렇습니다. 만일 우리가 죄지은 것 때문에 다시 멸망당해야 한다면 그것은 '영생'이라고 말할 수 없습니다. 하나님께서는 우리에게 '영생'을 허락해 주셨습니다. 그렇기 때문에 정죄함도 없고, 지옥 가는 일도 없는 것입니다.

그렇다면 이제 우리 구원받은 그리스도인들은 구원 받았기 때문에, 또 천국에 가는 것이 기정사실이기 때문에 이제 우리들 마음대로 살아도 되는 것일까요? 그렇지는 않습니다. 그것을 6장 본문이 우리들에게 가르쳐주고 있습니다. 본문 2절과 15절에 보면 '그럴 수 없느니라'라는 말씀이 나옵니다. 무엇을 그럴 수 없다는 말씀일까요? 은혜를 더하기 위해서 죄에 거하는 삶을 산다든지, 은혜 아래 살기 때문에 죄를 마음대로 지어도 좋다든지 그럴 수 없다는 것입니다. 그 이유는 우리가 이제 마음대로 범죄하라고 구원해 주신 것이 아니라, 오히려 반대로 새 생명 가운데서 살고, 거룩한 삶으로 하나님께 영광 돌리라고 구원해 주신 것이기 때문에 그렇습니다.

"우리로 또한 새 생명 가운데서 행하게 하려 함이라"(롬 6:4b).

"전에 너희가 너희 지체를 부정과 불법에 내주어 불법에 이른 것 같이 이제는 너희 지체를 의에게 종으로 내주어 거룩함에 이르라"(롬 6:19b).

이것이 하나님께서 우리를 구원해 주신 목적입니다.

그러면 어떻게 해야 우리가 성화에 이르는 삶, 거룩함에 이르는 삶을 살아갈 수 있을까요?

로마서 6장을 잘 보시면 거기에 대한 대답을 얻을 수 있습니다. 로마서 1장부터 5장까지는 '칭의'에 대한 말씀이었습니다. '구원은 믿음으로 받는다', '사람은 믿음에 의해서만이 의롭다함을 받는다.' 하는 것이지요. 이제 로마서 6장은 전체가 다 '그리스도인의 성화'에 대한 말씀입니다. 6장의 핵심구절은 19절 하반절입니다.

"전에 너희가 너희 지체를 부정과 불법에 내주어 불법에 이른 것 같이 이제는 너희 지체를 의에게 종으로 내주어 거룩함에 이르라"(롬 6:19b).

이 말씀은 '하나님께 영광 돌리는 삶', '성화에 이르는 삶'을 말하는 것입니다. 다른 말로 바꾸어 이야기하면 '죄 짓지 않는 삶', '죄를 이기는 삶', '죄로부터 승리하는 삶'입니다.

그러면 어떻게 진짜 죄를 안 짓고, 죄로부터 승리하는 삶을 살아갈 수 있을까요? 로마서 6장은 이 주제와 관련해서 두 가지를 이야기하고 있습니다. 왜 우리 그리스도인들은 죄를 지어서는 안 되는가 하는 것과 어떻게 하면 죄를 이기는 삶을 살 수 있는가 하는 것입니다.

왜 우리 그리스도인들은 죄를 짓는 삶을 살아서는 안 될까요?

첫째, 우리 그리스도인들은 죄에 대하여 죽었기 때문입니다.

"그런즉 우리가 무슨 말을 하리요 은혜를 더하게 하려고 죄에 거하겠느냐 그럴 수 없느니라 죄에 대하여 죽은 우리가 어찌 그 가운데 더 살리요"(롬 6:1-2).

우리 그리스도인들은 죄에 대하여 죽었다고 이야기하고 있습니다. 이 말씀의 의미가 무엇일까요? 죄에 대해서 죽었으니까 이제 어떠한 죄도 안 짓고 살아가는 것을 이야기하는 것일까요? 그게 아니라는 것을 우리는 경험을 통해서 잘 알고 있습니다. 우리가 아무리 구원을 받았다고 해도 사실 죄성은 그대로 있습니다. 우리 생활 가운데 허물이 있고 죄가 있는 것이 사실입니다.

"만일 우리가 죄가 없다고 말하면 스스로 속이고"(요일 1:8a).

"만일 우리가 범죄하지 아니하였다 하면 하나님을 거짓말하는 이로 만드는 것이니"(요일 1:10a).

솔직하게 이야기하면 우리가 아무리 구원받았다고 할지라도 우리 생활 가운데 죄가 있습니다. 크고 작은 차이는 있겠지만 이 세상에 죄에서 완전무결하게 자유할 수 있는 사람은 없습니다. 그런데도 6장 2절 말씀은 죄에 대해서 죽었다고 이야기하고 있습니다. 여기서 '죄에 대해서 죽었다'고 하는 말은 '죄와 결별했다', '죄에 대해 결별을 선언했다'라는 의미입니다. '죽음'이라는 말의 성경적인 의미는 '분리', '결별', '난절'입니다. 예를 들어 우리의 육신이 죽었다고 하면 영혼과 몸이 분리된 것입니다. 우리의 몸속에는 우리의 영혼이 살아 있습니다. 그런데 우리의 영혼이 우리의 몸을 빠져 나가면 우리는 이제 죽게 되는 것입니다. 그러므로 육체적인 죽음은 영과 몸이 분리되는 것입니다. 또, '영이 죽었다', '믿지 않는 사람들은 그 영이 죽어 있다' 이런 표현들을 하는데 '영이 죽어 있다' 라는 말은 '하나님과의 교제가 단절되었다' 는 말입니다.

과거에 우리는 어떠한 사람들이었습니까? 죄와 더불어 살아가던 사람들이었습니다. 죄를 즐기면서 살았습니다. 죄와는 뗄래야 뗄 수 없는 그런 관계로 살았습니다. 하나님을 몰랐으니까 그럴 수밖에 없었지요. 그런데 지금은 우리가 하나님을 알게 되었습니다. 그리고 하나님으로부터 의롭다함을 받았습니다. 거룩하신 하나님의 자녀가 되었습니다. 그러므로 죄와 분리된 삶을 살아가는 것은 너무도 당연한 일입니다. 이런 의미에서 우리 그리스도인들은 죄에 대해서 죽었다는 것입니다. 구원받은 그리스도인들은 구원받은 그 순간이 죄와 결별한 순간입니다. 내가 예수 그리스도를 나의 주님으로 영접한 그 순간 '나는 이제 죄에 대해서는 죽었다', '이제 죄와는 결별이다' 하는 순간이 되는 것입니다. 우리가 받는 침례에 바로 그러한 의미가 숨겨져 있습니다.

"무릇 그리스도 예수와 합하여 침례를 받은 우리는 그의 죽으심과 합하여 침례를 받은 줄을 알지 못하느냐 그러므로 우리가 그의 죽으심과 합하여 침례를 받음으로 그와 함께 장사되었나니 이는 아버지의 영광으로 말미암아 그리스도를 죽은 자 가운데서 살리심과 같이 우리로 또한 새 생명 가운데서 행하게 하려 함이라"(롬 6:3-4)

이 말씀은 '침례' 가 의미하는 바가 무엇인지 잘 설명해 주고 있습니다. 우리가 침례 받을 때에 우리의 몸이 물속에 완전히 잠기었다가 다시 일어납니다. 그 잠기는 것이 장사되는 것을 나타내는 것입니다. "나는 이제 그리스도와 함께 장사 되었습니다. 나의 옛사람은 이제 더 이상 없습니다. 나의 옛사람은 죽었습니다. 그리고 나는 그리스도와 함께 새로운 사람으로 다시 태어났습니다." 그것을 나타내 보이는 것이 바로 침례의식입니다. 그래서 침례 받은 사람, 구원 받은 사람은 당연히 죄와 분리된 삶, 죄와 결별한 삶을 살아야 하는 것입니다. 이것이 우리 그리스도인들이 죄를 지어서는 안 되는 첫 번째 이유입니다.

둘째, 우리는 죄의 종에서 의의 종이 되었기 때문입니다.
"하나님께 감사하리로다 너희가 본래 죄의 종이더니 너희에게 전하여 준 바 교훈의 본을 마음으로 순종하여 죄로부터 해방되어 의에게 종이 되었느니라"(롬 6:17-18).
이 말씀에 '죄의 종에서 지금은 의에게 종이 되었다' 하는 표현이 나오고, '죄로부터 해방되었다' 하는 표현도 나옵니다. '죄로부터 해방되었다' 하는 표현과 '죄에 대하여 죽었다' 하는 표현은 사실상 같은 의미입니다. 왜냐하면 죄에 대하여 죽지 못한 사람은 절대로 죄로부터 해방될 수 없기 때문입니다. 또, 죄로부터 해방되지 못하면 절대로 죄에 대해서 죽지 못하기 때문에 그렇습니다. 그러므로 죄로부터 죽은 것이나, 죄로부터 해방되었다는 표현들은 사실 다 같은 개념입니다.

6절, 7절을 보시면 이 두 개념을 한꺼번에 섞어서 이야기하는 것을 볼 수 있습니다.

"우리가 알거니와 우리의 옛 사람이 예수와 함께 십자가에 못 박힌 것은 죄의 몸이 죽어 다시는 우리가 죄에서 종노릇 하지 아니하려 함이니 이는 죽은 자가 죄에서 벗어나 의롭다 하심을 얻었음이라"(롬 6:6-7).

과거에 저와 여러분들은 모두가 다 죄의 종이었습니다. 죄가 우리를 지배했고 우리는 죄의 지배를 따를 수밖에 없었습니다. 그런데 하나님을 알고 난 뒤에는 우리가 '의'를 알게 되었고, 하나님께 영광을 돌리며 살아야 하는 것이 인생의 본분이라는 것을 알게 되었습니다. 그리고 육체의 정욕을 따르기 보다는 하나님의 말씀을 따르고 싶은 강한 마음이 우리들 마음속에 생겨났습니다. 이렇게 된 상태를 '의에게 종이 되었다'(18절), '하나님께 종이 되었다'(22절) 이렇게 이야기하는 것입니다.

우리가 의의 종으로, 하나님의 종으로 살아갈 수 있다고 하는 것은 큰 축복입니다. 얼마나 감사한 일인지 모릅니다. 옛날에는 우리에게 의를 행하고 싶은 마음, 하나님께 영광 돌리고 싶은 마음이 없었습니다. 그런데 이제는 우리들 마음속에 그런 것이 생겼습니다. 옛날에는 어떻게 하면 쾌락을 더 누릴까, 어떻게 하면 내 인생을 더 즐길까 이런 것만 생각했는데 지금은 생각이 달라졌습니다. 이제는 의의 종이 되었고, 하나님의 종이 되었기 때문에 하나님 말씀을 따르고 싶고, 하나님께 영광 돌리고 싶은 것입니다. 그러므로 의의 종이 되고, 하나님의 종이 된 우리가 죄를 지어서는 안 되는 것입니다.

셋째, 죄는 우리를 파멸로 인도하기 때문입니다.

"너희 자신을 종으로 내주어 누구에게 순종하든지 그 순종함을 받는 자의 종이 되는 줄을 너희가 알지 못하느냐 혹은 죄의 종으로 사망에 이르고 혹은 순종의 종으로 의에 이르느니라"(롬 6:16).

"너희가 그 때에 무슨 열매를 얻었느냐 이제는 너희가 그 일을 부끄러워하나니 이는 그 마지막이 사망임이라"(롬 6:21).

"죄의 삯은 사망이요"(롬 6:23a).

죄의 종은 결국 사망에 이르고, 죄짓는 삶을 계속 살면 그 끝이 사망이라고 했습니다. 죄의 삯은 사망입니다. 이 말씀은 믿지 않는 사람들에게도 해당되지만, 믿는 사람들에게도 해당되는 말씀입니다. 우리 구원받은 사람도 살다보면 죄를 지을 수 있다고 이야기했습니다. 그런데 계속해서 죄 가운데 살고 죄를 즐기면서 살면 어떻게 되느냐, 결국은 파멸할 수밖에 없습니다. 물론 영원히 멸망당하지는 않습니다. 그러나 이 땅에서 정말 비극적인 삶을 살 수도 있다는 것을 절대로 잊어서는 안 됩니다. 그것이 육신의 죽음으로 끝날 수도 있습니다. 사도행전 5장에 나오는 '아나니아'와 '삽비라' 같은 사람들이 그런 예이지요. 범죄한 것 때문에 그 사람들은 그 자리에서 죽었습니다. 또, 고린도전서 11장 30절에도 어떤 그리스도인들 중에 하나님의 벌을 받아 육체의 침을 당하고 죽임 당한 사람들이 있는 것을 볼 수 있습니다.

또, 육신의 죽음은 아니라고 할지라도 비참한 삶을 살 수 있다는 것을 기억해야 합니다. 성경에 나오는 사울 왕이나 삼손 같은 사람들이 그런 삶을 살았다고 볼 수 있습니다. 두 사람은 다 구원 받은 하나님의 사람들이었습니다. 그러나 그들의 범죄 때문에 그들의 인생 후반기는 매우 비참했습니다. 다윗 왕도 그런 면이 있었습니다. 다윗은 하나님을 매우 사랑하는 믿음 있는 사람인데 큰 범죄를 저

질렀습니다. 그리고 그 죄 때문에 엄청난 비극과 시련이 그의 삶과 그 집안에 일어나는 것을 성경을 통해 볼 수 있습니다. 오늘날에도 마찬가지입니다. 우리가 죄를 범했을 때 당장에는 어떠한 일이 안 일어날 수 있습니다. 그러나 그 죄가 쌓이고 쌓여 언젠가 하나님의 진노가 폭발하게 되면 그 때부터 우리의 인생은 파멸로 갈 수밖에 없다는 것을 알아야 합니다. 그런 일이 우리 삶 가운데 일어난다면 그것은 큰 비극입니다. 그런 일이 절대로 일어나서는 안 되겠습니다. 고린도전서 5장 5절에 보면 어떤 사람들을 '사탄에게 내어 주었다' 하는 표현이 나옵니다. 믿는 사람들을 사탄에게 내 주었다는 말입니다. 권면도 하고, 책망도 하고, 여러 가지로 깨닫도록 아무리 권고를 해도 안 들으니까 사탄에게 내 준 것입니다. 하나님의 사람이 하나님의 은혜 가운데 살지 못하고, 사탄의 손에 넘어가면 어떻게 되겠습니까. 얼마나 큰 괴로움과 비극이 있겠습니까. 우리들의 삶 가운데에는 절대로 그런 일이 일어나지 않도록 죄를 멀리 하는 삶을 살아야 하겠습니다.

그러면 어떻게 하면 실제적으로 죄를 안 짓는 삶을 살아갈 수 있겠습니까?

"이와 같이 너희도 너희 자신을 죄에 대하여는 죽은 자요 그리스도 예수 안에서 하나님께 대하여는 살아 있는 자로 여길 지어다 그러므로 너희는 죄가 너희 죽을 몸을 지배하지 못하게 하여 몸의 사욕에 순종하지 말고 또한 너희 지체를 불의의 무기로 죄에게 내주지 말고 오직 너희 자신을 죽은 자 가운데서 다시 살아난 자 같이 하나님께 드리며 너희 지체를 의의 무기로 하나님께 드리라"(롬 6:11-13).

이 말씀에는 각 절마다 명령형 동사가 하나씩 들어가 있습니다. '여길지어다', '못하게 하라', '드리라' 입니다. 이 세 가지만 잘 기억하면 정말 죄를 이길 수 있습니다.

(1) '여기라' : "이와 같이 너희도 너희 자신을 죄에 대하여는 죽은 자요 그리스도 예수 안에서 하나님께 대하여는 살아 있는 자로 여길지어다"(롬 6:11).

죄에 대하여는 죽은 자요, 하나님께 대하여는 산 자로 여기라는 것입니다. 이것이 우리가 죄를 안 지을 수 있는 첫 번째 비결입니다. 죄에 대하여 우리가 죽은 자라고 하는 것은 이제 알고 있습니다. 그런데 아는 것만으로는 충분하지 않을 때가 참 많습니다. 아는 것하고 내 행동하고 따로일 때가 참 많기 때문입니다. 그래서 이제 한 걸음 더 나아가서 아는 것만으로 그치지 말고 진짜로 그렇게 여기면서 살라는 것입니다. 이것은 우리가 머리로 알고 있는 그 지식을 우리 마음에 적용하는 것을 말하는 것입니다. 그것이 '여기는' 것입니다. 그래서 이런 식으로 살아가면 죄의 유혹이 있을 때 머리로만 알고 있는 사람보다는 훨씬 더 죄의 유혹에 안 넘어갈 수가 있습니다. 왜냐하면 '이제 나는 죄에 대해서 죽은 사람'이라고 여기기 때문에 그렇습니다. 또, 이렇게 살아가면 죄가 나를 자꾸만 유혹해도 그 부름에 내가 응답하지 않을 수 있습니다. 죄에 대하여 죽은 사람이 어떻게 죄가 부른다고 응답할 수 있겠습니까. 이제 더 이상 죄가 내 주인이 아닙니다. 옛날에는 죄가 내 주인이었지요. 마귀사탄이 주인이었습니다. 그러니까 죄가 부르기만 하면 얼른 쫓아가곤 했지요. 그래서 죄를 범하곤 했던 것입니다. 그런데 이제는 주인이 바뀌었습니다. 그러니까 거기에 응답할 필요가 없어진 것입니다. 그리스도 안에서 죄에 대하여는 죽은 사람이고, 이제 새 사람이 되었다고 여기는 사람은 머리로만 알고 있는 사람보다 훨씬 더 죄를 잘 이길 수 있습니다.

그리고 또 이런 사람은 하나님께서 부르시면 빨리 응답합니다. 왜냐하면 죄에 대해서는 죽어 있고, 하나님께 대해서는 살아있기 때문입니다. 또 '의' 가 부르면 얼른 대답합니다. 그러나 죄가 부르면 응답을 안 합니다. 더 이상 그 죄 앞에 응답할 이유가 없습니다. 이미 해방되었고, 이미 그 죄에 대해서 죽었기 때문입니다. 죽은 사람은 죄를 짓지 않습니다. 죽은 사람은 누가 쿡 찔러도 반응을 보일 수 없습니다. 그러므로 죄의 유혹이 올 때면 '그렇지 나는 죽은 사람이지!' 라고 생각하면서 죄를 이기기 바랍니다.

(2) '못하게 하라' : "그러므로 너희는 죄가 너희 죽을 몸을 지배하지 못하게 하여 몸의 사욕에 순종하지 말고"(롬 6:12).

죄가 너희 죽을 몸을 지배하지 못하게 하라고 말씀하고 있습니다. 우리는 구원받기 전에 모두가 다 죄의 종이었습니다. 그런데 구원받고 난 뒤에는 우리의 주인이 바뀌었습니다. 과거에는 죄가 나의 주인이었지만, 이제는 의가 나의 주인입니다. 옛날에는 마귀사탄이 나의 주인이었지만, 지금은 하나님이 나의 주인이 되었습니다. 그런데 문제는 옛날 주인이 한 번씩 찾아와 주인행세를 하려고 한다는 것입니다. 분명히 내 주인은 바뀌었는데 옛날 주인이 찾아와서 자꾸만 죄짓자고 하고, 못된 짓을 하라고 합니다. 그럴 때 우리는 못하게 해야 합니다. 왜냐하면 이제 더 이상 그 옛날 주인이 나에게 말할 자격이 없기 때문입니다. 못하게 하는 방법은 '몸의 사욕에 순종하지 않는 것'(12절)입니다. 옛날 주인이 자꾸만 찾아와서 우리의 몸 가지고 죄를 짓게 만들 때 이제는 "아니야, 난 이제 그럴 수없어. 나는 네 말 안 들을래. 나는 내 새로운 주인의 말을 들을거야." 하면서 그 사욕에 순종하지 않으면 죄가 우리를 지배하지 못하게 됩니다.

그리고 우리 마음속에 계신 성령의 인도하심을 따르면 훨씬 더 잘해낼 수가 있습니다. "너희는 성령을 따라 행하라 그리하면 육체의 욕심을 이루지 아니하리라"(갈 5:16). 우리 속에는 성령님이 계셔서 우리가 행할 바를 알려 주십니다. 그 성령의 인도하심을 따를 때 우리는 죄를 이길 수 있습니다.

(3) '드리라' : "또한 너희 지체를 불의의 무기로 죄에게 내주지 말고 오직 너희 자신을 죽은 자 가운데서 다시 살아난 자 같이 하나님께 드리며 너희 지체를 의의 무기로 하나님께 드리라"(롬 6:13).

우리의 지체를 의의 무기로 하나님께 드리라고 말씀하고 있습니다. 이것은 이제 굉장히 적극적으로 해야 할 일입니다. 앞에서 말한 '여기라', '못하게 하라'는 어떻게 보면 조금 소극적인 것입니다. 그래서 이 두 가지가 약할 수 있기 때문에 하나님께서 한 가지 더 말씀하셨는데 그것은 이제 적극적으로 우리의 몸을 하나님의 일을 위해서 드리라는 것입니다. 이것이 죄를 짓지 않을 수 있는 세 번째 비결입니다.

나쁜 일을 계속 하는 사람이 있다고 한 번 가정해봅시다. 그런데 이 사람이 이제는 나쁜 일을 그만 하고 싶어 합니다. 그래서 속으로

다짐을 하고 결심을 합니다. '내가 이제는 절대로 나쁜 일을 하지 말아야지.' 그런데 그렇게 한다고 해서 그게 잘 될까요? 결심을 안 하는 사람보다는 훨씬 낫겠지요. 그런데 실천이 잘 안 됩니다. 나쁜 일을 하지 않기 위한 가장 좋은 방법은 나쁜 일을 하지 않는 것이 아니라 좋은 일을 하는 것입니다. 그러면 그 사람은 절대로 나쁜 일을 안 하게 됩니다. 나쁜 일을 안 하려고 아무리 애써도 잠깐 사이에 다시 할 가능성이 높습니다. 그런데 아예 좋은 일만 계속 하는 겁니다. 그러면 이제 나쁜 일은 점점 멀어질 수밖에 없는 것입니다.

"도둑질하는 자는 다시 도둑질하지 말고 돌이켜 가난한 자에게 구제할 수 있도록 자기 손으로 수고하여 선한 일을 하라"(엡 4:28).

도둑질 안 하는 비결은 일을 열심히 하여 돈을 많이 벌어서 오히려 구제를 하는 것입니다. 구제하는 사람이 도둑질할 수 있을까요? 그런 사람은 절대로 도둑질 안 합니다. 그래서 적극적으로 좋은 일을 하라는 것입니다.

지금 우리나라는 도박 때문에 굉장히 큰 열병을 앓고 있습니다. 그 자료를 보니 약 삼백만 명이 도박에 중독되어 살아간다고 합니다. 삼백만 명이면 굉장히 많은 수입니다. 이 도박은 정말 끊기가 어려운 것입니다. 술, 담배 끊는 것보다도 더 어려울 수 있습니다. 그런데 도박하는 사람이 어떻게 하면 그 도박의 나쁜 습성을 끊어 버릴 수 있을까요? '내가 이제부터는 절대로 도박을 안 해야지. 도박을 하면 이 손을 어떻게 해야지.' 이렇게 아무리 결심해도 기회가 오면 다시 할 가능성이 높은 것이 도박입니다. 도박하는 사람이 도박을 끊는 방법은 도박보다도 더 재미있고, 더 보람된 일을 찾아서 그 일에 빠지는 것입니다. 그래야 도박중독에서 빠져 나올 수 있습니다. 다른 모든 죄도 다 마찬가지입니다.

그러므로 우리가 죄 짓지 않기 위해서는 본문 13절의 말씀처럼 죄를 안 짓는 것으로 만족하는 것이 아니라 이제는 의의 도구로 하나님께 드리는 삶을 사는 것입니다. 그것이 죄를 이길 수 있는 방법입니다.

성경을 더 열심히 읽으십시오. 잡념이 들 때도 성경을 읽으십시오. 그리고 더 열심히 간절히 하나님 앞에 기도해 보십시오. 믿지 않는 사람 붙들고 예수님 이야기를 하며 전도도 한 번 해보시기 바랍니다. 또, 교회 나와서 열심히 봉사하고 헌신해 보시기 바랍니다. 그렇게 하면 아무 것도 안 하는 사람보다는 훨씬 더 죄를 줄일 수 있습니다. 그래서 하나님께서 주신 우리의 이 몸을 가지고 죄의 도구로 사용하지 말고 하나님께 영광 돌리는 귀한 도구로 살아가야 하겠습니다.

우리가 거룩한 삶, 성화의 삶을 사는 것이 생각보다 쉽지 않을 수 있습니다. 하루아침에 갑자기 변화되지 않을 수 있습니다. 구원은 단 번에 쉽게 받을 수 있습니다. 그러나 성화는 일평생 걸리는 문제입니다. 중요한 것은 매일매일, 조금씩조금씩 나아져야 된다는 것입니다. 어제보다는 오늘이 조금 더 나아져야 하고, 오늘보다는 내일이 조금 더 나아져야 합니다. 그래서 죽을 때쯤이면 그래도 우리가 예수님을 많이 닮은 모습으로 세상을 떠나야 할 것입니다. 하나님께서 우리를 구원해주신 목적은 죄 짓지 말고 거룩하게 살면서 하나님께 영광 돌리는 것입니다.

"전에 너희가 너희 지체를 부정과 불법에 내주어 불법에 이른 것 같이 이제는 너희 지체를 의에게 종으로 내주어 거룩함에 이르라"(롬 6:19b).

이 말씀을 우리 마음속에 늘 새기고 살아갑시다. 22절에는 '거룩함에 이르는 열매'라는 표현도 나오는데 정말 거룩함에 이르는 열매를 많이 맺혀서 하나님께 큰 영광을 돌립시다.

8

율법으로부터의 자유

(롬 7장)

롬 7장

1 형제들아 내가 법 아는 자들에게 말하노니 너희는 그 법이 사람이 살 동안만 그를 주관하는 줄 알지 못하느냐

2 남편 있는 여인이 그 남편 생전에는 법으로 그에게 매인 바 되나 만일 그 남편이 죽으면 남편의 법에서 벗어나느니라

3 그러므로 만일 그 남편 생전에 다른 남자에게 가면 음녀라 그러나 만일 남편이 죽으면 그 법에서 자유롭게 되나니 다른 남자에게 갈지라도 음녀가 되지 아니하느니라

4 그러므로 내 형제들아 너희도 그리스도의 몸으로 말미암아 율법에 대하여 죽임을 당하였으니 이는 다른 이 곧 죽은 자 가운데서 살아나신 이에게 가서 우리가 하나님을 위하여 열매를 맺게 하려 함이라

5 우리가 육신에 있을 때에는 율법으로 말미암는 죄의 정욕이 우리 지체 중에 역사하여 우리로 사망을 위하여 열매를 맺게 하였더니

6 이제는 우리가 얽매였던 것에 대하여 죽었으므로 율법에서 벗어났으니 이러므로 우리가 영의 새로운 것으로 섬길 것이요 율법 조문의 묵은 것으로 아니할지니라

7 그런즉 우리가 무슨 말을 하리요 율법이 죄냐 그럴 수 없느니라 율법으로 말미암지 않고는 내가 죄를 알지 못하였으니 곧 율법이 탐내지 말라 하지 아니하였더라면 내가 탐심을 알지 못하였으리라

8 그러나 죄가 기회를 타서 계명으로 말미암아 내 속에서 온갖 탐심을 이루었나니 이는 율법이 없으면 죄가 죽은 것임이라

9 전에 율법을 깨닫지 못했을 때에는 내가 살았더니 계명이 이르매 죄는 살아나고 나는 죽었도다

10 생명에 이르게 할 그 계명이 내게 대하여 도리어 사망에 이르게 하는 것이 되었도다

11 죄가 기회를 타서 계명으로 말미암아 나를 속이고 그것으로 나를 죽였는지라

12 이로 보건대 율법은 거룩하고 계명도 거룩하고 의로우며 선하도다

13 그런즉 선한 것이 내게 사망이 되었느냐 그럴 수 없느니라 오직 죄가 죄로 드러나기 위하여 선한 그것으로 말미암아 나를 죽게 만들었으니 이는 계명으로 말미암아 죄로 심히 죄 되게 하려 함이라

14 우리가 율법은 신령한 줄 알거니와 나는 육신에 속하여 죄 아래에 팔렸도다

15 내가 행하는 것을 내가 알지 못하노니 곧 내가 원하는 것은 행하지 아니하고 도리어 미워하는 것을 행함이라

16 만일 내가 원하지 아니하는 그것을 행하면 내가 이로써 율법이 선한 것을 시인하노니

17 이제는 그것을 행하는 자가 내가 아니요 내 속에 거하는 죄니라

18 내 속 곧 내 육신에 선한 것이 거하지 아니하는 줄을 아노니 원함은 내게 있으나 선을 행하는 것은 없노라

19 내가 원하는 바 선은 행하지 아니하고 도리어 원하지 아니하는 바 악을 행하는도다

20 만일 내가 원하지 아니하는 그것을 하면 이를 행하는 자는 내가 아니요 내 속에 거하는 죄니라

21 그러므로 내가 한 법을 깨달았노니 곧 선을 행하기 원하는 나에게 악이 함께 있는 것이로다

22 내 속사람으로는 하나님의 법을 즐거워하되

23 내 지체 속에서 한 다른 법이 내 마음의 법과 싸워 내 지체 속에 있는 죄의 법으로 나를 사로잡는 것을 보는도다

24 오호라 나는 곤고한 사람이로다 이 사망의 몸에서 누가 나를 건져내랴

25 우리 주 예수 그리스도로 말미암아 하나님께 감사하리로다 그런즉 내 자신이 마음으로는 하나님의 법을 육신으로는 죄의 법을 섬기노라

우리 그리스도인들은 죄에 대해서 뿐만 아니라 율법에 대해서도 죽었고, 자유합니다

"그러므로 내 형제들아 너희도 그리스도의 몸으로 말미암아 율법에 대하여 죽임을 당하였으니"(롬 7:4a).

"이제는 우리가 얽매였던 것에 대하여 죽었으므로 율법에서 벗어났으니"(롬 7:6a).

우리 그리스도인들은 죄에 대해서 죽었을 뿐만 아니라 율법에 대해서도 벗어났고, 해방되었습니다. 본문은 이것을 더 쉽게 설명하기 위해서 '결혼 관계'를 예로 들고 있습니다.

"형제들아 내가 법 아는 자들에게 말하노니 너희는 그 법이 사람이 살 동안만 그를 주관하는 줄 알지 못하느냐 남편 있는 여인이 그 남편 생전에는 법으로 그에게 매인 바 되나 만일 그 남편이 죽으면 남편의 법에서 벗어나느니라"(롬 7:1-2).

'결혼 관계'라고 하는 것은 두 사람이 다 살아 있을 때 적용되는 것입니다. 둘 중에 한 명이 먼저 죽으면 그 결혼 관계는 사실상 끝이 납니다. 본문에서 한 여인이 남편과 살았는데 그 남편이 죽으면 여인은 그 순간부터 그 남편과의 모든 관계가 끝난다는 것을 보여 주고 있습니다. 이제는 다른 남자에게 시집을 간다고 해도 문제가 되지 않습니다. 바로 우리 구원받은 그리스도인들이 율법에 대해서 그렇다는 것입니다. 이 말씀은 그리스도인들 중에서도 특별히 율법 하에 있다가 구원받은 유대인 그리스도인들을 염두에 두고 말하는 것입니다.

"형제들아 내가 법 아는 자들에게 말하노니"(롬 7:1).

여기서 말하는 '법'은 '율법'인데 이 '법 아는 자들'은 바로 유대인 그리스도인들을 두고 이야기하는 것입니다.

이 유대인 그리스도인들이 율법을 남편으로 두고 살았을 때 그 율법이 그들에게 어떤 남편이었을까요? 좋은 남편이었을까요, 별로 좋지 않은 남편이었을까요? 별로 좋지 못한 남편이었습니다. 굉장히 가혹한 남편이었습니다. "이것 해라." "저것 해라." 쭉 목록을 주고 그 중에 한 가지라도 잘못하면 큰 일 나는 것이었습니다. 그냥 정죄해 버리는 것이었습니다. 열 가지 중 아홉 가지는 잘했는데 딱 한 가지를 못해도 아무 소용이 없었습니다. 그것이 '율법'이라는 남편입니다.

그런데 이들이 예수 그리스도를 통해서 구원받게 되었을 때 어떤 일이 일어났는가 하면 예수 그리스도와 함께 죽었고, 새 사람이 되었습니다. 그리고 예수 그리스도와 함께 죽었을 때 이들은 율법에 대해서도 함께 죽게 되었습니다. 왜냐하면 율법이라고 하는 것은 사람들을 그리스도에게로 인도하는 역할을 하는 것이기 때문에 그리스도를 만날 때까지만 필요한 것입니다.

"율법은…… 약속하신 자손이 오시기까지 있을 것이라"(갈 3:19).

율법은 약속하신 자손, 즉 예수 그리스도가 오실 때까지만 필요한 것이므로 누구라도 예수 그리스도를 나의 주님으로 영접하면 더 이상 율법은 필요가 없게 되는 것입니다. 그래서 우리는 "율법에 대해서 죽었다", "율법에 대해서 자유하다" 이렇게 이야기하는 것입니다.

이 유대인 그리스도인들은 율법 하에서 정말 힘들게 살았습니다. 그러다가 예수 그리스도라고 하는 새로운 남편을 만나게 되었습니다. 이 예수 그리스도라는 남편은 정말 사랑이 많고, 긍휼이 많으며, 은혜가 충만한 좋은 남편이었습니다. 사람이 설령 잘 못하는 일이 있어도 남편 예수 그리스도는 다 용서해 주십니다. 다 이해해 주십니다. 율법하고는 전혀 다릅니다. 못해도, 부족한 것이 있어도, 죄가 있어도 다 이해해 주시고, 용서해 주시며, 끝없이 사랑해 주시는 분이 예수 그리스도이십니다. 그러니 예수 그리스도를 남편으로 모시고 살아가는 유대인 그리스도인들이 얼마나 행복한 사람들입니까.

율법하에 있을 때에는 이런 행복을 몰랐습니다. 늘 눌려서 살았습니다. 그런데 예수 그리스도 남편을 만나고 나서는 이제 자유함을 누리고 살아가게 된 것입니다. 이제는 기가 살고 행복이 뭔지 알게 되었습니다. 사실 이것은 그들의 이야기만이 아니라 우리들의 이야기이기도 합니다.

여러분! 우리가 예수님을 우리 남편으로 삼고 신앙생활을 하고 있는데 신앙생활하는 것이 행복하고 즐겁지 않습니까? 즐겁지요! 이 즐거움을 잘 모르는 사람들은 옛날 율법시대로 돌아가서 그 율법의 멍에 하에 한 번 살아볼 필요가 있습니다. 그러면 여러분들은 교회에 갈 때(그 때는 성전이었지요) 양이나 소를 한 마리씩 잡아가지고 가야 합니다. 그런데 요즘은 그냥 교회에 가지 않습니까. 얼마나 편합니까. 그리고 율법시대에는 교회 한 번 빠졌다가는 큰일납니다. 안식일을 반드시 지켜야 했으니까요. 그런데 우리는 어떻습니까? 사정이 있으면 주일을 못 지킬 때도 있지 않습니까. 그런데 다 이해해 주십니다. 우리가 예수님을 이렇게 자유한 마음으로 섬긴다고 하는 것이 얼마나 큰 행복입니까. 정말 행복한 삶입니다.

예수 그리스도를 만나게 해주신 까닭

그런데 하나님께서는 왜 우리로 하여금 이렇게 좋은 남편 예수 그리스도를 만나게 해주셨을까요? 왜 우리를 예수 그리스도 남편에게 붙여 주셨을까요?

"이는 다른 이 곧 죽은 자 가운데서 살아나신 이에게 가서 우리가 하나님을 위하여 열매를 맺게 하려 함이라"(롬 7:4b).

하나님을 위하여 열매를 맺게 하기 위해서입니다. 이것이 하나님께서 우리를 율법에서 해방시켜 주시고, 예수 그리스도의 신부가 되게 해주신 목적입니다. 여러분들은 지금 열매를 맺고 계십니까? 열매를 맺으셔야 합니다. 율법 하에서는 우리가 하기 싫어도 억지로 해야 했습니다. 안 하면 큰일났습니다. 그러나 이제는 우리가 은혜 가운데 삽니다. 우리가 설령 못해도 하나님께서 다 이해하시고 용서해 주십니다. 그러므로 우리는 하나님께서 베푸신 그 은혜를 생각하면서 하나님께 좋은 열매들을 많이 맺어야 하는 것입니다. 그것이 우리 그리스도인들이 하나님께 대해서 해야 할 책임입니다. 그리고 우리로 하여금 그렇게 잘 할 수 있도록 성령을 선물로 주셨습니다.

"이제는 우리가 얽매였던 것에 대하여 죽었으므로 율법에서 벗어났으니 이러므로 우리가 영의 새로운 것으로 섬길 것이요 율법 조문의 묵은 것으로 아니할지니라"(롬 7:6).

여기서 말씀하고 있는 '영'은 '성령님'을 이야기하는 것입니다. 하나님께서는 구원받은 사람들 마음속에 성령을 선물로 주셨습니다. 그래서 우리는 성령의 새로운 것으로 하나님을 섬겨야 하는 것입니다. 표준새번역 성경에는 "성령이 주시는 새 정신으로" 섬겨야 한다로 되어있습니다.

이스라엘 백성들은 율법 하에서 기쁜 마음으로 하기 보다는 어떤 때는 억지로 할 수밖에 없었습니다. 그러나 이제 성령을 주셨으므로 성령이 주시는 새 정신으로 우리가 주님을 섬겨야 하는 것입니다. 율법은 낡은 정신이고, 성령은 새 정신입니다. 우리들 마음속에 계시는 성령의 인도하심을 받으면서 하나님께 풍성한 열매를 맺혀 드리는 우리들의 삶이 되어야 하겠습니다.

율법은 잘못된 것인가요? 나쁜 것인가요?

이제 본문을 보면서 율법에 대해서 한 가지 생각해볼 것이 있습니다. 우리가 '율법에 대해서 죽었다', '해방되었다' 이런 말을 했는데 그럼 율법은 잘못된 것일까요? 나쁜 것일까요?

"그런즉 우리가 무슨 말을 하리요 율법이 죄냐 그럴 수 없느니라 율법으로 말미암지 않고는 내가 죄를 알지 못하였으니 곧 율법이 탐내지 말라 하지 아니하였더라면 내가 탐심을 알지 못하였으리라"(롬 7:7).

율법은 전혀 잘못된 것이 아니라고 이야기하고 있습니다. 왜냐하면 율법이 없었다면 우리는 죄를 죄로 알지도 못했을 것이기 때문입니다.

"그러나 죄가 기회를 타서 계명으로 말미암아 내 속에서 온갖 탐심을 이루었나니 이는 율법이 없었으면 죄가 죽은 것임이라 전에 율법을 깨닫지 못했을 때에는 내가 살았더니 계명이 이르매 죄는 살아나고 나는 죽었도다 생명에 이르게 할 그 계명이 내게 대하여 도리어 사망에 이르게 하는 것이 되었도다 죄가 기회를 타서 계명으로 말미암아 나를 속이고 그것으로 나를 죽였는지라"(롬 7:8-11).

이 말씀을 보면 이해하기 조금 어려운 표현들이 있습니다. 8절에 '죄가 기회를 타서 계명으로 말미암아 내 속에서 온갖 탐심을 이루었나니' 라는 말이 나오고, 11절에도 '죄가 기회를 타서 계명으로 말미암아 나를 속이고 그것으로 나를 죽였는지라' 라는 표현이 나옵니다. 이것을 보면 마치 율법이 우리로 하여금 죄짓게 만들고, 죄짓는 것을 돕는 것처럼 느껴집니다. 그러니까 잘못 이해하면 마치 율법이 나로 하여금 죄짓게 만드는 것 같은 그런 말씀으로 오해할 수도 있습니다. 물론 이 말씀의 의미는 전혀 그런 것이 아닙니다.

"이는 율법이 없으면 죄가 죽은 것임이라"(롬 7:8b).

"전에 율법을 깨닫지 못했을 때에는 내가 살았더니 계명이 이르매 죄는 살아나고 나는 죽었도다"(롬 7:9).

결국은 계명 때문에 우리의 죄가 죄로 드러나게 되었고, 죄가 힘을 쓰게 되었다는 말씀입니다. 고린도전서 15장 56절에 보면 '죄의 권능은 율법' 이라고 하는 말이 있습니다. 이게 무슨 말이겠습니까? 사실 죄는 율법이 없으면 맥을 못 춥니다. 율법은 죄인가, 아닌가의 기준이 됩니다. 그런데 기준이 없으면 죄가 힘을 못쓰는 것이지요. 그런 의미에서 율법은 죄로 하여금 죄 되게 만드는 것이고, 또 죄가 힘을 쓰게 만드는 것이라고 이해할 수 있습니다. 8절부터 11절까지의 말씀은 결국 '율법이라고 하는 것은 죄를 드러나게 만드는 것' 이라는 말입니다.

"이로 보건대 율법은 거룩하고 계명도 거룩하고 의로우며 선하도다 그런즉 선한 것이 내게 사망이 되었느냐 그럴 수 없느니라 오직 죄가 죄로 드러나기 위하여 선한 그것으로 말미암아 나를 죽게 만들었으니 이는 계명으로 말미암아 죄로 심히 죄 되게 하려 함이라"(롬 7:12-13).

이 말씀은 율법에 대한 결론입니다. 결국 율법은 거룩하고 의로우며 선하다는 것입니다. 왜냐하면 율법의 목적이 13절 표현대로 '죄로 하여금 죄 되게 하는 것'이기 때문입니다. 즉, 죄를 드러내는 것이기 때문에 율법은 전혀 잘못된 것도, 틀린 것도, 나쁜 것도 아니라는 말입니다.

율법 하에 살아가는 모습

14절부터 25절까지의 말씀은 '율법 하에 살아가는 모습'에 대한 말씀입니다.

"우리가 율법은 신령한 줄 알거니와 나는 육신에 속하여 죄 아래에 팔렸도다 내가 행하는 것을 내가 알지 못하노니 곧 내가 원하는 것은 행하지 아니하고 도리어 미워하는 것을 행함이라 만일 내가 원하지 아니하는 그것을 행하면 내가 이로써 율법이 선한 것을 시인하노니 이제는 그것을 행하는 자가 내가 아니요 내 속에 거하는 죄니라 내 속 곧 내 육신에 선한 것이 거하지 아니하는 줄을 아노니 원함은 내게 있으나 선을 행하는 것은 없노라 내가 원하는 바 선은 행하지 아니하고 도리어 원하지 아니하는 바 악을 행하는도다 만일 내가 원하지 아니하는 그것을 하면 이를 행하는 자는 내가 아니요 내 속에 거하는 죄니라 그러므로 내가 한 법을 깨달았노니 곧 선을 행하기 원하는 나에게 악이 함께 있는 것이로다 내 속사람으로는 하나님의 법을 즐거워하되 내 지체 속에서 한 다른 법이 내 마음의 법과 싸워 내 지체 속에 있는 죄의 법으로 나를 사로잡는 것을 보는도다 오호라 나는 곤고한 사람이로다 이 사망의 몸에서 누가 나를 건져내랴 우리 주 예수 그리스도로 말미암아 하나님께 감사하리로다 그런즉 내 자신이 마음으로 하나님의 법을 육신으로는 죄의 법을 섬기노라"(롬 7:14-25).

14절에서 25절의 말씀을 보면 '나'라고 하는 일인칭 단수 대명사가 계속 나오고 있습니다. 이 '나'라고 하는 것은 '사도 바울' 자신일 수도 있고, 아니면 '일반적인 어떤 사람'을 나타내는 표현일 수도 있습니다. 7절부터 13절까지의 말씀에도 '나'라고 하는 표현이 계속 나옵니다. 거기에 나오는 '나'도 '사도 바울' 자신일 수 있고, 아니면 '일반적인 어떤 사람'일 수 있습니다.

14절부터 25절까지의 말씀은 오랜 세월동안 논쟁거리가 되어온 내용입니다. 이 말씀을 가지고 수많은 신학자들이 논쟁을 벌였고, 지금도 벌이고 있습니다. 어떤 논쟁인가 하면 이 말씀이 사람이 구원받기 전 율법 하에 있을 때를 회상하며 쓴 것이냐, 아니면 사도 바울이 현재 자기의 상황을 이야기하고 있는 것이냐 하는 것입니다.

저는 이 말씀이 사람이 구원받기 전 율법 하에 있을 때를 회상하면서 쓴 것이라고 생각하는데, 이것을 구원받기 전의 상황으로 보는 사람들은 왜 그렇게 보는가 하면 여기에 나와 있는 표현들이 구원받기 전의 상황을 나타내기 때문에 그렇습니다. 한편, 이것을 구원받은 이후의 상황으로 보는 사람들은 왜 그렇게 이해하는가 하면 14절부터 25절까지 말씀에 나오는 동사가 다 현재형으로 기록되어 있기 때문입니다. 말씀을 문자적으로 그대로 해석하면 사도 바울의 현재 상황을 이야기하는 것이라고 이해할 수 있습니다. 성화의 과정 중에 겪는 마음의 고통이라고 이해하는 것이지요. 그래서 이런 차이 때문에 어떤 사람들은 구원받기 전이라고 하고, 또 어떤 사람들은 구원받은 이후라고 생각합니다.

그럼 어떤 점이 구원받기 전의 상황이라고 보여지는 것인지 살펴보면 14절에 '육신에 속하여 죄 아래에 팔렸도다' 라는 표현이 나옵니다. 이런 표현은 구원 받은 사람이 쓰기에는 어울리지 않습니다. 이것은 구원받지 못한 사람이 쓰는 표현입니다. 만약에 이런 표현이 바울이 자기 자신을 표현한 것이라면 문제는 심각해집니다. 왜냐하면 사도 바울은 하나님의 영감을 받아서 '로마서' 라고 하는 거룩한 글을 쓰고 있는데, 그런 사람이 육신에 속해 있고, 죄 아래 팔렸다고 한다면 이것은 문제가 있는 것이지요. 주님의 일을 할 때면 최대한 성령충만한 가운데 거룩한 상태로 해야 하는 것인데 지금 이 거룩한 로마서를 기록하면서 사도 바울의 상태가 죄 아래 있고, 죄에 팔렸다고 한다면 정말 심각한 문제가 아닐 수 없습니다.

6장에서 사도 바울은 죄에서 자유하고 해방된 것을 이야기했습니다. 그런데 7장에 와서 성화되지 못하여 죄와 갈등을 벌이고 있는 모습을 고백한다면 이것은 뭔가 맞지 않는 것입니다. 이런 이유 때문에 이 말씀은 사도 바울이 구원받기 전, 아니면 사도 바울이 아닌 어떤 누군가의 구원받기 전의 상태를 묘사하고 있다고 이해할 수 있습니다.

18절에도 "내 속 곧 내 육신에 선한 것이 거하지 아니하는 줄을 아노니"라고 표현하고 있는데 구원받은 사람 속에 선한 것이 없다는 것은 말이 안 됩니다. 물론 우리들 마음속에는 죄성도 있습니다. 죄성은 악한 것입니다. 그러나 성령의 소욕도 우리들 마음속에 있습니다. 그것은 악한 것이 아니거든요. 그런데 18절에는 "선한 것이 거하지 아니한다"고 했는데 이것은 구원받은 사람의 표현이 아니고, 구원받기 전의 어떤 상태라고 보여집니다.

그리고 24절에 보면 "오호라 나는 곤고한 사람이로다 이 사망의 몸에서 누가 나를 건져내랴"라고 했는데 이 표현이 성화의 과정 중에 겪는 고통이라면 그 고통이 너무 심하다는 생각이 듭니다. 물론 구원받은 사람들도 죄 문제 때문에 갈등도 느끼고 유혹도 받고 살아갑니다. 그러나 그렇다고 해서 구원받은 사람이 "오호라 나는 곤고한 사람이로다 이 사망의 몸에서 누가 나를 건져내랴" 그렇게까지 표현하지는 않습니다. 그러므로 이런 표현도 성화의 과정 중 겪는 고통의 표현이라기 보다는 구원받기 전에 율법으로 의로워지고 싶고 하나님께 의롭다함 받고 싶은데 그게 잘 안 되니까 자기 한계를 느껴서 이런 고뇌에 찬 표현을 하게 된 것이 아닌가 생각합니다.

그러면 이 내용을 과거로 본다면, 실제로 문법적으로는 모두 현재형으로 기록되어 있는데 그것은 어떻게 설명할 것인가 하는 문제가 생깁니다. 그것은 14절에서 25절까지의 내용이 사도 바울 자신의 일이었다면 상황을 더 생생하게 전달하기 위해서 현재형으로 썼을 수 있습니다. 우리가 글을 쓸 때 과거의 사실을 조금 더 실감나게 하기 위해서 현재형으로 쓸 때가 있습니다. 바로 그런 차원으로 썼다고 생각됩니다. 그런데, 그것이 아니라면 사도 바울이 어떤 일반적인 사람을 생각하면서 이 말씀을 썼을 수 있습니다. 실제적으로 이런 고통을 겪는 사람이 많이 있었을 것입니다. 그래서 그런 사람의 입장에서 쓰다 보면 현재형으로 쓸 수 있습니다. 그러나 이렇게 볼 수도 있고, 저렇게 볼 수도 있는 부분이 있기 때문에 어떻게 믿든 간에 이것 가지고 분쟁할 일은 못 됩니다.

율법의 의나 선행으로 하나님 앞으로 나아가는 것은 불가능합니다

이 본문을 기록하고 있는 사도 바울은 철저한 율법주의자였습니다. 어느 정도였는가 하면 자신은 '율법의 의로는 흠이 없는 자'(빌 3:6)라고 말할 정도로 율법을 철저하게 지켰던 사람입니다. 그런데도 불구하고 사도 바울은 율법의 의로 하나님께 구원받을 수 없었습니다. 율법을 아무리 지켜도 그는 하나님께로부터 의롭다함을 받지 못했습니다. 외형적으로 그는 상당히 의로운 삶을 살았습니다. 그러나 사도 바울이 아무리 훌륭한 바리새인이었을지라도 하나님 앞에서 그 내면까지 완벽하다고 말할 수는 없습니다.

한 번 생각해 보십시오. 십계명 중 마지막 계명이 '탐심'에 대한 것입니다. 일 계명부터 구 계명까지는 사람이 마음을 먹으면 어느 정도 지킬 수 있습니다. 하나님 외에 다른 신 안 섬길 수 있고, 우상 안 만들 수 있고, 안식일 지킬 수 있고, 간음 안 할 수 있고, 살인 안할 수 있고, 부모도 어느 정도 공경할 수 있습니다. 그러나 마지막십 계명은 이 세상 모든 사람들이 다 걸립니다. 탐내지 말라. 탐심을 눈꼽만큼도 가져서는 안 된다고 하는 것인데 여기에 안 걸릴 사람이 어디 있겠습니까. 아무리 깨끗하고 아무리 율법을 잘 지킨다고 하더라도 그 마음속에 있는 탐심은 어떻게 할 수가 없는 것입니다. 그러니까 어느 누가 감히 "하나님, 저는 율법을 다 지켰습니다.” 이렇게 이야기할 수 있겠습니까?

4복음서에 보면 한 청년이 예수님을 찾아옵니다. 그 청년이 예수님께 영생을 얻을 수 있는 방법을 여쭈어 보자 예수님은 “네 물건, 네 소유를 다 가난한 사람들에게 나누어 주고 너는 나를 따르라.”고 말씀하셨습니다. 그 사람에게 탐심이 있다는 것을 보여주기 위해서 그런 요구를 하신 것입니다. 다른 것은 그가 다 지켰습니다. 그러나 이 탐심만은 그도 어쩔 수가 없었습니다. 그래서 슬픈 기색을 띠고 근심하며 물러갔다고 성경이 이야기하고 있습니다. 그러므로 율법의 의로 하나님께 의롭다함 받기 원하고, 구원 받으려고 하는 사람은 결국 “오호로 나는 곤고한 사람이로다 이 사망의 몸에서 누가 나를 건져내랴”라고 고백할 수밖에 없습니다. 아무리 해도 안 되거든요. 탐심이 없어지지 않거든요. 그러니까 곤고한 사람이 될 수밖에 없고, 그 몸이 사망의 몸이 될 수밖에 없는 것입니다.

결국 사도 바울이 어떻게 의롭다함 받았습니까?

예수 그리스도를 만나고, 그를 통해서 의롭다함을 받게 되었습니다. 그래서 25절에서 “우리 주 예수 그리스도로 말미암아 하나님께 감사하리로다”라고 이야기합니다. 이것은 “내가 그렇게 율법의 의로 하나님께 나아가려고 해도 안 되었는데, 예수님 만나고나니 이렇게 쉽게 하나님께로부터 의롭다함을 받게 되었군요. 하나님 은혜 감사합니다.”하는 내용입니다.

율법으로나 선행으로 하나님께 나아가려고 하고, 구원 받으려고 하는 사람이 있다면 사람의 의로는 절대로 하나님께 의롭다고 인정받을 수 없습니다. 아무리 잘한다고 해도 하나님 보시기에 사람은 여전히 누추한 죄인일 뿐입니다. 외형적으로는 그럴듯하게 살아갈 수 있습니다. 그러나 마음속에 있는 죄는 어떻게 할 것입니까. 이사야 64장 6절에 보면 '우리의 의는 다 더러운 옷 같으며'라고 했습니다. 아무리 의롭게 산다고 해도 하나님 보시기에는 더러운 누더기 옷을 입고 있는 것입니다.

"율법의 행위로 그의 앞에 의롭다 하심을 얻을 육체가 없나니" (롬 3:20a).

율법의 의로 하나님 앞에 나아갈 수 있는 사람은 없습니다. 단지 율법은 우리의 죄를 깨닫게 해주고, 그리스도에게로 인도하는 역할을 하는 것입니다. 혹시 율법을 지켜서 또는 선행을 통해서, 의로운 행위를 통해서 하나님께 나아가려고 하는 사람이 있다면 그 생각을 버리고 예수 그리스도 앞으로 나오시기 바랍니다. 사람은 오직 예수 그리스도를 믿음으로만 하나님께로부터 의롭다함을 받을 수 있습니다.

9

예수 안에서 사는 축복

(롬 8:1-17)

롬 8:1-17

1 그러므로 이제 그리스도 예수 안에 있는 자에게는 결코 정죄함이 없나니

2 이는 그리스도 예수 안에 있는 생명의 성령의 법이 죄와 사망의 법에서 너를 해
   방하였음이라

3 율법이 육신으로 말미암아 연약하여 할 수 없는 그것을 하나님은 하시나니 곧 죄
   로 말미암아 자기 아들을 죄 있는 육신의 모양으로 보내어 육신에 죄를 정하사

4 육신을 따르지 않고 그 영을 따라 행하는 우리에게 율법의 요구가 이루어지게 하
   려 하심이니라

5 육신을 따르는 자는 육신의 일을, 영을 따르는 자는 영의 일을 생각하나니

6 육신의 생각은 사망이요 영의 생각은 생명과 평안이니라

7 육신의 생각은 하나님과 원수가 되나니 이는 하나님의 법에 굴복하지 아니할 뿐
   아니라 할 수도 없음이라

8 육신에 있는 자들은 하나님을 기쁘시게 할 수 없느니라

9 만일 너희 속에 하나님의 영이 거하시면 너희가 육신에 있지 아니하고 영에 있나
   니 누구든지 그리스도의 영이 없으면 그리스도의 사람이 아니라

10 또 그리스도께서 너희 안에 계시면 몸은 죄로 말미암아 죽은 것이나 영은 의로
   말미암아 살아 있는 것이니라

11 예수를 죽은 자 가운데서 살리신 이의 영이 너희 안에 거하시면 그리스도 예수를
   죽은 자 가운데서 살리신 이가 너희 안에 거하시는 그의 영으로 말미암아 너희
   죽을 몸도 살리시리라

12 그러므로 형제들아 우리가 빚진 자로되 육신에게 져서 육신대로 살 것이 아니니
   라

13 너희가 육신대로 살면 반드시 죽을 것이로되 영으로써 몸의 행실을 죽이면 살리
   니

14 무릇 하나님의 영으로 인도함을 받는 사람은 곧 하나님의 아들이라

15 너희는 다시 무서워하는 종의 영을 받지 아니하고 양자의 영을 받았으므로 우리
   가 아빠 아버지라고 부르짖느니라

16 성령이 친히 우리의 영과 더불어 우리가 하나님의 자녀인 것을 증언하시나니

17 자녀이면 또한 상속자 곧 하나님의 상속자요 그리스도와 함께 한 상속자니 우리
   가 그와 함께 영광을 받기 위하여 고난도 함께 받아야 할 것이니라

사람이 누릴 수 있는 최고의 축복은 무엇일까요?

'예수 믿는 축복'입니다. 그러면, 사람이 누릴 수 있는 최고의 행복은 무엇일까요? 그것도 역시 '예수 믿는 행복'입니다. 세상에서 여러 가지 행복을 찾을 수 있겠지만 우리의 최고 행복은 '우리가 예수 그리스도 안에 있고, 예수를 믿는 행복'입니다. 본문 로마서 8장 1절부터 17절까지의 말씀은 '사람이 누릴 수 있는 최고의 축복이 예수 믿는 것이고, 사람이 누릴 수 있는 최고의 행복도 결국은 예수 믿는 것이다'라는 것을 이야기하고 있습니다.

예수 믿는 것이 왜 축복이고, 행복일까요?

첫째, 우리에게 더 이상 정죄함이 없으므로 축복입니다.

"그러므로 이제 그리스도 예수 안에 있는 자에게는 결코 정죄함이 없나니 이는 그리스도 예수 안에 있는 생명의 성령의 법이 죄와 사망의 법에서 너를 해방하였음이라"(롬 8:1-2).

과거에 우리들은 '죄와 사망의 법' 아래에서 살던 사람들입니다. '죄와 사망의 법'이 무엇인가 하면 유대인들로 말하면 '율법'이라고 할 수 있습니다. 그러면 율법을 받지 않은 우리 이방인들에게는 무엇이 '죄와 사망의 법'일까요? 바로 우리 마음속의 율법인 '양심'이 '죄와 사망의 법'입니다. 왜 이것들이 '죄와 사망의 법'인가 하면 '율법'이나 '양심'은 우리를 정죄할 수밖에 없고, 결국 우리로 하여금 죽게 만들기 때문에 그렇습니다. 그래서 '율법'과 '양심'은 결국 '죄와 사망의 법'일 수밖에 없는 것입니다.

그런데 우리가 예수 그리스도를 영접했을 때 우리들의 심령이 죄와 사망에서 벗어나는 놀라운 일이 일어나게 되었습니다. 그래서 예수 그리스도 안에 들어온 사람들에게는 정죄함이 없는 것입니다. 하나님께서 우리를 의롭다고 해주셨는데, 이 세상에 어느 누가 감히 우리를 정죄할 수 있겠습니까. 그러므로 과거에는 우리가 죄와 사망의 법 아래에서 살았지만 이제는 더 이상 그렇지 않습니다. 우리에게는 정죄함이 없습니다. 이제 우리는 우리에게 기쁨을 주고, 생명을 주는 '생명의 성령의 법' 아래 살게 되었습니다. '생명의 성령의 법'이라고 하는 것은 우리가 하나님의 은혜와 사랑의 법 아래 살게 된 것을 말합니다. 왜 하나님의 은혜와 사랑의 법이 '생명의 성령의 법'인가 하면 우리에게 생명을 주었기 때문에 그렇습니다. 또, 하나님께서는 성령을 통해서 우리 안에서 역사하기 때문에 하나님의 은혜의 법, 사랑의 법은 생명의 법이고, 성령의 법이라고 말할 수 있는 것입니다. 그러므로 이 은혜를 생각하면 정말 감사하지 않을 수 없습니다. 과거에는 우리가 죄와 사망의 법 아래서 신음하던 사람들이었습니다. 그런데 예수님께서 우리를 해방시켜 주셨고, 새로운 하나님의 은혜의 법 아래 살게 해 주셔서 더 이상의 정죄함이 없습니다. 지옥 가는 일도 없습니다. 그러니 하나님께서 우리에게 주신 축복이 얼마나 놀랍습니까. 행복하다는 생각이 들지 않습니까? 생각해보면 너무 행복한 사람이라는 것을 느낄 수 있을 것입니다. 예수님을 모르는 사람들은 여전히 정죄와 진노 아래 살아가고 있습니다. 그들에게는 하나님의 심판과 영원한 멸망이 기다리고 있습니다. 그래서 결국 지옥 가서 영원토록 형벌을 당해야 하는 것이 믿지 않는 사람들의 운명입니다. 그러나 우리들은 천국에서 영원히 사는 운명으로 변했습니다. 이런 하나님의 은혜가 얼마나 감사한지요.

우리가 이런 놀라운 축복을 받게 된 것은 예수님께서 우리 죄 때문에 대신 죽으셨기 때문에 가능하게 되었습니다.

"율법이 육신으로 말미암아 연약하여 할 수 없는 그것을 하나님은 하시나니 곧 죄로 말미암아 자기 아들을 죄 있는 육신의 모양으로 보내어 육신에 죄를 정하사"(롬 8:3).

'죄로 말미암아'에서 '죄'는 우리 한 사람 한 사람의 죄를 이야기하는 것이고, '자기 아들'은 '예수 그리스도'를 말하는 것입니다. 하나님께서는 '자기 아들을 죄 있는 육신의 모양으로 보내어 육신에 죄를 정했다'고 했습니다. '육신에 죄를 정했다'고 하는 말은 '육신에 죄를 씌웠다'는 말입니다. 우리의 죄를 예수님의 육신에 씌우고 결국 예수님을 십자가에 죽게 하셨다는 말씀입니다. 표준새번역 성경을 보면 조금 더 이해하기 쉽습니다.

"곧 하나님께서는 자기의 아들을 죄된 육신을 지닌 모습으로 보내셔서 죄를 없애시려고 그 육신에다 죄의 선고를 내리셨습니다."

하나님은 죄 없으신 우리 예수님이지만 그 분에게 죄를 씌우셔서 십자가에서 피 흘려 죽게 하셨습니다.

그런데 예수님께서 왜 우리 대신 십자가에서 피 흘려 돌아가셨을까요?

예수님께서는 우리의 죄를 담당하시고 우리의 죄 값을 지불하시기 위해서 이천 년 전에 이 땅에 오셨고 십자가 위에서 돌아가셨습니다. 그렇게 함으로 우리가 받아야 할 모든 죄의 형벌을 십자가 위에서 다 지불하셨습니다. 그렇기 때문에 우리들에게는 더 이상의 정죄함이 없는 것입니다. 하나님의 진노에서 벗어난 사람들이 되어 심판도 없고, 멸망도 없습니다. 그러나 믿지 않는 사람들은 정죄함에 살다가 결국 지옥에 들어갈 수밖에 없는 것이 그들의 운명입니다. 우리에게 정죄함이 없는 이 축복을 생각하면 얼마나 감사합니까. 늘 하나님의 은혜에 감사하며 살아가는 우리 모두가 됩시다.

둘째, 우리를 하나님의 자녀로 살게 해 주셨으니 축복입니다.
"무릇 하나님의 영으로 인도함을 받는 사람은 곧 하나님의 아들이라 너희는 다시 무서워하는 종의 영을 받지 아니하고 양자의 영을 받았으므로 우리가 아빠 아버지라고 부르짖느니라"(롬 8:14-15).
하나님께서는 우리들이 하나님을 "아빠!", "아버지!"라고 부를 수 있게 해주셨습니다. 하나님께서 우리를 자녀 삼아 주시고, 우리 마음속에 성령을 주셔서 우리로 하여금 하나님을 "아버지!"라고 부를 수 있도록 해주신 것입니다. 그래서 우리가 그렇게 부를 수 있는 것입니다. 그런데 개역개정판 성경에는 '아빠, 아버지'라고 표현되어 있는데, 예전의 개역한글판에는 '아바, 아버지'라고 되어 있습니다. 성경에 나오는 '아빠, 아버지'나 '아바, 아버지'는 우리말의 아빠, 아버지가 아닙니다. 원래 '아빠'라고 하는 말은 '아람어'로 예수님 당시에 사용되던 말입니다. 아람어의 '아빠'는 '아버지'를 말하는 것입니다. 발음 그대로 옮기는 것을 '음역'이라고 하는데 개역개정판에서는 '아빠'라고 음역을 했고, 개역한글판에서는 '아바'라고 음역을 한 것입니다. 그래서 영어성경에도 보면 그대로 음역을 해서 'Abba, Father'이라고 되어 있고, 헬라어에는 '아빠, 파테르'라고 되어있습니다. 그러니까 그 발음 그대로 옮겨 놓은 것입니다. 개역개정판 성경을 잘 보면 '아빠'라고 하는 말의 글씨체가 고딕체로 되어 있는 것을 볼 수 있는데 이것은 이 말이 원래 우리말이 아니라는 것을 나타내고 있는 것입니다. 성경에 보면 '인명'이나 '지명', '외국어'는 고딕체로 표기하고 있습니다. 참 신기하지 않습니까? 우리말도 '아버지'를 '아빠'라고 하고, 아람어도 '아버지'를 '아빠'라고 합니다. 바벨탑 사건이 있기 전에는 이 세상의 모든 언어가 하나로 다 통했습니다. 그런데 바벨탑 사건이 있고 난 뒤에 하나님께서 이 세상의 사람들을 흩으시면서 각 나라의 말을 주셨는데, 아마도 '아빠'라는 말은 바벨탑 사건이 있기 전에 '아버지'를 부르던 호칭이 아니었나 생각합니다. 그러니까 아람어도 '아빠', 우리 한국말도 '아빠', 영어는 조금 다르지만 '파파', 모두 비슷합니다.

중요한 것은 우리가 하나님을 '아버지'로 부를 수 있게 되었다는 것입니다. 이것은 보통 축복이 아닙니다. 우리는 원래 죄인들이었습니다. 그리고 하나님은 거룩하신 분입니다. 죄인이 어떻게 감히 하나님을 '아버지'라고 부를 수 있겠습니까. 그런데 지금 우리가 그렇게 부르고 있습니다. 하나님께서 우리를 의롭다 해주시고, 하나님의 자녀로 삼아주셨기 때문에 그렇게 부를 수 있게 된 것입니다. 얼마나 놀라운 축복입니까. 본문 15절에 보면 '양자'라는 말을 쓰고 있습니다. 엄격히 말하면 우리가 하나님의 자녀는 자녀인데 '양자'입니다. 원래는 예수 그리스도가 하나님의 아들입니다. 그런데 우리는 예수 그리스도를 통해서 하나님의 양자가 되었습니다. 하나님이 우리의 아버지가 되어 주신 것이 감사하지 않습니까? 우리 같은 죄인들을 하나님께서 용서해 주시고, 의롭다 해주시고, 아들로 삼아주셨으니 말입니다. 이것이 하나님께서 우리에게 베풀어 주신 은혜요, 축복입니다.

종으로 살던 사람이 어떤 부잣집의 양자나 양녀로 들어가도 굉장한 축복인데 우리들은 그것과 비교할 수 없는 거룩하시고 우주만물의 주인이 되시는 하나님의 양자, 양녀가 되었으니 얼마나 복 받은 사람들입니까. 그러므로 이 세상을 살아갈 때 특별히 걱정할 필요가 없습니다. 살면서 어려운 일도 당하고, 힘든 일도 당하지만 염려할 필요 없습니다. 하나님이 우리의 아버지이신데 걱정할 것이 무엇이 있겠습니까. 하나님을 아버지로 두고 있으면서도 염려하고 걱정하는 사람들은 재벌그룹 회장님의 아들이나 며느리가 "오늘 무엇을 먹을까?" "오늘 무엇을 입을까?" 걱정하는 것과 똑같습니다. 우리 하나님이 재벌그룹 회장만 못합니까? 상대가 안 되지요. 어떻게 감히 우리 하나님을 한 인간에 비교할 수 있겠습니까. 그러므로 우리가 살아갈 때에 염려할 필요가 없는 것입니다.

우리 예수님이 하시는 말씀을 보십시요.

"공중의 새를 보라 심지도 않고 거두지도 않고 창고에 모아들이지도 아니하되 너희 하늘 아버지께서 기르시나니 너희는 이것들보다 귀하지 아니하냐"(마 6:26).

공중에 나는 새를 우리 하나님 아버지께서 먹인다고 하셨습니다. 그런데 우리는 공중의 새보다 훨씬 더 귀한 존재입니다. 사람이고, 더군다나 하나님의 자녀들인데 그런 우리들을 하나님이 굶기시겠습니까? 그러니 염려할 필요가 없다는 것입니다.

"오늘 있다가 내일 아궁이에 던져지는 들풀도 하나님이 이렇게 입히시거든 하물며 너희일까보냐 믿음이 작은 자들아"(마 6:30).

들풀도 하나님이 입히시고 계십니다. 하나님이 입히시는 들풀, 얼마나 아름답습니까. 하물며 우리들을 입혀주시지 않으시겠습니까. 우리들에게 믿음이 없는 것이 문제이지 믿음만 있으면 전혀 염려할 필요가 없습니다.

"이는 다 이방인들이 구하는 것이라 너희 하늘 아버지께서 이 모든 것이 너희에게 있어야 할 줄을 아시느니라"(마 6:32).

하나님께서 우리의 모든 필요를 다 안다고 하셨습니다. 하나님이 알고 계신다면 공급해 주실 것이기 때문에 우리가 걱정할 필요가 없습니다. 염려가 있으면 다 하나님께 맡겨 버리십시오.

"너희 염려를 다 주께 맡기라 이는 그가 너희를 돌보심이라"(벧전 5:7).

셋째, 우리로 하여금 거룩한 삶, 하나님께 영광 돌리는 삶을 살게 해 주시므로 축복입니다.

"육신을 따르지 않고 그 영을 따라 행하는 우리에게 율법의 요구가 이루어지게 하려 하심이니라"(롬 8:4).

여기서 말하는 '율법의 요구'가 무엇일까요? 율법이 사람들에게 요구하는 것이 참 많습니다. 십계명만 하더라도 우리에게 열 가지를 요구하고 있습니다. 그런데 율법이 결국 우리에게 요구하는 것은 딱 한 가지입니다. 그것은 '거룩함'입니다. '거룩한 삶을 살라'고 하는 것이 율법의 요구입니다.

"내가 거룩하니 너희도 거룩할지어다"(레 11:45b).

"너희는 거룩하라. 이는 나 여호와 너희의 하나님이 거룩함이니라"(레 19:2b).

하나님처럼 거룩한 삶을 살라는 것이 율법의 요구입니다. 우리가 율법 하에서, 부패한 양심을 가지고 살았을 때에는 그런 삶을 살 수가 없었습니다. 율법의 요구를 만족시킬 수가 없었습니다. 힘든 것이지요. 그런데 우리가 예수님을 영접한 뒤에는 하나님께서 우리에게 성령님을 선물로 보내주셔서 그 성령님이 우리로 하여금 거룩한 삶을 살도록 도와주시게 되었습니다. 성령의 인도하심만 온전히 따르면 우리가 거룩한 삶을 살 수 있습니다. 그렇게 하나님께 영광 돌리는 것이 하나님께서 우리들을 구원하신 목적입니다.

율법 아래서 신앙생활하는 사람하고, 하나님의 은혜 아래서 성령의 인도함을 받아 신앙생활하는 사람하고 누가 더 신앙생활을 잘할 것 같습니까? 은혜 아래 있는 사람이 훨씬 더 신앙생활을 잘하고, 삶도 훨씬 낫습니다. 왜냐하면 율법은 사람들에게 '하라', '하지마라' 라고 하며, 한 가지라도 어기면 당장 정죄해 버리기 때문에 사람이 편안하게 살아갈 수 없고, 위축될 수밖에 없습니다. 그래서 율법적으로 신앙생활하는 사람들은 자유함이 없습니다. 그런데 지금도 율법적인 마음으로 신앙생활을 하는 사람들이 참 많이 있습니다. 주일 안 지키면 큰 일 나고, 십일조 안 드리면 큰 일 나는 줄 압니다. 그게 율법적인 마음입니다. 주일을 지키지 않아도 괜찮다는 소리가 아닙니다. 우리는 주일날 율법적인 차원에서 교회에 가는 것이 아닙니다. 하나님의 은혜를 생각하면서 감사해서 예배 드리러 가는 것입니다. 하나님의 은혜 아래 사는 사람은 십일조도 기쁨과 즐거움으로 합니다. 하나님의 은혜를 생각하면 너무 너무 감사해서 십일조뿐 아니라 십의 이조도 드리고, 모든 것 다 드리고 싶은데 그냥 최소한으로 드리는 것이 십일조입니다.

그래서 율법적으로 신앙생활을 하는 사람들은 자유함이 없는데 은혜 아래에서 성령의 인도함을 받으며 신앙생활을 하는 사람들은 자유함이 있습니다. 마음에 기쁨이 있습니다. 그리고 모든 것을 자율적으로 하게 됩니다. 그러니 일의 효율을 놓고 볼 때 어느 쪽이 더 효율적이겠습니까? 은혜 쪽이 훨씬 낫지요. 성령을 따라 살면 그렇게 살게 되어 있습니다.

"육신의 생각은 사망이요 영의 생각은 생명과 평안이니라"(롬 8:6)

우리가 성령님을 따라서 생활하다 보면 결국 우리가 얻는 것은 생명이고, 마음의 평안입니다. 그러나 율법적으로는 아무리 애를 써도 이런 마음의 평화가 얻어지지 않습니다.

"육신에 있는 자들은 하나님을 기쁘시게 할 수 없느니라"(롬 8:8).

육신적인 사람은 절대로 하나님을 기쁘시게 못합니다. 그러나 성령의 인도함을 받으며 살아가는 사람들은 하나님을 기쁘시게 합니다. 생활이 성령충만하고 거룩한 삶을 살기 때문에 그것이 가능한 것입니다. 이런 삶을 살아가는 것이 하나님의 축복이고, 행복입니다.

그런데 우리의 생활을 돌아보면 때로는 성령충만하지 못하고, 거룩하게 살지 못하는 우리 자신들을 보게 됩니다. 그 이유는 육신에게 져서 육신대로 살기 때문에 그렇습니다. 우리 마음속에는 성령이 계시지만, 우리에게는 여전히 육신도 있고, 죄성도 있습니다. 성령만 따라가면 항상 거룩하게 살 수 있는데 우리가 한 번씩 육신을 따라갑니다. 육신에게 져버립니다. 그래서 때로는 실수도 하게 되고, 범죄도 하게 되는 것입니다. 본문은 이렇게 이야기합니다.

"그러므로 형제들아 우리가 빚진 자로되 육신에게 져서 육신대로 살 것이 아니니라 너희가 육신대로 살면 반드시 죽을 것이로되 영으로써 몸의 행실을 죽이면 살리니 무릇 하나님의 영으로 인도함을 받는 사람은 곧 하나님의 아들이라"(롬 8:12-14).

육신에게 져서 육신대로 살지 말고, 몸의 행실을 죽이고 하나님의 영의 인도함을 받으라는 것입니다. 이것이 거룩한 삶을 살아갈 수 있는 비결이고, 죄짓지 않는 비결입니다. 그런데 이러한 삶을 살아 가려면 우리가 '생각'을 잘해야 합니다. 내가 어떤 쪽을 선택해서 행동할 것인가를 잘 생각해야 합니다. 5절에서 7절까지를 보면 '생각'이라는 단어가 여러 번 나옵니다.

"육신을 따르는 자는 육신의 일을, 영을 따르는 자는 영의 일을 생각하나니 육신의 생각은 사망이요 영의 생각은 생명과 평안이니라 육신의 생각은 하나님과 원수가 되나니 이는 하나님의 법에 굴복하지 아니할 뿐 아니라 할 수도 없음이라"(롬 8:5-7).

내가 육신을 따를 것인가, 성령을 따를 것인가 '생각'을 잘해야 되는 것입니다. 결국 내가 어느 쪽을 선택할 것인가에 따라서 우리의 행실이 달라지고, 우리의 삶이 달라집니다. 항상 성령의 생각을 따르면서 살아갈 수 있어야 하겠습니다. 영어성경에서는 '생각'을 'mind', '마음'이라고 표현해놓았습니다. '어디 어디에 마음을 둔다', '어디 어디에 마음을 쓴다' 이렇게 표현했는데 생각이나 마음은 결국 같은 것입니다. 그래서 우리가 생각을 잘 해야 하고, 마음 관리를 잘 해야 되는 것입니다.

"모든 지킬만한 것 중에 더욱 네 마음을 지키라 생명의 근원이 이에서 남이니라"(잠 4:23).

"내 아들아 너는 듣고 지혜를 얻어 네 마음을 바른 길로 인도할 지니라"(잠 23:19).

우리의 마음속에는 육신의 생각도 있고, 성령의 생각도 있습니다. 매 순간마다 육신의 생각은 죽이고, 성령의 생각을 따라, 거룩하게, 하나님께 영광 돌리며 살아갑시다.

넷째, 우리에게 영원한 소망을 주셨으므로 축복입니다.

"예수를 죽은 자 가운데서 살리신 이의 영이 너희 안에 거하시면 그리스도 예수를 죽은 자 가운데서 살리신 이가 너희 안에 거하시는 그의 영으로 말미암아 너희 죽을 몸도 살리시리라"(롬 7:11)

이 말씀은 부활에 대한 말씀입니다. 이 세상에 태어난 모든 사람들은 언젠가 한 번은 죽습니다. 아무리 예수님을 잘 믿는 사람이라도 예외가 없습니다. 우리 인생들이 죽는 것을 생각하면 인생이 참 허무하게 느껴집니다. 그런데 우리 예수 믿는 사람들에게는 '부활의 소망'이 있다는 것을 기억해야 합니다. 이것이 믿지 않는 사람들과 믿는 사람들의 결정적인 차이점입니다. 믿지 않는 사람들은 '부활의 소망'이 없습니다. 그러나 믿는 우리들에게는 '부활의 소망'이 있습니다. 그래서 예수 믿는 사람들은 죽음을 극복한 사람들입니다. 죽음을 두려워하지 않는 사람들입니다. 우리 교회 전도집회 때 복음성가 가수 이정림 자매가 와서 귀한 찬양을 들려준 적이 있습니다. 이 자매는 찬양 중에 자기가 말레이지아에 갔을 때 그 나라의 매우 높은 지위에 있는 분의 집에 가서 노래한 경험을 들려주었습니다. 그 분은 집에 없는 것이 없고, 세상적으로 최고의 권세를 누리는 사람으로 연세가 많은 분이었습니다. 건강이 안 좋아서 이 제는 세상 떠날 날을 바라보며 코에는 호수가 꽂혀있고, 몸도 제대로 못 움직이는 그런 분이었습니다. 이 분이 죽음이 두렵다고 이야기했다는 것입니다. 그리고 죽고 싶지 않다는 것이었습니다. 세상적으로는 모든 것을 다 누렸지만 이제 죽음이 다가오게 되니 너무도 두렵다는 것이지요. 어디 이 분만 그렇겠습니까. 예수님을 알지 못하고 살아가는 사람들의 마음속에는 죽음에 대한 공포가 다 있습니다. 젊었을 때는 죽음을 잊고 살아갈 수 있습니다. 그러나 막상 죽음 앞에 다가서면 '아이고 큰일 났구나. 조금만 더 살았으면 좋겠는데…' 이런 생각을 다 가지게 됩니다. 그런데 우리 예수 믿는 사람들은 죽음을 두려워하지 않습니다. 역사적으로 얼마나 많은 순교자들이 그들의 목숨을 기꺼이 주님을 위해 드렸습니까. 그들은 죽음을 두려워하지 않았습니다. 기꺼이 당당하게 죽음을 맞이했습니다. 어떤 사람은 사자의 밥이 되고, 어떤 사람은 톱에 켜서 죽고, 또 어떤 사람은 물에 빠뜨림을 당해서 죽고, 칼에 맞아 죽고. 별별 방법으로 죽임을 당하게 되었지만 그들은 죽음을 두려워하지 않고 당당하게 죽음을 맞이했다는 사실입니다. 그렇게 할 수 있었던 것은 그들에게 '부활의 소망'이 있었기 때문입니다. 하나님께서 그들에게 용기를 주시고, 죽음이 두렵지 않은 마음을 주셨기 때문에 당당하게 죽음을 맞이할 수 있었던 것입니다.

결국 우리들도 언젠가는 다 죽음 앞에 서게 됩니다. 그러나 정말 구원받은 확신이 있는 사람은 죽음을 두려워하지 않아도 됩니다. 죽는 그 순간 우리의 영혼은 이미 주님 나라에 들어갈 것이기 때문입니다. 우리 안에 이러한 영원한 소망이 있는 것이 참 감사한 일입니다. 우리가 이런 부활의 소망을 가질 수 있게 된 것은 예수님께서 부활하셨기 때문에 가능한 일입니다. 만약에 예수님이 부활하지 못하셨다면 우리도 부활의 소망을 가질 수 없습니다. 그런데 예수님은 실제로 부활하셨습니다. 그리고 우리에게 부활을 약속해 주셨습니다.

"나는 부활이요 생명이니 나를 믿는 자는 죽어도 살겠고 무릇 살아서 나를 믿는 자는 영원히 죽지 아니하리니 이것을 네가 믿느냐"(요 11:25-26).

우리 주님이 물으십니다. "부활의 소망을 믿느냐?" 여러분이 정말 예수 그리스도를 여러분의 주님으로 모셔 들였다면 이 소망을 붙들고 살아갈 수 있습니다. 죽음이 더 이상 두렵지 않습니다.

그래서 사도 바울은 이렇게 이야기했습니다.

"사망아 너희의 승리가 어디 있느냐 사망아 너희의 쏘는 것이 어디 있느냐"(고전 15:55).

우리가 부활의 소망을 가지고 있다면 우리도 죽음을 향해서 이렇게 외칠 수 있습니다. "사망아 너희의 이기는 것이 어디 있느냐. 너희의 쏘는 것이 어디 있느냐. 나는 네가 전혀 두렵지 않다." 예수 믿는 사람들만이 이런 고백을 할 수 있습니다.

"자녀이면 또한 상속자 곧 하나님의 상속자요 그리스도와 함께 한 상속자니 우리가 그와 함께 영광을 받기 위하여 고난도 함께 받아야 할 것이니라"(롬 8:17).

이 말씀에는 우리가 '하나님의 상속자'라고 이야기하고 있습니다. 하나님의 자녀가 되었으니 하나님의 상속자가 되는 것은 너무나 당연한 일이지요. 하나님의 상속자가 되었다고 하는 말은 '하나님이 계시는 그 천국이 이제는 나의 것이 되었다, 우리의 것이 되었다'고 하는 말씀입니다.

천국이 어떤 곳인지 알고 계십니까?

천국은 정말 좋은 곳입니다. 슬픔도 없고, 눈물도 없고, 괴로움과 아픔, 고통, 이별, 그리고 죽음도 없는 곳입니다. 요한계시록 21장을 읽어보면 천국이 너무너무 아름다운 곳임을 우리가 발견하게 됩니다. 천국은 한 '성' 입니다. 아름다운 한 '성' 인데 모든 재료가 다 황금과 보석으로 꾸며져 있습니다. 천국의 길은 황금으로 되어 있는데, 보통 황금이 아니라 맑은 유리 같은 정금으로 되어있습니다. 맑은 유리 같은 정금! 그러니 그 천국 길이 얼마나 아름답겠습니까. 그리고 그 황금길 사이로 강이 흐르고 있는데 수정 같이 맑은 생명수 강이 흐르고 있습니다. 또, 그 옆 강가에는 사시사철 생명과일을 맺는 생명나무가 있습니다. 이런 천국에서 우리가 영원히 사는 것입니다. 이 천국 생각하면 얼마나 천국에 가고 싶은지 모릅니다. 너무 너무 가고 싶습니다. 이 아름다운 천국에서 우리 주님과 영원히 살 수 있으니 얼마나 좋습니까. 그러니 우리가 복 받은 사람들입니다. 그러므로 우리가 현재 이 땅에서는 가난하게 살더라도 너무 실망할 것 없습니다. 천국이 우리를 기다리고 있습니다. 이 땅에서 별로 건강이 좋지 못하다고 해서 낙심하지 마십시오. 천국에 가면 가장 건강한 모습, 가장 좋은 모습, 가장 아름다운 모습으로 영원히 살 것이기 때문입니다. 이것이 우리가 가지고 있는 '천국의 소망'이고, '영원한 소망' 입니다.

이 땅을 살아갈 때에는 많은 어려움을 당할 수 있습니다. 고난도 당할 수 있습니다. 또 특별히 우리 예수 믿는 사람들은 예수 믿는 것 때문에 많은 어려움도 경험할 수 있습니다. 그래서 본문 17절에도 "그와 함께 영광을 받기 위하여 고난도 함께 받아야 할 것이니라"라고 말씀하고 있습니다. 우리가 예수 믿는 것 때문에 때로는 고난을 당하고, 핍박도 받을 수 있지만 우리는 참을 수 있습니다. 왜냐하면 우리가 누리게 될 영광이 이 땅에서 당하는 고난보다 훨씬 더 크기 때문입니다.

"생각하건대 현재의 고난은 장차 우리에게 나타날 영광과 비교할 수 없도다"(롬 8:18).

순교자들은 그 영광을 바라보면서 기꺼이 죽을 수 있었습니다. 우리들도 예수 믿는 것 때문에 직장에서, 가정에서 어려움을 겪을 수 있지만 우리에게 주어질 그 놀라운 영광을 생각하면서 잘 참아야 합니다. 잘 참고 인내하면 하나님께서 큰 영광으로 우리들에게 돌려주실 것입니다. 이것이 우리가 가지고 있는 소망입니다. 그래서 우리는 행복하고 축복받은 사람들인 것입니다.

10
고난 중에도 소망이

(롬 8:18-39)

롬 8:18-39

18. 생각하건대 현재의 고난은 장차 우리에게 나타날 영광과 비교할 수 없도다
19. 피조물이 고대하는 바는 하나님의 아들들이 나타나는 것이니
20. 피조물이 허무한 데 굴복하는 것은 자기 뜻이 아니요 오직 굴복하게 하시는 이로 말미암음이라
21. 그 바라는 것은 피조물도 썩어짐의 종 노릇 한 데서 해방되어 하나님의 자녀들의 영광의 자유에 이르는 것이니라
22. 피조물이 다 이제까지 함께 탄식하며 함께 고통을 겪고 있는 것을 우리가 아느니라
23. 그뿐 아니라 또한 우리 곧 성령의 처음 익은 열매를 받은 우리까지도 속으로 탄식하여 양자 될 것 곧 우리 몸의 속량을 기다리느니라
24. 우리가 소망으로 구원을 얻었으매 보이는 소망이 소망이 아니니 보는 것을 누가 바라리요
25. 만일 우리가 보지 못하는 것을 바라면 참음으로 기다릴지니라
26. 이와 같이 성령도 우리의 연약함을 도우시나니 우리는 마땅히 기도할 바를 알지 못하나 오직 성령이 말할 수 없는 탄식으로 우리를 위하여 친히 간구하시느니라
27. 마음을 살피시는 이가 성령의 생각을 아시나니 이는 성령이 하나님의 뜻대로 성도를 위하여 간구하심이니라
28. 우리가 알거니와 하나님을 사랑하는 자 곧 그의 뜻대로 부르심을 입은 자들에게는 모든 것이 합력하여 선을 이루느니라
29. 하나님이 미리 아신 자들을 또한 그 아들의 형상을 본받게 하기 위하여 미리 정하셨으니 이는 그로 많은 형제 중에서 맏아들이 되게 하려 하심이니라
30. 또 미리 정하신 그들을 또한 부르시고 부르신 그들을 또한 의롭다 하시고 의롭다 하신 그들을 또한 영화롭게 하셨느니라
31. 그런즉 이 일에 대하여 우리가 무슨 말 하리요 만일 하나님이 우리를 위하시면 누가 우리를 대적하리요
32. 자기 아들을 아끼지 아니하시고 우리 모든 사람을 위하여 내주신 이가 어찌 그 아들과 함께 모든 것을 우리에게 주시지 아니하겠느냐
33. 누가 능히 하나님께서 택하신 자들을 고발하리요 의롭다 하신 이는 하나님이시니
34. 누가 정죄하리요 죽으실 뿐 아니라 다시 살아나신 이는 그리스도 예수시니 그는 하나님 우편에 계신 자요 우리를 위하여 간구하시는 자시니라
35. 누가 우리를 그리스도의 사랑에서 끊으리요 환난이나 곤고나 박해나 기근이나 적신이나 위험이나 칼이랴
36. 기록된 바 우리가 종일 주를 위하여 죽임을 당하게 되며 도살당할 양 같이 여김을 받았나이다 함과 같으니라
37. 그러나 이 모든 일에 우리를 사랑하시는 이로 말미암아 우리가 넉넉히 이기느니라
38. 내가 확신하노니 사망이나 생명이나 천사들이나 권세자들이나 현재 일이나 장래 일이나 능력이나
39. 높음이나 깊음이나 다른 어떤 피조물이라도 우리를 우리 주 그리스도 예수 안에 있는 하나님의 사랑에서 끊을 수 없으리라

"사람은 고생을 위하여 났으니 불꽃이 위로 날아가는 것 같으니라"(욥 5:7).

이 말씀의 의미를 아시겠습니까? 불을 피우면 반드시 불꽃이 있고, 불꽃은 위로 올라갑니다. 불꽃이 밑으로 내려가지는 않습니다. 그것과 마찬가지로 우리의 인생에는 많은 고생과 고난이 있다는 말씀입니다. 시편 90편 10절에도 "우리의 연수가 칠십이요 강건하면 팔십이라도 그 연수의 자랑은 수고와 슬픔뿐이요"라는 말씀이 있습니다. 우리가 인생을 살아가다 보면 참 많은 고생을 하며 살아갑니다. 많은 고난이 우리들 삶 가운데 찾아오는 것을 볼 수 있습니다. 그런데 고생하고 고난당하는 것은 인생뿐만이 아닙니다. 본문의 말씀에 의하면 모든 피조물이 다 고생하고 있고, 고난당하면서 살아간다고 말씀하고 있습니다.

"피조물이 다 이제까지 함께 탄식하며 함께 고통을 겪고 있는 것을 우리가 아느니라"(롬 8:22).

이 말씀은 만물이 고통당하는 것을 의인화한 표현입니다. 왜 피조물이 신음하고 있을까요? 왜 피조물들이 고통당하고 있을까요? 그 이유는 바로 인간들 때문입니다. 인간이 범죄했을 때 하나님의 저주가 인간에게 임했습니다. 그 때 단지 인간뿐 아니라, 모든 피조물들이 함께 저주를 당했습니다. 창세기 3장 17절에 보면 범죄한 아담에게 하나님께서 저주하시는 내용이 나옵니다.

"아담에게 이르시되 네가 네 아내의 말을 듣고 내가 네게 먹지 말라 한 나무의 열매를 먹었은즉 땅은 너로 말미암아 저주를 받고 너는 네 평생에 수고하여야 그 소산을 먹으리라"(창 3:17).

하나님께서 아담을 저주하셨을 뿐만 아니라 땅도 아담으로 말미암아 저주를 받게 되었습니다. 그래서 그 때부터 땅은 가시덤불과 엉겅퀴를 내기 시작했습니다. 그리고 땅만 저주받은 것이 아니라, 땅 위에 있는 동물과 식물 등 모든 것이 다 저주를 받았습니다. 그래서 식물에 가시가 생기기 시작하였고, 동물은 사나와지기 시작하였습니다. 저주 받기 전에는 그렇지 않았습니다. 땅은 너무도 비옥하고 좋았습니다. 식물들은 아름답게 피어 있었고, 동물들은 매우 온순했습니다. 그러나 하나님의 저주로 인해서 땅과 모든 만물과 모든 피조물들이 고통당하게 되었고, 사람에게 안 좋은 것을 주게 되었습니다. 그래서 사람뿐만 아니라 모든 피조물들도 저주와 고통에서 벗어나길 간절히 원하고 있습니다.

피조물들이 고대하고 바라는 것

"피조물이 고대하는 바는 하나님의 아들들이 나타나는 것이니 피조물이 허무한 데 굴복하는 것은 자기 뜻이 아니요 오직 굴복하게 하시는 이로 말미암음이라 그 바라는 것은 피조물도 썩어짐의 종 노릇 한 데서 해방되어 하나님의 자녀들의 영광의 자유에 이르는 것이니라"(롬 8:19-21).

피조물이 고대하는 것이 있고 바라는 것이 있다고 말씀하고 있는데 '하나님의 아들들'이 나타나기를 바란다고 이야기하고 있습니다. 여기에 나오는 '하나님의 아들들'은 '구원받은 하나님의 백성들', '성도들'을 이야기하는 것입니다. 그리고 '나타나기를 바란다'는 말은 '구원받은 백성들이 새로운 모습, 즉 부활한 몸으로 나타날 것을 기다린다'는 것을 의미합니다. 이 일은 예수님께서 재림하실 때 일어나게 됩니다. 21절에도 피조물이 저주와 고통으로부터

'해방' 되기를 원한다는 말씀이 있습니다. 언제 그런 일이 일어나는가 하면, 21절을 보면 '하나님의 자녀들이 영광의 자유에 이르는 그 날' 모든 만물이 해방을 누리게 됩니다. 이것도 물론 예수님께서 다시 오실 때 이루어질 일입니다. 더 정확하게 말하면 예수님께서 오신 이후에 이 땅 위에는 천년왕국이 펼쳐지게 됩니다. 그 기간에 우리들은 새로운 몸을 입고 천년왕국에 들어가게 될 것이고, 모든 우주만물도 새롭게 창조함을 받게 될 것입니다.

"그 때에 이리가 어린 양과 함께 살며 표범이 어린 염소와 함께 누우며 송아지와 어린 사자와 살진 짐승이 함께 있어 어린 아이에게 끌리며 암소와 곰이 함께 먹으며 그것들의 새끼가 함께 엎드리며 사자가 소처럼 풀을 먹을 것이며 젖 먹는 아이가 독사의 구멍에서 장난하며 젖 뗀 어린 아이가 독사의 굴에 손을 넣을 것이라"(사 11:6-8).

이 말씀은 천년왕국 때 일어날 일들입니다. 지금은 사자, 뱀, 곰이 얼마나 무서운 동물입니까? 그런데 천년왕국이 되면 이 사나운 동물들이 저주와 고통에서 벗어나 다시 원래대로 온순해집니다. 그 때는 어린 아이들이 사자와 함께 놀 수 있고, 독사의 구멍에 손을 넣어도 다치지 않습니다.

"광야와 메마른 땅이 기뻐하며 사막이 백합화 같이 피어 즐거워하며 무성하게 피어 기쁜 노래로 즐거워하며 레바논의 영광과 갈멜과 샤론의 아름다움을 얻을 것이라 그것들이 여호와의 영광 곧 우리 하나님의 아름다움을 보리로다"(사 35:1-2).

"그 때에 맹인의 눈이 밝을 것이며 못 듣는 사람의 귀가 열릴 것이며 그 때에 저는 자는 사슴 같이 뛸 것이며 말 못하는 자의 혀는 노래하리니 이는 광야에서 샘물이 솟겠고 사막에서 시내가 흐를 것임이라 뜨거운 사막이 변하여 못이 될 것이며 메마른 땅이 변하여 원천이 될 것이며 승냥이의 눕던 곳에 풀과 갈대와 부들이 날 것이며"(사 35:5-7).

이것도 역시 천년왕국에서 일어날 일들인데, 천년왕국이 되면 사막이 옥토가 되어 아름다운 땅으로 변하게 될 것입니다. 지금 이 지구상의 많은 땅들 중에 상당수가 사막이나 광야로 못 쓰는 땅, 사람을 죽이는 땅이 되었습니다. 그 모든 것이 다 저주 때문에 그렇게 된 것입니다. 그러나 천년왕국이 오면 모든 땅들도 다시 살아나게 됩니다.

그 외에도 이사야 65장 25절에 모든 만물이 다시 새롭게 되고 짐승들도 온순하게 될 것을 이야기하고 있습니다. 그래서 예수님께서 이 땅에 다시 오시는 그 날은 우리들에게도 소망의 날이지만 모든 피조물에게도 소망의 날이라는 것입니다. 우리 모두는 지금 그 날을 기다리며 살아가고 있습니다.

"그 뿐 아니라 또한 우리 곧 성령의 처음 익은 열매를 받은 우리까지도 속으로 탄식하여 양자 될 것 곧 우리 몸의 속량을 기다리느니라"(롬 8:23).

우리 몸이 속량을 기다린다고 하는 것은 우리 몸이 변화될 것을 말하는 것입니다. 예수님께서 다시 오시는 그 날, 우리 몸은 죽지 않는 아름다운 몸으로 변화될 것입니다. 그리고 천년왕국에서 예수 그리스도와 함께 왕 노릇하게 될 것입니다. 이것이 우리가 가지고 있는 소망입니다.

우리가 어떻게 하면 현재의 이 고난의 삶에서 벗어날 수 있을까요?

사람들을 살펴보면 그 관심사가 주로 미래에 대한 소망이 아니라, 어떻게 지금 당장 겪고 있는 고통에서 벗어날 것인가 하는 것입니다. 본문은 우리가 어떻게 하면 현재의 이 고난의 삶에서 벗어날 수 있는가 하는 것을 가르쳐 주고 있습니다. 본문을 통해 네 가지 사실을 잘 기억하고 산다면 지금 우리들이 당하고 있는 고난을 더욱 잘 극복하며 살아갈 수 있을 것입니다.

첫째, 현재의 고난은 장차 우리에게 나타날 영광과 비교할 수 없다는 사실을 기억해야 합니다.

"생각하건대 현재의 고난은 장차 우리에게 나타날 영광과 비교할 수 없도다"(롬 8:18).

모든 인생들에게는 고생과 고난이 있다고 했습니다. 특별히 우리 그리스도인들은 예수 믿는 것 때문에 더 많은 고난이 있을 수 있습니다. 예수 안 믿었다면 당하지 않아도 될 핍박을 당하기도 합니다. 그래서 많은 고난, 환난이 우리에게 있습니다. 그 때 기억해야 할 것은 지금 당하고 있는 이 고난은 장차 나에게 임할 그 영광에 비하면 아무것도 아니라는 것입니다. 그것을 생각할 수 있다면 지금의 고난이 큰 문제가 안 될 것입니다.

"오히려 너희가 그리스도의 고난에 참여하는 것으로 즐거워하라 이는 그의 영광을 나타내실 때에 너희로 즐거워하고 기뻐하게 하려 함이라"(벧전 4:13).

우리에게 고난이 있고 핍박이 있는데 어떻게 즐거워할 수 있을까요? 그것은 우리에게 영광이 있을 것이기 때문입니다. 그래서 초대교회 사도들이나 성도들은 고난이 왔을 때 실제적으로 즐거워하고 기뻐하며 살았던 것을 볼 수 있습니다.

"사도들은 그 이름을 위하여 능욕 받는 일에 합당한 자로 여기심을 기뻐하면서 공회 앞을 떠나니라"(행 5:41).

초대교회 사도들에게 핍박이 다가왔습니다. 공회 앞에 끌려가서 심문을 당하고 매도 맞았습니다. 그럼에도 불구하고 그들이 떠날 때는 기뻐하면서 떠났다고 말씀하고 있습니다. 어떻게 기뻐하며 떠날 수 있었을까요? 그들에게 주어질 영광을 바라보았기 때문에 환난과 핍박 앞에서도 오히려 기뻐하고 감사할 수 있었습니다. 고난이 있을 때 당장 눈앞에 보이는 고난만 보지 말고, 눈에는 보이지 않지만 언젠가 하나님께서 주실 그 영광을 미리 바라볼 수 있어야 하겠습니다. 고난은 잠시 있는 것이지만 우리에게 다가올 영광은 영원한 것입니다. 그 무엇과도 감히 비교할 수가 없는 것입니다.

"우리가 주목하는 것은 보이는 것이 아니요 보이지 않는 것이니 보이는 것은 잠깐이요 보이지 않는 것은 영원함이라"(고후 4:18).

고난이 있을 때, 지금 내가 당하고 있는 이 고난은 앞으로 맞이하게 될 영광에 비하면 아무것도 아니라는 생각을 하면서 힘내어 승리할 수 있기를 바랍니다.

둘째, 고난이 올 때 성령님께서 우리를 돕고 계시다는 사실을 기억해야 합니다.

"이와 같이 성령도 우리의 연약함을 도우시나니 우리는 마땅히 기도할 바를 알지 못하나 오직 성령이 말할 수 없는 탄식으로 우리를 위하여 친히 간구하시느니라 마음을 살피시는 이가 성령의 생각을 아시나니 이는 성령이 하나님의 뜻대로 성도를 위하여 간구하심이니라"(롬 8:26-27).

이 말씀을 보면 '성령도 우리의 연약함을 도우시나니' 라는 표현이 나옵니다. 우리가 연약한 존재임을 본문에서 이야기해 주고 있습니다. 우리는 연약한 존재여서 작은 고난 앞에서도 어쩔 줄 몰라하고, 쉽게 낙심하고, 좌절합니다. 고난이 있을 때, 기도라도 잘 해야 되는데 기도도 제대로 못합니다. 그 때 우리를 돕는 분이 계시는데 그 분이 성령님이십니다. 성령님이 구체적으로 어떻게 도와주시는가 하면 우리를 위해 대신 하나님께 간구해 주십니다.

그런 경험 해 보셨습니까? 너무 너무 아프거나 힘든 일이 있을 때는 기도가 잘 안 됩니다. 지금 몸이 아파 죽을 지경이라면 기도가 잘 되겠습니까? 짜증이 나고 괴로워서 기도가 잘 안 됩니다. 또 어떤 때는 기도할 힘이 없습니다. 기도도 힘이 있어야 하는데 정신적으로나 육체적으로나 너무 힘들면 기도가 잘 안 됩니다. 그리고 어떤 때는 기도를 하기는 해야겠는데 무엇을 어떻게 기도해야 할지 모르는 때도 있습니다. 기도를 하려면 하나님의 뜻대로 기도해야 하는데 이렇게 기도해야 할지, 저렇게 기도해야 할지 모를 때가 있습니다. 너무 상황이 복잡하게 꼬이면 진짜 어떻게 기도해야 할지 모르게 됩니다. 그럴 때 성령님께서 우리의 기도를 도와주신다는 사실입니다. 그러니 우리 그리스도인들이 얼마나 축복받은 사람들입니까. 우리를 도와주시는 성령님이 우리와 함께 하신다는 사실이 감사하지 않습니까? 그래서 성령님은 우리의 '돕는 자' 이십니다. 우리의 '격려자' 이시고, 우리의 '위로자' 이십니다. 요한복음 14장

26절에 보면 성령님을 '보혜사'라고 소개하고 있습니다. '보혜사'란 말은 '돕는 자', '위로자', '격려자', '상담자'란 의미입니다. 이런 성령님이 우리에게 계십니다. 성령님은 우리가 어렵고 힘들 때 우리 대신 하나님께 기도해 주시고, 우리를 위로하고 격려하십니다. 우리에게 성령님이 계시다는 사실을 기억하면서 고난이 있을 때 능히 승리할 수 있기를 바랍니다.

셋째, 하나님께서는 모든 것을 합력하여 선을 이루어 주신다는 사실을 기억해야 합니다.

로마서 8장 28절에는 유명한 말씀이 있습니다.

"우리가 알거니와 하나님을 사랑하는 자 곧 그의 뜻대로 부르심을 입은 자들에게는 모든 것이 합력하여 선을 이루느니라"(롬 8:28)

살다보면 어려운 일도 만나고, 힘든 일도 만납니다. 그런데 이 모든 일들을 통해 하나님께서 선을 이루어주신다고 약속하고 계십니다. 누구에게 그렇게 하시는가 하면 '하나님을 사랑하는 자 곧 그의 뜻대로 부르심을 입은 자들'에게 모든 것을 합력하여 선을 이루어 주십니다. 이 사람들이 바로 우리 그리스도인들, 하나님의 사람들입니다. 그런데 모든 그리스도인들이 여기에 해당되는 것 같지는 않습니다. 그리스도인들 중에서도 특별히 '하나님을 사랑하는' 그리스도인들에게 모든 일이 합력하여 선을 이루는 것입니다. 그러므로 중요한 것은 지금 나에게 일어나고 있는 일이 좋은 일인가, 나쁜 일인가가 아니라 내가 지금 하나님을 사랑하고 있는가, 아닌가가 중요합니다. 왜냐하면 내가 하나님을 진심으로 사랑하고 있다면 결국 하나님께서는 지금의 안 좋은 일까지도 나중에 아름다운 것으로 바꾸어 주실 것이고, 선을 이루어 주실 것이기 때문에 그렇습니다.

창세기에 요셉 이야기가 나옵니다. 요셉을 보면 이 말씀이 진리라는 것을 알게 됩니다. 요셉은 17살 때 형들의 미움을 받아 노예로 팔려갑니다. 노예로 일하던 집에서 열심히 잘하다보니 주인에게 인정을 받았지만, 주인 아내의 미움을 받아 감옥에 가는 신세가 되었습니다. 그럼에도 불구하고 요셉은 끝까지 하나님을 신뢰합니다. 하나님에 대한 사랑이 변치 않습니다. 요셉이 그렇게 했을 때 하나님께서는 안 좋은 모든 환경들을 통해서 결국 요셉을 애굽의 총리로 세워주시고 축복해 주셨습니다. 우리 하나님은 안 좋은 일, 가슴 아픈 일, 괴로운 일이라고 할지라도 모든 것을 합력하여 결국 선을 이루어 주시는 분이십니다. 요셉뿐만이 아닙니다. 이런 체험을 하신 분들이 많습니다. 저도 인생을 오래 산 것은 아니지만 살아가는 과정 중에 힘든 날도 있었고, 어려운 날도 있었습니다. 그러나 돌아보면 결국 다 하나님께서 합력하여 선을 이루어주신 것을 알 수 있습니다.

우리 하나님은 지금도 살아계십니다. 하나님을 신뢰하고, 하나님을 열심히 따르고, 하나님을 사랑하는 자들에게는 언젠가 모든 것이 합력해서 선을 이룬다는 사실을 믿으시고 확신 가운데 살아가시기를 바랍니다. 고난이 올 때 고난 자체만 보지 마시고, 고난 너머에 있는 축복과 유익을 미리 바라볼 수 있는 사람이 되시기 바랍니다.

'고난' 하면 떠오르는 인물이 있습니다. 욥입니다. 인류 역사상 가장 많은 고난을 당한 사람이 욥인데 욥이 고난을 당한 후에 이런 고백을 했습니다.

"내가 주께 대하여 귀로 듣기만 하였사오나 이제는 눈으로 주를 뵈옵나이다"(욥 42:5).

욥이 고난당하기 전에는 하나님에 대해 이론적으로, 막연하게 알았습니다. 그러나 고난을 통해서 그는 하나님을 정말 가깝게 느꼈고, 또 눈으로 보는 것처럼 그렇게 알게 되었다고 고백하고 있습니다. 고난을 통해서 사람들이 제일 크게 얻는 유익이 바로 이것입니다. 사람이 모든 일이 잘될 때는 하나님이 상당히 멀리 느껴질 때가 많습니다. 기도를 하려고 해도 어떤 때는 기도할 게 없습니다. 사실 감사할 것이 얼마든지 있는데도 불구하고 환경이 너무 좋을 때는 기도도 그냥 건성으로 대충합니다. 그러나 고난이 있을 때는 하나님께 간절히 매달리게 되고, 자신의 기도가 응답되었을 때는 충격을 받습니다. "아~ 하나님! 지금까지는 내가 하나님께 대하여 막연하게 알고 있었는데 환난 중에 기도하니까 하나님이 정말 들어주셨네요. 하나님은 정말 살아계시는 분이시군요." 그걸 깨닫게 되는 것입니다.

저는 어떤 때 어려웠던 시절이 그리워질 때가 있습니다. 그 때 하나님과 정말 가깝게 동행하는 삶을 살았고, 하나님의 위로를 가까이에서 경험할 수 있었거든요. 그리고 하나님께서 기도에 응답해 주셨을 때는 말로 다할 수 없는 기쁨이 있었습니다. 그만큼 고난에는 그것이 주는 축복과 유익이 있습니다.

"고난당한 것이 내게 유익이라 이로 말미암아 내가 주의 율례들을 배우게 되었나이다"(시 119:71).

고난당하기 전에는 하나님의 말씀을 이론적으로 알고 있을 때가 참 많습니다. 그러나 고난을 통해서 하나님 말씀이 정말 살아 역사하는 것을 느낄 수 있습니다. 이런 것이 고난이 주는 유익이고 축복입니다.

"다만 이뿐 아니라 우리가 환난 중에도 즐거워하나니 이는 환난은 인내를, 인내는 연단을, 연단은 소망을 이루는 줄 앎이로다"(롬 5:3-4).

고난이 올 때 고난만 보면서 불평하지 말고 고난 너머에 있는, 하나님께서 우리에게 주실 유익과 축복을 생각하면서 미리 감사할 수 있어야 하겠습니다. 우리에게는 모든 것을 합력하여 선을 이루어주시는 하나님이 계십니다.

넷째, 하나님이 우리를 위하시고, 하나님의 사랑이 우리와 함께 하신다는 사실을 기억해야 합니다.

"그런즉 이 일에 대하여 우리가 무슨 말 하리요 만일 하나님이 우리를 위하시면 누가 우리를 대적하리요"(롬 8:31).

"누가 우리를 그리스도의 사랑에서 끊으리요 환난이나 곤고나 박해나 기근이나 적신이나 위험이나 칼이랴"(롬 8:35).

"내가 확신하노니 사망이나 생명이나 천사들이나 권세자들이나 현재 일이나 장래 일이나 능력이나 높음이나 깊음이나 다른 어떤 피조물이라도 우리를 우리 주 그리스도 예수 안에 있는 하나님의 사랑에서 끊을 수 없으리라"(롬 8:38-39).

하나님이 우리를 위하시고, 하나님의 사랑이 우리와 함께 하십니다.

우리 그리스도인들이 당할 수 있는 가장 큰 고난이 있다면 무엇일까요? 아마 생명을 위협 당하는 일일 것입니다. 우리나라는 하나님의 은혜로 자유민주주의 국가여서 마음대로 복음을 전할 수 있고, 믿을 수 있는 복 받은 나라입니다. 신앙의 자유가 있는 국가이기 때문에 우리는 하나님 말씀을 자유롭게 들을 수 있고, 참 편안한 가운데 신앙생활을 할 수 있습니다.

그러나 지금도 예수 믿는 것을 마음대로 할 수 없는 그런 나라들이 있습니다. 예수를 믿거나 예수를 전하려면 감옥에 들어갈 각오를 해야 하고, 또 심한 경우에는 죽음을 각오해야 하는 그런 나라들이 이 지구상에는 많이 있습니다. 기독교 잡지를 보면 심심치 않게 한 번씩 어느 나라에서 누가 순교 당했다는 기사가 나옵니다. 지금도 순교는 계속 일어나고 있습니다. 우리나라가 편안해서 그렇지, 가까운 북한만 해도 그렇습니다. 예수 믿는 것이 적발되면 그 사람은 감옥에 가든지 사형 당하게 됩니다. 북한뿐만 아니라 많은 나라가 그런 상태에 놓여 있습니다. 그런데 그런 환난이라고 할지라도 하나님이 우리를 위하고 있다는 사실, 하나님의 사랑이 우리와 함께 하고 있다는 사실입니다. 그리고 이 세상의 그 어느 것도 우리를 하나님의 사랑에서 끊을 수 없다는 것입니다. 죽음의 위협이든지, 죽음 자체든지, 무엇이든지 간에 하나님의 사랑에서 우리를 끊어놓을 수 없습니다.

초대교회 사도들과 성도들은 정말 극심한 핍박 가운데 신앙생활을 하였습니다. 그럼에도 불구하고 그들이 신앙을 지키고, 신앙을 버리지 않았던 이유는 하나님이 지금 나를 위하고 있다, 하나님의 사랑이 나와 함께 하고 있다는 확신이 그들 마음속에 있었기 때문입니다. 그렇기 때문에 그들은 순교의 길을 걸어갈 수 있었습니다. 35절에 초대교회 사도들이 당했던 여러 가지 시련들이 열거되어 있습니다. 환난, 곤고, 박해, 기근, 적신, 위험, 칼⋯. 이것은 전혀 과장이 아닙니다. 예수 믿는 것 때문에 그들은 굶주려야 했고, 감옥에 들어가야 했으며, 옷을 벗은 채 쫓겨 다녀야 했고, 칼의 위협을 당하기도 했으며, 실제적으로 순교하기도 했습니다. 그럼에도 불구하고 그들이 믿음을 지킬 수 있었던 것은 그들이 하나님의 사랑을 붙들었기 때문입니다.

이 세상에서 가장 강한 것은 '사랑'입니다. 죽음보다 더 강한 것이 '사랑'입니다. 특별히 '하나님의 사랑'은 아무것도 끊을 수가 없습니다. 혹시 고난 중에 있는 사람이 있다면 지금 이 순간에도 하나님께서 나를 위하고 있고, 하나님의 사랑이 나와 함께 하고 있다는 사실을 마음속 깊이 믿고 확신하며 살아가시기 바랍니다. 지금도 우리 하나님은 살아계십니다. 우리가 믿는 예수 그리스도는 하나님 보좌 우편에 앉아 계십니다. 그 하나님을 바라보면서, 그 하나님과 함께 동행함으로 승리하시기를 바랍니다.

이 세상을 살다보면 참 많은 고난이 우리들에게 닥쳐옵니다. 그럼에도 불구하고 우리들에게는 소망이 있습니다. 이 땅의 삶이 전부라면 우리는 소망을 가질 수 없습니다. 낙심하고 좌절하는 것이 오히려 자연스러운 일입니다. 그러나 우리는 이 땅의 삶이 전부가 아니라는 것을 너무도 잘 알고 있습니다. 우리에게는 소망이 있습니다. 그 소망을 붙들고 살아감으로 승리하여 하나님께 큰 영광을 돌립시다.

"우리가 소망으로 구원을 얻었으매 보이는 소망이 소망이 아니니 보는 것을 누가 바라리요 만일 우리가 보지 못하는 것을 바라면 참음으로 기다릴지니라"(롬 8:24-25).

11

하나님의 구원계획

(롬 9:1–10:4)

롬 9장

1 내가 그리스도 안에서 참말을 하고 거짓말을 아니하노라 나에게 큰 근심이 있는 것과 마음에 그치지 않는 고통이 있는 것을 내 양심이 성령 안에서 나와 더불어 증언하노니

2 (1절에 포함됨)

3 나의 형제 곧 골육의 친척을 위하여 내 자신이 저주를 받아 그리스도에게서 끊어 질지라도 원하는 바로라

4 그들은 이스라엘 사람이라 그들에게는 양자 됨과 영광과 언약들과 율법을 세우신 것과 예배와 약속들이 있고

5 조상들도 그들의 것이요 육신으로 하면 그리스도가 그들에게서 나셨으니 그는 만물 위에 계셔서 세세에 찬양을 받으실 하나님이시니라 아멘

6 그러나 하나님의 말씀이 폐하여진 것 같지 않도다 이스라엘에게서 난 그들이 다 이스라엘이 아니요

7 또한 아브라함의 씨가 다 그의 자녀가 아니라 오직 이삭으로부터 난 자라야 네 씨라 불리리라 하셨으니

8 곧 육신의 자녀가 하나님의 자녀가 아니요 오직 약속의 자녀가 씨로 여기심을 받느니라

9 약속의 말씀은 이것이니 명년 이 때에 내가 이르리니 사라에게 아들이 있으리라 하심이라

10 그뿐 아니라 또한 리브가가 우리 조상 이삭 한 사람으로 말미암아 임신하였는데

11 그 자식들이 아직 나지도 아니하고 무슨 선이나 악을 행하지 아니한 때에 택하심을 따라 되는 하나님의 뜻이 행위로 말미암지 않고 오직 부르시는 이로 말미암아 서게 하려 하사

12 리브가에게 이르시되 큰 자가 어린 자를 섬기리라 하셨나니

13 기록된 바 내가 야곱은 사랑하고 에서는 미워하였다 하심과 같으니라

14 그런즉 우리가 무슨 말을 하리요 하나님께 불의가 있느냐 그럴 수 없느니라

15 모세에게 이르시되 내가 긍휼히 여길 자를 긍휼히 여기고 불쌍히 여길 자를 불쌍히 여기리라 하셨으니

16 그런즉 원하는 자로 말미암음도 아니요 달음박질하는 자로 말미암음도 아니요 오직 긍휼히 여기시는 하나님으로 말미암음이니라

17 성경이 바로에게 이르시되 내가 이 일을 위하여 너를 세웠으니 곧 너로 말미암아 내 능력을 보이고 내 이름이 온 땅에 전파되게 하려 함이라 하셨으니

18 그런즉 하나님께서 하고자 하시는 자를 긍휼히 여기시고 하고자 하시는 자를 완악하게 하시느니라

19 혹 네가 내게 말하기를 그러면 하나님이 어찌하여 허물하시느냐 누가 그 뜻을 대적하느냐 하리니

20 이 사람아 네가 누구이기에 감히 하나님께 반문하느냐 지음을 받은 물건이 지은 자에게 어찌 나를 이같이 만들었느냐 말하겠느냐

21 토기장이가 진흙 한 덩어리로 하나는 귀히 쓸 그릇을, 하나는 천히 쓸 그릇을 만들 권한이 없느냐

22 만일 하나님이 그의 진노를 보이시고 그의 능력을 알게 하고자 하사 멸하기로 준비된 진노의 그릇을 오래 참으심으로 관용하시고

23 또한 영광 받기로 예비하신 바 긍휼의 그릇에 대하여 그 영광의 풍성함을 알게 하고자 하셨을지라도 무슨 말 하리요

24 이 그릇은 우리니 곧 유대인 중에서 뿐 아니라 이방인 중에서도 부르신 자니라

25 호세아의 글에도 이르기를 내가 내 백성 아닌 자를 내 백성이라, 사랑하지 아니한 자를 사랑한 자라 부르리라

26 너희는 내 백성이 아니라 한 그 곳에서 그들이 살아 계신 하나님의 아들이라 일컬음을 받으리라 함과 같으니라

27 또 이사야가 이스라엘에 관하여 외치되 이스라엘 자손들의 수가 비록 바다의 모래 같을지라도 남은 자만 구원을 받으리니

28 주께서 땅 위에서 그 말씀을 이루고 속히 시행하시리라 하셨느니라

29 또한 이사야가 미리 말한 바 만일 만군의 주께서 우리에게 씨를 남겨 두지 아니하셨더라면 우리가 소돔과 같이 되고 고모라와 같았으리로다 함과 같으니라

30 그런즉 우리가 무슨 말을 하리요 의를 따르지 아니한 이방인들이 의를 얻었으니 곧 믿음에서 난 의요

31 의의 법을 따라간 이스라엘은 율법에 이르지 못하였으니

32 어찌 그러하냐 이는 그들이 믿음을 의지하지 않고 행위를 의지함이라 부딪칠 돌에 부딪쳤느니라

33 기록된 바 보라 내가 걸림돌과 거치는 바위를 시온에 두노니 그를 믿는 자는 부끄러움을 당하지 아니하리라 함과 같으니라

롬 10:1-4

1 형제들아 내 마음에 원하는 바와 하나님께 구하는 바는 이스라엘을 위함이니 곧 그들로 구원을 받게 함이라

2 내가 증언하노니 그들이 하나님께 열심이 있으나 올바른 지식을 따른 것이 아니니라

3 하나님의 의를 모르고 자기 의를 세우려고 힘써 하나님의 의에 복종하지 아니하였느니라

4 그리스도는 모든 믿는 자에게 의를 이루기 위하여 율법의 마침이 되시니라

'로마서'는 '구원'에 대해서 잘 설명하는 책입니다. 지금까지 1장부터 8장까지 살펴보았는데 그 내용을 한 마디로 요약하면 '구원은 예수 그리스도를 믿음으로 가능하다' 라고 말할 수 있습니다. 그런데 이것은 이스라엘 사람들의 입장에서 보면 이해하기가 조금 어려운 부분입니다. 왜냐하면 이스라엘 백성들은 하나님께로부터 율법을 받은 민족입니다. 그런데 로마서에서는 '율법은 구원과 아무런 관계가 없고, 오직 예수 그리스도를 통해서만 구원을 받는다' 고 하므로 이스라엘 사람들은 이해하기가 어려운 것입니다. 이스라엘 사람들 입장에서 보면 예수 그리스도는 십자가에 처형된 사람에 불과합니다. 그런데 그런 사람을 메시아라고 부르니 그들은 받아들이기가 어려운 것입니다. 또, 이스라엘 사람들 입장에서 보면 사도 바울도 오해받을 수 있는 부분이 참 많은 사람입니다. 사도 바울이 전한 메시지는 유대인, 이방인 할 것 없이 구원은 예수 그리스도를 믿음으로 받는다는 것인데, 이스라엘 백성이 보기에는 그가 율법폐기론자 같았을 것입니다.

우리가 아는 것처럼 사도 바울은 이방인들을 위한 사도였습니다. 사역의 주 대상자가 이방인들이었습니다. 그러므로 이스라엘 백성들 입장에서 보면 그가 반역자처럼 보일 수 있습니다. 이방사람들을 무척 좋아하고 사랑하니 이스라엘 백성들 눈에는 그것이 이상하게 보일 수 있는 것이지요. 그래서 사도 바울은 본문을 통해 이스라엘 백성을 향한 자신의 속마음을 털어놓습니다. 그리고 이스라엘과 이방인을 향한 하나님의 구원 계획을 다시 한 번 설명합니다.

이스라엘을 향한 사도 바울의 속마음

"내가 그리스도 안에서 참말을 하고 거짓말을 아니하노라 나에게 큰 근심이 있는 것과 마음에 그치지 않는 고통이 있는 것을 내 양심이 성령 안에서 나와 더불어 증언하노니 나의 형제 곧 골육의 친척을 위하여 내 자신이 저주를 받아 그리스도에게서 끊어질지라도 원하는 바로라"(롬 9:1-3).

이 말씀을 보면 사도 바울은 이방인을 위한 사도였지만 자기 동족을 얼마나 사랑하고 있는지 엿볼 수 있습니다.

"형제들아 내 마음에 원하는 바와 하나님께 구하는 바는 이스라엘을 위함이니 곧 그들로 구원을 받게 함이라"(롬 10:1).

이 말씀에서도 역시 사도 바울이 얼마나 자기 민족의 구원을 깊이 생각하는 사람인가 하는 것을 알 수 있습니다. 비록 사도 바울은 하나님에 의해서 이방인들을 위한 사도로 부르심을 받았지만 그의 마음속에는 늘 자기 동족에 대한 생각이 끊이지 않았습니다. 그래서 사도행전을 읽어보면 사도 바울이 복음을 전하러 여러 도시를 방문할 때마다 항상 유대인들에게 먼저 가서 복음을 전한 것을 볼 수 있습니다. 그리고 그들이 받아들이지 아니하면 이방인에게로 향하곤 하였습니다.

"바울과 바나바가 담대히 말하여 이르되 하나님의 말씀을 마땅히 먼저 너희에게 전할 것이로되 너희가 그것을 버리고 영생을 얻기에 합당하지 않은 자로 자처하기로 우리가 이방인에게로 향하노라"(행 13:46).

바울과 바나바는 먼저 유대인들에게 복음을 전했습니다. 그런데 그들이 받아들이지 않았습니다. 그러므로 바울과 바나바는 이방인들에게 향할 수밖에 없다고 이야기하고 있습니다.

"실라와 디모데가 마게도냐로부터 내려오매 바울이 하나님의 말씀에 붙잡혀 유대인들에게 예수는 그리스도라 밝히 증언하니 그들이 대적하여 비방하거늘 바울이 옷을 털면서 이르되 너희 피가 너희 머리로 돌아갈 것이요 나는 깨끗하니라 이 후에는 이방인에게로 가리라"(사도행전 18:5-6).

여기도 역시 마찬가지입니다. 먼저는 유대인들에게 복음을 전했습니다. 그런데 그들이 받아들이지 않았습니다. 그러므로 이방인들에게 향하겠다고 말하고 있는 것입니다. 사도 바울은 복음을 전할 때 우선순위가 유대인들이었는데 그들이 받아들이지 않으니까 이방인들에게 갈 수밖에 없었습니다. 이런 것을 보면 사도 바울이 얼마나 자기 동족을 사랑했는지 알 수 있습니다.

"내가 복음을 부끄러워하지 아니하노니 이 복음은 모든 믿는 자에게 구원을 주시는 하나님의 능력이 됨이라 먼저는 유대인에게요 그리고 헬라인에게로다"(롬 1:16).

여러분에게는 사도 바울이 자기 동족을 사랑한 것 같은 그런 마음이 있습니까?

우리에게도 이런 마음이 있어야 합니다. '동족'이란 말이 너무 거창하게 들린다면 믿지 않는 나의 가족, 친지들, 이웃들, 친구들에 대해서 내가 어떤 부담을 가지고 있는지 깊이 생각해볼 필요가 있습니다. 사도 바울이 품었던 동족 사랑의 마음, 그들의 영혼에 대해서 불쌍히 여기는 마음, 그리고 그들이 믿지 않는 것에 대해서 아파하는 마음…. 이런 마음이 우리에게도 필요한 것입니다.

우리 교회 성도님 한 분의 전화를 받은 적이 있습니다. 그 분은 믿지 않는 동생이 있는데 암으로 투병하고 있었습니다. 성도님은 그동안 그 동생을 위해서 기도하고 여러 번 복음을 전했는데 받아들이지 않았습니다. 그런데 추석에 찾아가서 복음을 전했더니 동생이 마침내 마음 문을 열고 예수님을 영접했다고 너무 너무 기뻐했습니다. 그 성도님은 동생을 생각하면 잠이 잘 안 왔다고 했습니다. 이제 얼마나 살지 모르는데, 저러다가 그냥 죽으면 어떡하나 하는 생각에 잠을 잘 수가 없었다고 합니다. 그러니 기도할 수밖에 없었고, 복음을 전할 수밖에 없었는데 하나님께서 그러한 성도님의 마음을 보시고 기도를 들으셔서 결국 구원해 주셨습니다.

우리가 가족, 친지에 대해서 여러 가지 방법으로 아무리 잘 해준다고 해도 그들에게 복음을 전하지 않는다면 우리는 그들을 진정으로 사랑하는 것이 아닙니다. 아무리 외형적으로 잘해 주면 뭐합니까. 분명히 천국과 지옥이 있는 것을 알면서도 그들에게 복음을 전하지 않는다면 그것은 그들을 사랑하는 것이 아닙니다. 우리가 여러 가지 방법으로 가족과 친지를 사랑할 수 있겠지만 무엇보다도 복음을 함께 나눔으로 우리의 사랑을 그들에게 나타내 보일 수 있어야 하겠습니다.

출애굽기에 보면 모세도 오늘 본문에 나오는 사도 바울처럼 동족에 대해서 뜨거운 마음을 가지고 있었습니다.

"모세가 여호와께로 다시 나아가 여짜오되 슬프도소이다 이 백성이 자기들을 위하여 금신을 만들었사오니 큰 죄를 범하였나이다 그러나 이제 그들의 죄를 사하시옵소서 그렇지 아니하시오면 원하건대 주께서 기록하신 책에서 내 이름을 지워 버려 주옵소서"(출 32:31-32).

이스라엘 백성들이 금송아지를 만들어 놓고 우상숭배를 했을 때 모세는 너무 너무 마음이 아팠습니다. 그래서 모세는 하나님께 나와 자기 민족의 죄를 용서해 달라고, 그들의 죄를 용서해 주지 않는다면 차라리 하나님의 책에서 자신의 이름을 지워 버려달라고 간절하게 기도했습니다. 모세가 얼마나 자기 민족을 사랑했는지 알 수 있습니다. 모세와 사도 바울은 정말 하나님의 심정으로 그의 동포를 사랑하는 사람들이었습니다. 이것이 바로 주님의 마음입니다. 우리도 이런 마음을 품고 살아가야 하겠습니다. 하나님께서는 지금도 우리의 가족들, 친구들, 대한민국 백성들이 하나님 앞에 회개하고 돌아오기를 기다리고 계십니다. 한 사람도 멸망하는 것을 원치 않으십니다. 모든 사람이 구원받게 되는 것을 하나님은 지금도 원하고 계십니다. 그 주님의 마음을 우리가 이해하면서 복음을 전합시다.

"하나님은 모든 사람이 구원을 받으며 진리를 아는 데에 이르기를 원하시느니라"(딤전 2:4).

"오직 주께서는 너희를 대하여 오래 참으사 아무도 멸망하지 아니하고 다 회개하기에 이르기를 원하시느니라"(벧후 3:9b).

이스라엘과 이방인들을 향한 하나님의 구원 계획

하나님의 구원 계획은 전체적으로 보아야 하는데 전체적으로 보지 못하고 부분적으로만 보게 되면 마치 하나님의 계획이 실패한 것처럼 보일 수 있습니다. 예를 들면 예수님은 메시야로서 이 땅에 오신 분입니다. 그런데 십자가에 처형 당하셨습니다. 그 한 면만 보면 마치 하나님의 구원 계획이 실패한 것처럼 보일 수 있습니다.

또, 로마서 1장 16절에서 사도 바울이 말한 것처럼 복음은 먼저 유대인들을 위한 것이었습니다. 그런데 대부분의 유대인들이 예수 그리스도의 복음을 받아들이지 않았습니다. 이런 것을 보면 혹시 하나님의 구원 계획에 뭔가 문제가 있는 것이 아닌가, 하나님의 구원 계획이 실패로 돌아간 것이 아닌가 하는 생각을 해볼 수 있습니다. 그런데 그것에 대해서 성경은 절대로 그렇지 않다고 이야기합니다.

"그러나 하나님의 말씀이 폐하여진 것 같지 않도다"(롬 9:6a).

이 말씀이 무슨 뜻인가 하면 '하나님의 구원 계획이 실패한 것 같지 않다' 하는 말입니다. 왜 하나님의 구원 계획이 실패한 것이 아닐까요? 하나님의 구원 계획은 육적인 이스라엘뿐 아니라 또 다른 이스라엘을 구원하는 데 있었기 때문입니다.

"이스라엘에게서 난 그들이 다 이스라엘이 아니요 또한 아브라함의 씨가 다 그의 자녀가 아니라 오직 이삭으로부터 난 자라야 네 씨라 불리리라 하셨으니 곧 육신의 자녀가 하나님의 자녀가 아니요 오직 약속의 자녀가 씨로 여기심을 받느니라"(롬 9:6b-8).

이 말씀에 '약속의 자녀'가 나옵니다. '약속의 자녀'는 일차적으로는 '이삭'을 말하는 것이지만, 크게 보면 '예수 그리스도'를 말하는 것입니다.

"이 약속들은 아브라함과 그 자손에게 말씀하신 것인데 여럿을 가리켜 그 자손들이라 하지 아니하시고 오직 한 사람을 가리켜 네 자손이라 하셨으니 곧 그리스도라"(갈 3:16).

아브라함의 약속의 자녀는 일차적으로는 이삭이 맞지만 결국은 이삭의 자손을 통해서 진짜 중요한 분이 태어나는데 그 약속의 아들이 바로 예수 그리스도이십니다. 그리고 조금 더 나아가면 '구원받은 하나님의 모든 백성'이 '약속의 자녀'라고 볼 수 있습니다.

"형제들아 너희는 이삭과 같이 약속의 자녀라"(갈 4:28).

'구원받은 그리스도인들'은 '영적인 이스라엘'이라고 볼 수 있습니다. 육적인 이스라엘은 지금 중동에 살고 있는 사람들이고, 영적인 이스라엘은 온 세계에 흩어져 살고 있는 우리 그리스도인들이라고 볼 수 있습니다. 그래서 하나님의 구원 계획은 아브라함의 혈통을 통해서 메시야를 보내 주시고, 그 메시아를 통해서 이방인들까지 구원하는 것이 원래 가졌던 구원 계획이었습니다.

"이 그릇은 우리니 곧 유대인 중에서뿐 아니라 이방인 중에서도 부르신 자니라 호세아의 글에도 이르기를 내가 내 백성 아닌 자를 내 백성이라, 사랑하지 아니한 자를 사랑한 자라 부르리라 너희는 내 백성이 아니라 한 그 곳에서 그들이 살아 계신 하나님의 아들이라 일컬음을 받으리라 함과 같으니라"(롬 9:24-26).

이 말씀은 이방인들이 구원받을 것을 이야기하는 것입니다. 우리 이방인들은 영적으로 볼 때 아브라함의 자손이 되었고, 영적으로 이스라엘 사람들이라고 말할 수 있습니다.

그렇다면 육적인 이스라엘은 어떻게 되는 것일까요?

지금도 이스라엘 나라와 그 민족이 있는데 그들은 도대체 어떻게 되는 것일까요? 단지 메시야 예수 그리스도만 배출하고 그들 자신은 구원받지 못하고 끝이 나는 것이 아닌가 생각할 수 있는데 그렇지 않습니다. 성경을 잘 보면 언젠가 때가 되면 그들에게도 큰 구원의 역사가 일어나는 것을 알 수 있습니다. 지금은 유대인들에게 복음을 전해도 그들이 안 믿습니다. 예수를 받아들이지 않습니다. 그러나 언젠가는 그들이 회개하고 돌아오게 될 것입니다.

"형제들아 너희가 스스로 지혜 있다 하면서 이 신비를 너희가 모르기를 내가 원하지 아니하노니 이 신비는 이방인의 충만한 수가 들어오기까지 이스라엘의 더러는 우둔하게 된 것이라 그리하여 온 이스라엘이 구원을 받으리라"(롬 11:25-26a).

지금은 하나님께서 이방 사람들을 구원하시는 시기입니다. 지금은 이스라엘 백성들이 우둔하게 되어 버렸습니다. 아무리 복음을 전해도 그들이 깨닫지를 못합니다. 예수 그리스도를 메시야로 보지를 못합니다. 그러나 언젠가는 그들이 구원을 받게 될 것이라고 이야기하고 있습니다.

그럼 지금 이스라엘 사람들 중에는 구원받은 사람이 없을까요?

지금도 있기는 있습니다. 그런데 그 수가 많지 않습니다. 그래서 '남은 자'라는 표현을 쓰고 있습니다.

"또 이사야가 이스라엘에 관하여 외치되 이스라엘 자손들의 수가 비록 바다의 모래 같을지라도 남은 자만 구원을 받으리니 주께서 땅 위에서 그 말씀을 이루고 속히 시행하시리라 하셨느니라"(롬 9:27-28).

"그런즉 이와 같이 지금도 은혜로 택하심을 따라 남은 자가 있느니라"(롬 11:5).

옛날에 이스라엘 백성이 바벨론, 앗시리아, 로마에 의해서 멸망당할 때 대부분의 사람들이 죽거나 포로로 끌려갔습니다. 그래도 하나님께서는 항상 '남은 자'를 남겨 두셨습니다. 소수의 사람들을 남겨 놓았는데 거기서 '남은 자'라는 표현이 나왔습니다. 오늘날에도 유대인들 중에 구원받는 사람들이 있기는 있는데 그 수가 많지 않기 때문에 '남은 자'라는 표현을 쓰는 것입니다.

그러나 언젠가는 더 많은 유대인들이 예수 그리스도를 자신의 구주로 영접하고 구원받게 될 날이 올 것입니다. 성경을 잘 보면 '7년 대환난' 기간 중에 그러한 일이 일어난다고 나옵니다. 요한계시록 7장에 보면 '14만 4천명'이라는 사람들이 나옵니다. 이 사람들은 이스라엘 사람들인데 각 지파별로 1만 2천명씩, 모두 12지파로 14만 4천명이 됩니다. 이 사람들이 어떤 사람들인가 하면 '7년 대환난' 기간 중에 특별히 유대인들에게 복음을 전하는 전도자들이라고 저는 믿습니다. 이들을 통해 예수 그리스도의 복음이 유대인들에게 아주 본격적으로 전파될 것이고, 많은 사람들이 회개하고 예수 그리스도를 영접하게 될 것입니다. 그래서 그 때 하나님께서는 다시 한 번, 마지막으로 유대인들에게 구원받을 수 있는 기회를 허락하시게 됩니다. 그리고 그 때 많은 사람들이 구원받는 놀라운 역사가 일어나게 될 것입니다.

그렇다면 예수님 당시에도 그렇고, 오늘날에도 그렇고, 왜 이스라엘 사람들은 예수 그리스도를 영접하지 않는 것일까요?

그 이유가 도대체 무엇일까요? 그 이유를 본문에서 이야기해주고 있습니다.

"내가 증언하노니 저희가 하나님께 열심이 있으나 올바른 지식을 따른 것이 아니니라"(롬 10:2).

그들은 하나님께 대한 열심이 있었습니다. 그 어느 민족도 그 열심을 따라가지 못합니다. 그런데 그 열심이 올바른 지식에서 나온 것이 아니라는 것입니다. 이것이 이스라엘 백성들의 문제였습니다. 구원에 대한 올바른 지식은 율법의 의로 하나님을 믿는 것이 아니라, 예수 그리스도를 통해서 하나님을 믿는 것입니다. 그런데 그들은 그렇게 믿지를 않았습니다. 그들은 자신들의 방식대로, 즉 율법의 의로 하나님께 나아가려고 했습니다.

"하나님의 의를 모르고 자기 의를 세우려고 힘써 하나님의 의에 복종치 아니 하였느니라 그리스도는 모든 믿는 자에게 의를 이루기 위하여 율법의 마침이 되시니라"(롬 10:3-4).

그들은 예수 그리스도가 율법의 마침이 되고, 예수 그리스도를 통해서 하나님께 나아갈 수 있다는 것을 알지 못했습니다. 그래서 자기들 방식으로, 계속 율법을 통해서만 하나님께 나아가려고 하는데 그게 잘 되지 않는 것입니다. 그런데 오늘날에도 이런 사람들이 참 많습니다. 열심은 대단합니다. 하지만 방법이 잘못되었습니다. 그래서 구원받지 못하는 사람들이 이 땅위에 얼마나 많은지 모릅니다. 우리나라만 하더라도 얼마나 많은 종교가 있습니까. 그 많은 종교가 무엇을 이야기하는지 아십니까? '사람들에게 구원에 대한 열망이 있다, 열심이 있다' 는 것을 말하는 것입니다. 그런데 문제는 방법이 잘못되었다는 것입니다. 열심히 믿는 것도 중요하지만 더 중요한 것은 무엇을 믿는가 하는 것입니다.

얼마 전에 제가 읽은 책에 이런 예화가 있었습니다.

「비행기가 하늘을 날아가고 있었습니다. 그런데 기장이 그만 궤도를 놓쳐 버렸습니다. 그래서 길을 잃어버렸습니다. 비행기는 계속 하늘을 날고 있었습니다. 그 때 비행기 기장이 승객들에게 안내방송을 하는데 이렇게 말합니다. "승객 여러분! 우리는 방향을 잃었습니다. 하지만 예정된 속도보다 훨씬 더 빠르게 가고 있습니다.」

길을 잃은 상태에서 무조건 빠르게 가면 되는 것일까요? 빨리 가는 게 능사가 아니지요. 그런데 오늘날 많은 사람들이 그렇게 하고 있습니다. 목적지가 잘못되어 있고, 방법도 잘못되어 있는데 무조건 열심히만 믿습니다. 무조건 열심히 믿는 것이 중요한 것이 아니라 무엇을 어떻게 믿느냐가 중요합니다. 성경은 분명히 이야기합니다. 다른 것은 아무리 믿어도 소용이 없습니다. 예수 그리스도를 믿어야 합니다. 왜냐하면 예수 그리스도만이 하나님께서 인간들에게 주신 유일한 구원의 길이기 때문에 그렇습니다.

"다른 이로서는 구원을 얻을 수 없나니 천하 인간에 구원을 얻을만한 다른 이름을 우리에게 주신 일이 없음이라"(행 4:12).

예수 그 이름 외에는 구원받을 수 있는 이름을 주신 적이 없습니다. 공자, 석가 다 훌륭한 분들이고, 존경받을 만한 분들입니다. 그러나 그들이 구원의 길은 아닙니다. 구원의 길은 오직 예수 그리스도 한 분 뿐입니다.

예수님께서 이렇게 선언하셨습니다.

"내가 곧 길이요 진리요 생명이니 나로 말미암지 않고는 아버지께로 올 자가 없느니라"(요 14:6).

하나님께서 선택하시고 구원해 주시는 사람

"그뿐 아니라 또한 리브가가 우리 조상 이삭 한 사람으로 말미암아 임신하였는데 그 자식들이 아직 나지도 아니하고 무슨 선이나 악을 행하지 아니한 때에 택하심을 따라 되는 하나님의 뜻이 행위로 말미암지 않고 오직 부르시는 이로 말미암아 서게 하려 하사 리브가에게 이르시되 큰 자가 어린 자를 섬기리라 하셨나니 기록된 바 내가 야곱은 사랑하고 에서는 미워하였다 하심과 같으니라"(롬 9:10-13).

이 말씀은 '하나님의 선택하심' 에 대한 이야기입니다. 더 보편적인 말로 이야기하면 '하나님의 예정' 에 대한 말씀입니다. '예정론' 들어보셨습니까? 이 말씀이 그런 말씀입니다. 여기 보면 하나님께서 야곱은 선택하셨습니다. 그런데 에서는 선택하지 않으셨습니다. 14절부터 계속 읽어보면 '모세와 바로' 에 대해서도 이야기합니다. 하나님께서 모세는 하나님의 귀한 일꾼으로 삼아 쓰시고, 바로왕은 아주 악역을 맡겨서 그가 완악한 사람이 되는 것을 볼 수 있습니다. 이것도 다 하나님의 예정에 의해서 이루어지는 일들입니다. '하나님의 예정', '하나님의 택하심' 은 사람들이 이해하기 결코 쉽지 않은 내용입니다. 그런데 성경에서는 분명히 하나님의 예정에 대해 설명하고 있다는 사실입니다.

"하나님이 미리 아신 자들을 또한 그 아들의 형상을 본받게 하기 위하여 미리 정하셨으니 이는 그로 많은 형제 중에서 맏아들이 되게 하려 하심이니라 또 미리 정하신 그들을 또한 부르시고 부르신 그들을 또한 의롭다 하시고 의롭다 하신 그들을 또한 영화롭게 하셨느니라"(롬 8:29-30).

"곧 창세 전에 그리스도 안에서 우리를 택하사 우리로 사랑 안에서 그 앞에 거룩하고 흠이 없게 하시려고 그 기쁘신 뜻대로 우리를 예정하사 예수 그리스도로 말미암아 자기의 아들들이 되게 하셨으니"(엡 1:4-5).

여기 보면 하나님께서 '미리 정하셨다', '창세전에 택하셨다', '자기의 기쁘신 뜻대로 예정하셨다' 는 말씀이 나옵니다. 그럼 하나님께서 미리 다 정해 놓으셨다면 하나님은 불공평한 분이 아니냐고 항의할 수 있습니다. 미리 다 정하셔서 어떤 사람은 천국 보내고, 어떤 사람은 지옥 보낸다면 우리 하나님은 불공평한 하나님이 되는 것이지요. 그런데 성경은 거기에 대해서 절대로 그렇지 않다고 이야기하고 있습니다.

"그런즉 우리가 무슨 말을 하리요 하나님께 불의가 있느냐 그럴 수 없느니라"(롬 9:14).

"혹 네가 내게 말하기를 그러면 하나님이 어찌하여 허물하시느냐 누가 그 뜻을 대적하느냐 하리니 이 사람아 네가 누구이기에 감히 하나님께 반문하느냐"(롬 9:19-20a).

하나님께는 불의가 없다고 이야기하고 있습니다. 비록 사람을 예정해 놓으셔서 어떤 사람은 천국으로, 어떤 사람은 지옥으로 인도하시지만 그래도 하나님은 여전히 불공평한 하나님이 아니라고 이야기하고 있습니다. 어째서 그럴까요? 그 이유가 말씀에 나와 있습니다.

"모세에게 이르시되 내가 긍휼히 여길 자를 긍휼히 여기고 불쌍히 여길 자를 불쌍히 여기리라 하셨으니 그런즉 원하는 자로 말미암음도 아니요 달음박질하는 자로 말미암음도 아니요 오직 긍휼히 여기시는 하나님으로 말미암음이니라"(롬 9:15-16).

"그런즉 하나님께서 하고자 하시는 자를 긍휼히 여기시고 하고자 하시는 자를 완악하게 하시느니라"(롬 9:18).

하나님께서는 결국 사람들을 미리 택하시는데 긍휼히 여길 자를 긍휼히 여기시고 완악하게 할 자를 완악하게 하신다고 이야기하고 있습니다. 그래서 하나님은 불공평한 하나님이 아니라는 것입니다.

그럼 하나님께서는 어떤 사람을 긍휼히 여겨주실까요?

겸손한 자, 그리고 하나님께 대한 믿음을 보이는 자, 이런 사람들을 긍휼히 여겨주십니다. 그리고 그런 사람들을 선택해 주십니다. 하나님께서는 사람을 창조하실 때 로봇으로 만들지 않으셨습니다. 자유의지를 가진 인간으로 만들어 주셨습니다. 그래서 겸손한 사람이 될 것인가, 교만한 사람이 될 것인가 하는 것은 결국 자기의 의지에 달린 것입니다. 하나님을 믿는 자가 될 것인가, 믿지 않는 자가 될 것인가도 각 개인의 의지에 달린 문제입니다. 그래서 성경에 나오는 '예정', '하나님의 택하심'은 '예지', '미리 아셨다'는 말과 같이 보면 이해하기 쉬울 것입니다. 로마서 8장 29절에 보면 하나님께서 미리 아신 자들을 미리 정하셨다, 미리 택하셨다고 말씀하고 있습니다. 하나님이 미리 다 알고 계신 것뿐입니다. 믿을 사람을 하나님이 택해주십니다. 믿지 않을 사람, 교만한 사람은 하나님께서 택해 주시지 않는 것입니다. 이것이 성경이 말하는 '예정론'입니다. 그래서 성경에는 '하나님께서 택하셨다'는 말씀도 있고, '누구든지 저를 믿는 자마다 영생을 얻게 하신다'는 말씀도 있습니다. 그러니까 하나님께서는 미리 아시고 합당한 자들을 합당하게 택해주시는 것뿐입니다. 그러므로 겸손한 자가 될 것인가, 교만한자가 될 것인가, 믿는 자가 될 것인가, 믿지 않는 자가 될 것인가 하는 것은 각 개인이 결정할 문제라는 것입니다. 하나님께서 우리에게 자유의지를 주셨기 때문에 그렇습니다. 이런 이유에서 하나님께서는 에서를 택하지 않으시고, 바로를 택하지 않으신 것입니다. 하나님께서는 미리 아시고, 에서를 택하지 않으시고 믿음을 가질 야곱을 선택하신 것입니다. 이것이 하나님의 선택입니다.

이러한 하나님의 선택의 원리는 오늘날에도 동일합니다. 오늘날에도 하나님은 사람을 선택하시고, 선택한 사람을 구원해 주십니다. 그 원리가 '믿음'입니다. 믿음을 가질 사람인가, 가지지 않을 사람인가 그것을 미리 아시고 하나님께서 선택해 주시는 것입니다.

"그런즉 우리가 무슨 말을 하리요 의를 따르지 아니한 이방인들이 의를 얻었으니 곧 믿음에서 난 의요 의의 법을 따라간 이스라엘은 율법에 이르지 못하였으니 어찌 그러하냐 이는 그들이 믿음을 의지하지 않고 행위에 의지함이라 부딪칠 돌에 부딪쳤느니라"(롬 9:30-32).

유대인들의 문제는 믿음을 통해 하나님께 나아가려 하지 않고, 행위를 통해서 나아가려고 했습니다. 오늘날에도 우리가 하나님께 나아갈 수 있는 길은 믿음 밖에 없습니다. 사람이 어떤 인간적인 행위를 통해 하나님께 나아가려고 해도 그 행위가 절대로 하나님을 만족시킬 수 없습니다. 하나님은 오직 우리의 마음, 믿는 그 마음을 원하십니다.

12

구원은 믿음으로,
믿음은 들음으로

(롬 10:5-21)

5 모세가 기록하되 율법으로 말미암는 의를 행하는 사람은 그 의로 살리라 하였거
니와

6 믿음으로 말미암는 의는 이같이 말하되 네 마음에 누가 하늘에 올라가겠느냐 하
지 말라 하니 올라가겠느냐 함은 그리스도를 모셔 내리려는 것이요

7 혹은 누가 무저갱에 내려가겠느냐 하지 말라 하니 내려가겠느냐 함은 그리스도를
죽은 자 가운데서 모셔 올리려는 것이라

8 그러면 무엇을 말하느냐 말씀이 네게 가까워 네 입에 있으며 네 마음에 있다 하
였으니 곧 우리가 전파하는 믿음의 말씀이라

9 네가 만일 네 입으로 예수를 주로 시인하며 또 하나님께서 그를 죽은 자 가운데
서 살리신 것을 네 마음에 믿으면 구원을 받으리라

10 사람이 마음으로 믿어 의에 이르고 입으로 시인하여 구원에 이르느니라

11 성경에 이르되 누구든지 그를 믿는 자는 부끄러움을 당하지 아니하리라 하니

12 유대인이나 헬라인이나 차별이 없음이라 한 분이신 주께서 모든 사람의 주가 되
사 그를 부르는 모든 사람에게 부요하시도다

13 누구든지 주의 이름을 부르는 자는 구원을 받으리라

14 그런즉 그들이 믿지 아니하는 이를 어찌 부르리요 듣지도 못한 이를 어찌 믿으리
요 전파하는 자가 없이 어찌 들으리요

15 보내심을 받지 아니하였으면 어찌 전파하리요 기록된 바 아름답도다 좋은 소식을
전하는 자들의 발이여 함과 같으니라

16 그러나 그들이 다 복음을 순종하지 아니하였도다 이사야가 이르되 주여 우리가
전한 것을 누가 믿었나이까 하였으니

17 그러므로 믿음은 들음에서 나며 들음은 그리스도의 말씀으로 말미암았느니라

18 그러나 내가 말하노니 그들이 듣지 아니하였느냐 그렇지 아니하니 그 소리가 온
땅에 퍼졌고 그 말씀이 땅 끝까지 이르렀도다 하였느니라

19 그러나 내가 말하노니 이스라엘이 알지 못하였느냐 먼저 모세가 이르되 내가 백
성 아닌 자로써 너희를 시기하게 하며 미련한 백성으로써 너희를 노엽게 하리라
하였고

20 이사야는 매우 담대하여 내가 나를 찾지 아니한 자들에게 찾은 바 되고 내게 묻
지 아니한 자들에게 나타났노라 말하였고

21 이스라엘에 대하여 이르되 순종하지 아니하고 거슬러 말하는 백성에게 내가 종일
내 손을 벌렸노라 하였느니라

사람이 어떻게 구원받습니까?

로마서는 구원에 대해서 정말 잘 설명하고 있는 놀라운 하나님의 말씀입니다. 성경은 신구약 66권으로 이루어져 있는데 그 중 구원의 교리를 가장 잘 설명하고 있는 책이 바로 로마서입니다. 로마서 중에서도 본문 말씀이 구원에 대해서 가장 잘 설명하고 있습니다.

"네가 만일 네 입으로 예수를 주로 시인하며 또 하나님께서 그를 죽은 자 가운데서 살리신 것을 네 마음에 믿으면 구원을 받으리라"(롬 10:9).

이 말씀은 굉장히 유명한 말씀입니다. 누가 저에게 와서 "사람은 어떻게 구원받습니까?" "내가 어떻게 구원 받은 것을 알 수 있습니까?"라고 물으면 저는 이 말씀을 소개해 드립니다. 이 말씀이야 말로 구원의 기준이라고 볼 수 있습니다. 내가 구원을 받았는지, 안 받았는지 이 말씀에 비추어 보면 알 수 있습니다.

본문을 살펴보면 구원과 관련하여 크게 3가지를 말씀하고 있습니다.

(1) 롬 10:5-13 : 구원은 예수 그리스도를 믿음으로 받는다.

(2) 롬 10:14-15 : 구원받은 사람은 복음을 전해야 한다.

(3) 롬 10:16-21 : 복음을 들은 사람은 복음을 받아들여야 한다.

(1) 구원은 예수 그리스도를 믿음으로 받는다.

"모세가 기록하되 율법으로 말미암는 의를 행하는 사람은 그 의로 살리라 하였거니와 믿음으로 말미암는 의는 이같이 말하되 네 마음에 누가 하늘에 올라가겠느냐 하지 말라 하니 올라가겠느냐 함은 그리스도를 모셔 내리려는 것이요 혹은 누가 무저갱에 내려가겠느냐 하지 말라 하니 내려가겠느냐 함은 그리스도를 죽은 자 가운데서 모셔 올리려는 것이라 그러면 무엇을 말하느냐 말씀이 네게 가까워 네 입에 있으며 네 마음에 있다 하였으니 곧 우리가 전파하는 믿음의 말씀이라"(롬 10:5-8).

이 말씀의 의미가 무엇인지 이해가 되십니까? 핵심이 무엇일까요? 구원은 믿음으로 받는 것인데, 그 믿음의 말씀은 어려운 것도 아니고, 멀리 있는 것도 아니라는 것입니다. 8절에 보면 우리가 구원 받는 그 믿음의 말씀이 입에 있고, 마음에 있다고 이야기하고 있습니다. 그러니까 구원은 쉬운 것입니다. 입에 있고, 마음에 있다고 했으니 얼마나 구원을 쉽게 받을 수 있는지 알 수 있습니다.

그런데 만약에 사람이 율법이나 어떤 선행으로 의로워지려고 하고, 구원받으려고 한다면 어떨까요? 그러면 굉장히 어렵습니다. 어려운 정도가 아니라 사실은 불가능합니다. 5절 말씀에 보면 모세가 한 말을 인용하고 있는데 모세의 율법에 이런 말씀이 있습니다.

"율법으로 말미암는 의를 행하는 사람은 그 의로 살리라"(롬 10:5).

이 말씀은 레위기 18장 5절("너희는 내 규례와 법도를 지키라 사람이 이를 행하면 그로 말미암아 살리라 나는 여호와이니라")에 있는 말씀을 인용한 말씀입니다. 물론 이런 말씀이 성경에 있는데 율법으로 구원받는 것은 사실상은 불가능합니다. 이 말씀의 의미를 조금 더 잘 이해하기 위해서 갈라디아서를 보겠습니다.

"또 하나님 앞에서 아무도 율법으로 말미암아 의롭게 되지 못할 것이 분명하니 이는 의인은 믿음으로 살리라 하였음이라 율법은 믿음에서 난 것이 아니니 율법을 행하는 자는 그 가운데서 살리라 하였느니라"(갈 3:11-12).

로마서 10장 5절에 있는 말씀을 갈라디아서 3장 12절에서도 하고 있습니다. 레위기 18장 5절에서 인용하고 있는 말씀인데 11절에 보면 결국 사람은 율법으로 구원받을 수 없다는 것을 이야기하고 있습니다.

"또 하나님 앞에서 아무도 율법으로 말미암아 의롭게 되지 못할 것이 분명하니 이는 의인은 믿음으로 살리라 하였음이라"(갈 3:11).

이 말씀에 의하면 사람은 율법을 통해서 구원받을 수 없습니다. 율법의 행위로 하나님 앞에서 온전함을 받을 수 있는 육체가 한 사람도 없다고 이야기하고 있습니다. 그러나 우리가 믿음으로 의로워지는 것은 어떨까요? 아주 쉽습니다. 율법을 지키는 것 가지고는 사람이 구원을 못 받습니다. 그러나 믿음으로는 누구라도 구원받을 수 있습니다. 구원받기 위해서 하나님께 올라갔다가 내려와야 할 일도 없습니다. 또 무저갱에 내려갔다고 다시 올라와야 하는 일도 없습니다.

"믿음으로 말미암는 의는 이같이 말하되 네 마음에 누가 하늘에 올라가겠느냐 하지 말라 하니 올라가겠느냐 함은 그리스도를 모셔 내리려는 것이요 혹은 누가 무저갱에 내려가겠느냐 하지 말라 하니 내려가겠느냐 함은 그리스도를 죽은 자 가운데서 모셔 올리려는 것이라"(롬 10:6-7).

이 말씀은 구원 받기 위해서 메시아를 모시러 하늘에 올라갈 필요가 없다, 그리고 메시야를 모시기 위해서 무저갱에 내려갔다가 올라올 일도 없다는 말씀입니다. 메시아 예수는 우리가 모시러 가지 않아도 이미 이 땅에 오셨습니다. 그리고 우리를 위해 십자가에서 죽으시고 죽으신지 3일 만에 부활하셨습니다. 그러므로 우리가 굳이 무저갱에 내려가서 죽은 예수를 살리려는 그런 노력을 안 해도 된다는 것입니다.

구원은 믿음으로 받는 것이니 얼마나 쉽습니까. 전혀 어려운 것이 아닙니다. 이미 주님께서 우리를 위해 다 이루어 놓으셨습니다. 그래서 구원은 믿음으로 받는 것이고, 믿음으로 받는 그 구원은 참 쉽다는 것이 5-8절까지의 말씀입니다.

"네가 만일 네 입으로 예수를 주로 시인하며 또 하나님께서 그를 죽은 자 가운데서 살리신 것을 네 마음에 믿으면 구원을 받으리라 사람이 마음으로 믿어 의에 이르고 입으로 시인하여 구원에 이르느니라 성경에 이르되 누구든지 그를 믿는 자는 부끄러움을 당하지 아니하리라 하니 유대인이나 헬라인이나 차별이 없음이라 한 분이신 주께서 모든 사람의 주가 되사 그를 부르는 모든 사람에게 부요하시도다 누구든지 주의 이름을 부르는 자는 구원을 받으리라"(롬 10:9-13).

9-10절에 보면 '마음으로 믿어 의에 이르고, 입으로 시인하여 구원받는다' 하는 말씀이 나오고, 11절에 보면 '그를 믿는 자는 부끄러움을 당하지 않는다' 즉 '구원 받는다' 하는 말씀도 나오고, 13절 보면 '주의 이름을 부르는 자는 구원을 받는다' 하는 말씀도 나옵니다. 그렇다면 구원은 어떻게 받는다는 것일까요? 여러 가지 표현들이 나왔는데 '주의 이름을 부르는 것'과 '주를 믿는 것'은 결국 같습니다.

"누구든지 그를 믿는 자는 부끄러움을 당하지 아니하리라"(롬 10:11).

"누구든지 주의 이름을 부르는 자는 구원을 받으리라"(롬 10:13).

이 두 말씀을 대조해 보면 결국 같은 말씀으로 이해할 수 있습니다. '주님의 이름을 부르는 것'과 '주님을 내가 진심으로 믿는 것'이 같은 것입니다.

그러면 '마음으로 믿는 것'과 '입으로 시인하는 것'은 어떤 관계가 있을까요?

이것도 사실은 같은 차원의 말씀입니다. 우리가 진심으로 믿게 되면 입으로 시인하게 되어 있습니다. 그리고 입으로 시인하는 것은 마음속에 믿음이 있기 때문에 그렇습니다. 그러므로 믿는 것과 시인하는 것은 항상 같이 가게 되어 있습니다. 절대로 따로 생각하면 안 됩니다. 마치 '회개'와 '믿음'이 항상 같이 가는 것과 같은 이치입니다. 진심으로 예수 그리스도를 믿는 사람은 그 마음속에 이미 회개가 일어났기 때문에 예수님을 믿는 것입니다. 또 회개한 사람은 예수를 믿는 믿음이 있기 때문에 마음속에 회개가 일어난 것입니다. 그래서 동전의 양면과 같습니다. 만 원짜리 지폐를 보면 앞면에는 세종대왕의 그림이 있고, 뒷면에는 경회루 그림이 있습니다. 우리가 만 원짜리를 설명할 때 '세종대왕의 얼굴이 있는 그 돈'하면 만 원짜리이고, 또 '경회루 그림이 있는 그 돈'하면 그것도 만 원짜리입니다. 그래서 '회개'와 '믿음'을 뗄 수 없는 것처럼 '시인하는 것'과 '믿는 것' 역시 마찬가지라는 것입니다. 진심으로 믿으면 고백하게 되어 있습니다. 또, 진심으로 고백하는 사람은 믿기 때문에 그렇습니다. 따로 생각하지 마시기 바랍니다.

그런데 '시인한다'는 말을 너무 좁게 생각해서 예수님을 영접하고 구원받기 위해서는 반드시 영접기도를 해야 한다, 입으로 고백해야 된다, 이렇게 이해하는 분들이 있습니다. 여기서 '입으로 고백하는 것', '시인하는 것'은 꼭 영접기도를 두고 이야기하는 것이 아닙니다. 물론 영접기도가 예수님을 고백하는 좋은 방법이 될 수 있습니다. 제가 보기에는 제일 좋은 방법이라고 할 수 있습니다. 그렇지만 그것이 유일한 방법이라고 말할 수는 없습니다. 영접기도 안 하면 구원 못 받습니까? 그렇지는 않습니다. 영접기도가 아닌, 다른 방법으로도 얼마든지 예수님을 고백할 수 있습니다. 예를 들면 "당신은 정말 당신이 죄인인 것을 알고, 당신의 죄를 위해 예수님께서 십자가에서 죽으시고, 죽으신지 삼 일만에 부활하신 것을 믿습니까?"라는 질문에 "예"라고 대답할 경우 그것도 고백입니다. 기도의 형태는 아니지만 "예"라고 고백한 것이 시인을 한 것입니다. 구원 간증도 예수님을 고백하는 좋은 방법이 될 수 있고, 개인적으로 사람들 앞에서 신앙고백을 하는 것도 좋은 시인의 방법입니다. 그리고 정말 좋은 방법이 하나 있는데 그것은 '침례'를 받는 것입니다. 물속에 들어갔다가 다시 일어나는 것 그것이 '침례'인데 침례는 우리가 입으로만 고백하는 것이 아니라 온 몸으로 주님을 고백하는 것입니다. 그래서 침례가 중요한 것입니다. 이렇게 볼 때 결국 중요한 것은 무엇입니까? 진심으로 내 마음으로 믿는 것이 중요합니다. 뭘 믿는 것일까요? "내가 죄인이었는데, 죄인 된 나를 위해서 예수님께서 십자가 위에서 죽으시고 죽으신지 3일 만에 부활하셨다. 그래서 그 분은 나의 하나님이시다." 이것을 진심으로 믿고 받아들이는 것, 이것이 중요한 것입니다.

여러분은 그렇게 하신 경험이 분명히 있으십니까? 여러분은 예수님을 여러분의 주님으로 지금 믿고 계십니까? 그렇지 않으신 분들은 그렇게 하시기 바랍니다.

그리고 어떤 분들을 보면 구원의 확신이 없습니다. 교회는 오래 다녔는데도 불구하고 지금 죽으면 천국에 갈 것인지, 지옥에 갈 것인지 확신이 없는 분들이 있습니다. 이런 분들은 로마서 10장 9절 말씀을 깊이 생각해 보면서 적용해보시기 바랍니다.

"네가 만일 네 입으로 예수를 주로 시인하며 또 하나님께서 그를 죽은 자 가운데서 살리신 것을 네 마음에 믿으면 구원을 받으리라"(롬 10:9).

이 말씀을 기준으로 보면 내가 구원받은 사람인가, 안 받은 사람인가 스스로 알 수 있습니다. 다른 사람이 "당신은 구원받았어요", "안 받았어요" 그렇게 말할 수 없습니다. 구원은 하나님이 아시고, 자신이 알 수 있습니다. 스스로 한 번 잘 생각해 보시고 확신을 가지고 신앙생활 할 수 있기를 바랍니다.

(2) 구원받은 사람은 예수 그리스도의 복음을 전해야 한다.

"그런즉 그들이 믿지 아니하는 이를 어찌 부르리요 듣지도 못한 이를 어찌 믿으리요 전파하는 자가 없이 어찌 들으리요 보내심을 받지 아니하였으면 어찌 전파하리요 기록된 바 아름답도다 좋은 소식을 전하는 자들의 발이여 함과 같으니라"(롬 10:14-15).

이 세상에서 기쁜 소식이 뭐라고 생각하십니까? 우리나라의 반기문 외교부 장관이 UN 사무총장에 선출된 것은 굉장히 기쁜 소식입니다. 우리 동포 중 한 사람이 온 세계를 다니면서 세계평화를 위해 힘쓰고, 또 UN을 대표하는 사람이 되었다는 것은 정말 기쁜 소식입니다. 정말 축하해야 할 일입니다.

그런데 이 세상에서 제일 기쁜 소식은 예수님께서 우리 죄를 위하여 십자가에서 죽으시고, 죽으신지 3일 만에 부활하셨다는 것입니다. 이 소식보다 더 기쁜 소식은 없습니다. 그래서 우리는 이 소식을 '복음'이라고 이야기합니다. 본문에서는 '좋은 소식'이라는 말을 쓰고 있습니다. 하지만 아무리 '좋은 소식'도 전해지지 않으면 의미가 없습니다. '좋은 소식'은 전해져야 소식으로써의 의미가 있는 것입니다. 그러면 그 소식을 누가 전해야 할까요? '예수님의 복음'을 정말 '복음'이라고 믿는 사람이 전해야 합니다. '복음'이라고 믿지 않는 사람은 아무리 전하려고 해도 전할 수가 없습니다. 반대로 이것이 '복음'이고 '기쁜 소식'이라고 믿는 사람은 전하지 말라고 해도 전하게 될 것입니다. 그래서 이 일은 우리가 해야 될 일입니다. 우리가 예수 그리스도를 전해야 다른 사람들이 들을 수 있습니다. 그들이 들어야 예수 그리스도를 영접하고 구원받을 수 있기 때문에 우리들이 이 일을 정말 힘써서 잘 해야 되겠습니다. 산 넘고 물 건너 멀리는 못 간다고 할지라도 우리 가까이에 살고 있는 이웃들에게, 내 가족들에게, 내 사랑하는 친구들에게 예수 그리스도의 복음을 증거할 수 있기를 바랍니다.

앞장에서 우리 교회의 한 성도님 이야기를 했습니다. 동생의 구원을 위해서 오랜 시간 기도하다가 추석명절 때 내려가서 그 동생에게 복음을 전했더니 예수님을 영접하고 구원을 받았다는 이야기를 했었지요. 그런데 그 동생은 구원받은 며칠 후 세상을 떠나고 말았습니다. 만약에 그 성도님이 그 때 복음을 전하지 않았다면 그 동생은 지옥에 가야 합니다. 그런데 복음을 듣고 예수님을 영접하고 이 세상을 떠났으니 얼마나 감사한 일입니까. 그래서 우리가 복음을 전해야 하는 것입니다. 교회에서 전도 집회가 있을 때면 '누구를 전도할 것인가?' 계획하고 전도 대상자를 정해서 그 영혼을 위해 기도하시기 바랍니다. 그 사람에게 예수님을 소개하고 전도 집회 날꼭 초대할 수 있기를 바랍니다.

전도는 우리가 이 땅을 살아가는 이유이고 목적입니다. 저는 사실 전도보다는 예배를 강조해온 사람입니다. 그런데 사실 예배는 천국 가서도 얼마든지 드릴 수 있습니다. 그러나 전도는 천국 가면 더 이상 하지를 못 합니다. 전도는 이 땅에서만 할 수 있는 것입니다. 우리가 이 땅에 살아있는 목적이, 하나님께서 우리를 바로 데려가지 않으시고 이 땅에 남겨두신 그 이유가 전도하는 것에 있다고 말해도 과언이 아닙니다. "전도는 내가 해야 할 일이다." "하나님께서 나에게 맡겨주신 사명이다. 내 책임이다." 하는 것을 절대로 잊지 마시고 복음을 전할 수 있기를 바랍니다. 멀리 있는 사람들에게는 못 가더라도 내 가족, 내 친지, 내 친구, 내 이웃에게 전해야 하는 것은 우리의 책임입니다.

여러분 주위에 있는 사람들은 복음을 들었습니까? 여러분을 통해서 그들이 지금 복음을 듣고 있습니까?

많은 사람들이 복음을 잘 모릅니다. 왜 예수님을 믿어야 하는지 잘 모릅니다. 옆에서 이야기해주는 사람이 없기 때문에 그런 것입니다. 저와 여러분 주위에 있는 사람들은 적어도 한 번씩은 분명한 복음을 들을 수 있기를 바랍니다. 그 후에는 그들이 결정할 문제입니다.

"내가 달려갈 길과 주 예수께 받은 사명 곧 하나님의 은혜의 복음을 증언하는 일을 마치려 함에는 나의 생명조차 조금도 귀한 것으로 여기지 아니하노라"(행 20:24).

사도 바울은 복음 전하는 일을 예수님께서 맡겨주신 사명이라고 했습니다. 그리고 그 일을 위해서는 목숨을 조금도 귀한 것으로 여기지 아니한다고 고백하고 있습니다. 우리들도 사도 바울처럼 투철한 사명감과 책임의식을 가지고 전도할 수 있기를 바랍니다. 그래야 하나님께서 기뻐하시고 우리를 통해서 영혼들이 구원받을 수 있습니다.

"내가 복음을 전할지라도 자랑할 것이 없음은 내가 부득불 할 일임이라 만일 복음을 전하지 아니하면 내게 화가 있을 것이로다"(고전 9:16).

"하나님 앞과 살아 있는 자와 죽은 자를 심판하실 그리스도 예수 앞에서 그가 나타나실 것과 그의 나라를 두고 엄히 명하노니 너는 말씀을 전파하라 때를 얻든지 못 얻든지 항상 힘쓰라"(딤후 4:1-2a).

이 말씀을 늘 기억하면서 항상 전도에 힘쓰는 성도가 됩시다.

(3) 복음을 들은 사람은 복음을 받아들여야 한다.

"그러나 그들이 다 복음을 순종하지 아니하였도다 이사야가 이르되 주여 우리가 전한 것을 누가 믿었나이까 하였으니 그러므로 믿음은 들음에서 나며 들음은 그리스도의 말씀으로 말미암았느니라 그러나 내가 말하노니 그들이 듣지 아니하였느냐 그렇지 아니하니 그 소리가 온 땅에 퍼졌고 그 말씀이 땅 끝까지 이르렀도다 하였느니라"(롬 10:16-18).

이 말씀은 이스라엘 백성들에 대한 말씀입니다. 이스라엘 백성들은 예수님의 복음을 제일 먼저 들었던 사람들입니다. 그리고 선지자들을 통해서 오래 전부터 메시아에 대한 이야기를 들은 사람들입니다. 그럼에도 불구하고 그들은 복음을 받아들이지 않았습니다. 16절을 보면 '그들이 다 복음에 순종치 아니하였도다' 라고 말합니다. 이스라엘 백성들이 복음을 받아들이지 않았다는 말씀입니다.

그들은 복음에 관심이 없었습니다. 그래서 예수 그리스도를 십자가에 못 박아 죽였고, 그 결과 이스라엘 사람들은 서기 70년에 로마에 의해 멸망당한 후 1948년까지 나라 없는 민족으로 살았습니다. 온 세계 방방곡곡에 흩어져서 핍박 받는 민족으로 살아야 했습니다. 특별히 2차 세계대전 때 히틀러에 의해서 600만 명이나 되는 유대인들이 죽임을 당했습니다. 왜 그런 일이 그들에게 일어났는지 아십니까? 예수님의 복음을 받아들이지 않았기 때문입니다. 그 결과 그렇게 비참한 역사를 가진 민족이 되었습니다. 그래서 누구라도 복음을 들었을 때는 거부하지 말고 복음을 받아들여야 합니다. 복음을 받아들이지 않으면 민족이든, 개인이든 우리 하나님은 반드시 심판을 하십니다.

당신은 예수님의 복음을 들었을 때 그 사실을 당신의 것으로 받아들인 적이 있습니까? 아직 복음을 받아들인 적이 없다면 오늘 믿음의 결단을 내리시기 바랍니다. 오늘날에도 계속 복음은 증거되고 있습니다.

"그러나 내가 말하노니 그들이 듣지 아니하였느냐 그렇지 아니하니 그 소리가 온 땅에 퍼졌고 그 말씀이 땅 끝까지 이르렀도다 하였느니라"(롬 10:18).

그 소리가 온 땅에 퍼졌고, 그 말씀이 땅 끝까지 퍼졌다고 이야기하고 있습니다. 그래서 우리가 구원받을 수 있었던 것입니다. 지금도 하나님을 알지 못하는 사람들의 귀에는 여전히 하나님의 말씀이 전파되고 있습니다. 이웃을 통해서, 우리를 통해서, 방송을 통해서, 문서를 통해서, 여러 가지 방법으로 그들이 하나님의 말씀을 듣고 있습니다. 하나님의 말씀을 들었을 때는 하나님 말씀 앞에 순종해야 되는 것입니다. 예수 그리스도를 자신의 주님으로 영접해야 하는 것입니다. 로마서 10장 18절의 말씀은 사실은 '자연계시'에 대한 말씀입니다. 시편 19편 4절의 말씀을 인용한 것인데 자연을 통하여 하나님의 말씀이 온 땅에 퍼지고 있는 것을 이야기하고 있습니다. 그런데 사도 바울은 '특별계시'인 성경 말씀까지 포함시켜서 이 말씀을 하고 있습니다. 자연을 보아도 하나님이 계신 것을 알 수 있습니다. 그리고 성경을 통해서 분명히 하나님의 존재, 구원의 필요성, 구원의 방법을 이야기하고 있습니다. 그래서 사람은 핑계할 수 없습니다. 누구라도 복음을 들었으면 받아들여야 하는 것입니다.

여러분들 중에 아직도 예수 그리스도를 영접하지 못하고 멸망 길로 가는 분이 계시다면 지금 예수님의 복음을 들으셨을 때 겸손한 마음으로 예수 그리스도를 여러분의 주님으로 모셔드릴 수 있기를 바랍니다. 하나님은 지금도 여러분을 기다리고 계십니다.

"이스라엘에 대하여 이르되 순종하지 아니하고 거슬러 말하는 백성에게 내가 종일 내 손을 벌렸노라 하였느니라"(롬 10:21).

하나님께서 "너희들 언제나 나에게 돌아올래?" 하시며 두 손을 벌리고 있다는 이야기입니다. 우리 하나님은 지금도 양팔을 벌리고 우리를 기다리고 계십니다. 아직까지 하나님의 품안에 들어오지 못한 분이 있다면 지금 하나님의 품으로 들어오시기 바랍니다.

"우리가 하나님과 함께 일하는 자로서 너희를 권하노니 하나님의 은혜를 헛되이 받지 말라 이르시되 내가 은혜 베풀 때에 너에게 듣고 구원의 날에 너를 도왔다 하셨으니 보라 지금은 은혜 받을 만한 때요 보라 지금은 구원의 날이로다"(고후 6:1-2).

하나님은 실수하셨는가?

(롬 11장)

롬 11장

1 그러므로 내가 말하노니 하나님이 자기 백성을 버리셨느냐 그럴 수 없느니라 나
도 이스라엘인이요 아브라함의 씨에서 난 자요 베냐민 지파라

2 하나님이 그 미리 아신 자기 백성을 버리지 아니하셨나니 너희가 성경이 엘리야
를 가리켜 말한 것을 알지 못하느냐 그가 이스라엘을 하나님께 고발하되

3 주여 그들이 주의 선지자들을 죽였으며 주의 제단들을 헐어 버렸고 나만 남았는
데 내 목숨도 찾나이다 하니

4 그에게 하신 대답이 무엇이냐 내가 나를 위하여 바알에게 무릎을 꿇지 아니한 사
람 칠천 명을 남겨 두었다 하셨으니

5 그런즉 이와 같이 지금도 은혜로 택하심을 따라 남은 자가 있느니라

6 만일 은혜로 된 것이면 행위로 말미암지 않음이니 그렇지 않으면 은혜가 은혜 되
지 못하느니라

7 그런즉 어떠하냐 이스라엘이 구하는 그것을 얻지 못하고 오직 택하심을 입은 자
가 얻었고 그 남은 자들은 우둔하여졌느니라

8 기록된 바 하나님이 오늘까지 그들에게 혼미한 심령과 보지 못할 눈과 듣지 못할
귀를 주셨다 함과 같으니라

9 또 다윗이 이르되 그들의 밥상이 올무와 덫과 거치는 것과 보응이 되게 하시옵고

10 그들의 눈은 흐려 보지 못하고 그들의 등은 항상 굽게 하옵소서 하였느니라

11 그러므로 내가 말하노니 그들이 넘어지기까지 실족하였느냐 그럴 수 없느니라 그
들이 넘어짐으로 구원이 이방인에게 이르러 이스라엘로 시기나게 함이니라

12 그들의 넘어짐이 세상의 풍성함이 되며 그들의 실패가 이방인의 풍성함이 되거든
하물며 그들의 충만함이리요

13 내가 이방인인 너희에게 말하노라 내가 이방인의 사도인 만큼 내 직분을 영광스
럽게 여기노니

14 이는 혹 내 골육을 아무쪼록 시기하게 하여 그들 중에서 얼마를 구원하려 함이라

15 그들을 버리는 것이 세상의 화목이 되거든 그 받아들이는 것이 죽은 자 가운데서
살아나는 것이 아니면 무엇이리요

16 제사하는 처음 익은 곡식 가루가 거룩한즉 떡덩이도 그러하고 뿌리가 거룩한즉
가지도 그러하니라

17 또한 가지 얼마가 꺾이었는데 돌감람나무인 네가 그들 중에 접붙임이 되어 참 감
람나무 뿌리의 진액을 함께 받는 자가 되었은즉

18 그 가지들을 향하여 자랑하지 말라 자랑할지라도 네가 뿌리를 보전하는 것이 아
니요 뿌리가 너를 보전하는 것이니라

19 그러면 네 말이 가지들이 꺾인 것은 나로 접붙임을 받게 하려 함이라 하리니

20 옳도다 그들은 믿지 아니하므로 꺾이고 너는 믿으므로 섰느니라 높은 마음을 품지 말고 도리어 두려워하라

21 하나님이 원 가지들도 아끼지 아니하셨은즉 너도 아끼지 아니하시리라

22 그러므로 하나님의 인자하심과 준엄하심을 보라 넘어지는 자들에게는 준엄하심이 있으니 너희가 만일 하나님의 인자하심에 머물러 있으면 그 인자가 너희에게 있으리라 그렇지 않으면 너도 찍히는 바 되리라

23 그들도 믿지 아니하는 데 머무르지 아니하면 접붙임을 받으리니 이는 그들을 접붙이실 능력이 하나님께 있음이라

24 네가 원 돌감람나무에서 찍힘을 받고 본성을 거슬러 좋은 감람나무에 접붙임을 받았으니 원 가지인 이 사람들이야 얼마나 더 자기 감람나무에 접붙이심을 받으랴

25 형제들아 너희가 스스로 지혜 있다 하면서 이 신비를 너희가 모르기를 내가 원하지 아니하노니 이 신비는 이방인의 충만한 수가 들어오기까지 이스라엘의 더러는 우둔하게 된 것이라

26 그리하여 온 이스라엘이 구원을 받으리라 기록된 바 구원자가 시온에서 오사 야곱에게서 경건하지 않은 것을 돌이키시겠고

27 내가 그들의 죄를 없이 할 때에 그들에게 이루어질 내 언약이 이것이라 함과 같으니라

28 복음으로 하면 그들이 너희로 말미암아 원수 된 자요 택하심으로 하면 조상들로 말미암아 사랑을 입은 자라

29 하나님의 은사와 부르심에는 후회하심이 없느니라

30 너희가 전에는 하나님께 순종하지 아니하더니 이스라엘이 순종하지 아니함으로 이제 긍휼을 입었는지라

31 이와 같이 이 사람들이 순종하지 아니하니 이는 너희에게 베푸시는 긍휼로 이제 그들도 긍휼을 얻게 하려 하심이라

32 하나님이 모든 사람을 순종하지 아니하는 가운데 가두어 두심은 모든 사람에게 긍휼을 베풀려 하심이로다

33 깊도다 하나님의 지혜와 지식의 풍성함이여, 그의 판단은 헤아리지 못할 것이며 그의 길은 찾지 못할 것이로다

34 누가 주의 마음을 알았느냐 누가 그의 모사가 되었느냐

35 누가 주께 먼저 드려서 갚으심을 받겠느냐

36 이는 만물이 주에게서 나오고 주로 말미암고 주에게로 돌아감이라 그에게 영광이 세세에 있을지어다 아멘

사람은 실수를 참 잘합니다. 말로도 실수를 잘하고, 행동으로도 실수를 잘합니다. 어떤 때는 약속을 해놓고도 본의 아니게 약속을 지키지 못할 때도 있습니다. 사람만 실수를 잘하는 것이 아니라, 나라나 정부도 실수를 잘하는 것은 마찬가지라고 생각합니다. 어떤 정책을 세웠는데 그 정책이 실패로 끝나는 경우를 우리가 자주 보게 됩니다. 개인 뿐 아니라, 정부라 할지라도 또 국가라 할지라도 사람이 하는 일이므로 얼마든지 실수할 수 있는 것입니다.

그러면 우리 하나님은 어떠실까요? 하나님도 실수를 하실까요?

우리 하나님은 절대 실수하지 않는 분이십니다.

"하나님의 은사와 부르심에는 후회하심이 없느니라"(롬 11:29).

우리 하나님께는 후회가 없다고 말씀하고 있는데 이 말씀은 하나님께서는 무엇을 철회하는 법이 없다는 말씀입니다. 우리가 무엇을 하다가 실수하거나 실패하게 되면 부득불 그 계획을 철회할 수밖에 없습니다. 그러나 우리 하나님은 철회할 일이 없다는 것입니다. 왜냐하면 절대로 실수나 실패가 없기 때문입니다.

그런데 우리는 종종 하나님이 어떤 일을 잘못한다고 생각할 때가 있습니다. 정말 어렵고 힘든 일이 생겼을 때 우리는 은연중에 '지금 하나님은 실수하고 계시다' 라는 생각을 하게 됩니다. "하나님, 어떻게 나에게 이러실 수가 있습니까?" 하며 하나님을 원망하는데 그 생각 속에는 '지금 하나님 실수하고 계십니다' 라는 마음이 깔려 있습니다. 그러나 우리가 분명히 기억해야 할 것은 하나님은 절대로 실수하시는 법이 없고, 실패하시는 일도 없습니다.

이스라엘과 이방인들의 구원

로마서 11장은 '이스라엘과 이방인들의 구원'에 대한 말씀입니다. '하나님의 구원 계획'을 다 알지 못하면 하나님이 실수하고 있는 것처럼 느껴질 수 있습니다. 왜냐하면 예수님은 이 땅에 메시야로 오신 분인데, 이스라엘 사람으로 오셨습니다. 예수님께서 이 땅에 오셨을 때 대다수 이스라엘 사람들은 예수님을 거부하여 십자가에 못 박아 죽이고 말았습니다. 대다수 이스라엘 사람들은 지금도 예수님을 믿지 않습니다. 이런 것을 볼 때 하나님께서 실수하셨다고 생각할 수 있습니다. 이스라엘을 선택하신 것, 예수님을 이스라엘 사람으로 태어나게 하신 것, 이 모든 것이 다 실수가 아닌가 하는 생각을 할 수 있습니다. 하나님이 실수하신 것일까요? 아닙니다. 절대로 하나님은 실수하지 않으셨습니다.

"그런즉 어떠하냐 이스라엘이 구하는 그것을 얻지 못하고 오직 택하심을 입은 자가 얻었고 그 남은 자들은 우둔하여졌느니라 기록된 바 하나님이 오늘까지 그들에게 혼미한 심령과 보지 못할 눈과 듣지 못할 귀를 주셨다 함과 같으니라 또 다윗이 이르되 그들의 밥상이 올무와 덫과 거치는 것과 보응이 되게 하시옵고 그들의 눈은 흐려 보지 못하고 그들의 등은 항상 굽게 하옵소서 하였느니라"(롬 11:7-10).

이 말씀을 보면 우리 하나님께서는 이스라엘 백성들이 메시야를 거절할 것을 알고 계셨습니다. '남은 자들은 우둔하여졌느니라' 이렇게 말하면서 '하나님이 오늘까지 그들에게 혼미한 심령과 보지 못할 눈과 듣지 못할 귀를 주셨다'라고 말하고 있습니다. 우리 하나님은 다 알고 계셨습니다. 모르고 했다면 실수이지만 하나님께서는 알고 계심에도 불구하고 목적이 있기 때문에 그렇게 하신 것입니다. 이 말씀을 보면 그 목적을 알 수 있습니다.

"그러므로 내가 말하노니 그들이 넘어지기까지 실족하였느냐 그럴 수 없느니라 그들이 넘어짐으로 구원이 이방인에게 이르러 이스라엘로 시기나게 함이니라 그들의 넘어짐이 세상의 풍성함이 되며 그들의 실패가 이방인의 풍성함이 되거든 하물며 그들의 충만함이리요"(롬 11:11-12).

하나님께서 이스라엘을 왜 실패하게 하셨는지 그 이유가 나와 있습니다. 하나님께서는 이스라엘 백성이 메시아를 거절할 것을 다 아시면서 이방인들을 구원하시려고 그렇게 하셨습니다.

하나님께서 이방인들을 구원해 주실 것에 대해서는 신명기 32장 21절과 이사야 65장 1절에 기록하고 있는데 이 두 말씀을 로마서 10장 19절, 20절에서 인용하고 있습니다.

"내가 백성 아닌 자로써 너희를 시기하게 하며 미련한 백성으로써 너희를 노엽게 하리라"(롬 10:19).

"내가 나를 찾지 아니한 자들에게 찾은 바 되고 내게 묻지 아니한 자들에게 나타났노라"(롬 10:20).

여기서 '백성 아닌 자', '나를 찾지 아니한 자들'은 이방인들을 이야기하는 것입니다. 하나님께서는 이방인들을 구원하실 계획을 오래 전부터 세워 놓고 계셨습니다. 그리고 이방인들을 구원하기 위해서 먼저 이스라엘 백성들로 하여금 메시아를 거절하도록 허락하셨고, 나중에 이방인들을 구원해 주신 것입니다.

하나님의 은혜로 구원받은 우리 이방인들의 자세

그렇다면 하나님의 은혜로 구원받은 우리 이방인들은 어떤 자세로 살아야 할까요? 그 자세에 대해서는 본문 17-20절이 잘 말해주고 있습니다.

"또한 가지 얼마가 꺾이었는데 돌감람나무인 네가 그들 중에 접붙임이 되어 참 감람나무 뿌리의 진액을 함께 받는 자가 되었은즉 그 가지들을 향하여 자랑하지 말라 자랑할지라도 네가 뿌리를 보전하는 것이 아니요 뿌리가 너를 보전하는 것이니라 그러면 네 말이 가지들이 꺾인 것은 나로 접붙임을 받게 하려 함이라 하리니 옳도다 그들은 믿지 아니하므로 꺾이고 너는 믿으므로 섰느니라 높은 마음을 품지 말고 도리어 두려워하라"(롬 11:17-20).

이 말씀을 보면 한 마디로 '교만하지 말라'고 이야기하고 있습니다. '자랑하지 말라', '높은 마음을 품지 말라'라는 말씀은 '교만하지 말라'는 말씀입니다. 우리 이방인들은 잘못하면 교만한 마음을 품을 수 있습니다. "저 이스라엘은 구원도 못 받고 뭐하고 있는 거냐? 우리 이방인도 구원받았는데…" 하면서 교만한 마음을 품을 수 있습니다. 그런데 하나님께서는 절대로 그렇게 하지 말라고 하십니다. 왜냐하면 이스라엘 백성들이 누려야 할 은혜를 우리가 누리고 있기 때문입니다.

위의 말씀에서 우리 이방인들을 어떻게 표현하고 있습니까? 우리는 '돌 감람나무'로 표현하고 있고, 이스라엘은 '참 감람나무'로 표현하고 있습니다. '돌 감람나무'라고 하니까 기분이 나쁠 수도 있는데, 사실 생각해 보면 우리는 '돌 감람나무' 밖에 되지 않는 사람들입니다.

"그 때에 너희는 그리스도 밖에 있었고 이스라엘 나라 밖의 사람이라 약속의 언약들에 대하여는 외인이요 세상에서 소망이 없고 하나님도 없는 자이더니"(엡 2:12).

우리는 하나님의 축복의 약속들과 관계가 없는 사람들이었습니다. 여호와 하나님이 우리의 하나님도 아니었습니다. 그러므로 우리는 '돌 감람나무' 일 수밖에 없는 것입니다. 그런데 하나님께서 우리들을 사랑해 주셔서 그 '참 감람나무 가지' 가 메시야를 받아들이지 않았을 때 그것들을 잘라 버리고 '돌 감람나무 가지' 인 우리들을 접붙여 주셨습니다. 그리고 그 '뿌리' 에서 올라오는 양분을 우리로 먹게 해 주셨습니다. 그 뿌리가 무엇인지 아십니까? 이스라엘 사람들의 조상 아브라함을 이야기하는 것입니다. 지금 우리는 아브라함에게 해주신 언약의 축복들을 누리고 살아가고 있습니다. 하나님께서 아브라함에게 "너는 복의 근원이 될지라. 온 땅의 백성들이 너로 인하여 복을 받을 것이다"라는 약속의 말씀을 주셨는데 그 축복을 우리가 누리고 살아가고 있는 것입니다. 그러므로 절대로 교만하면 안 됩니다.

그렇다면 이스라엘 백성들은 이제 어떻게 되는 것일까요?

아브라함의 육체적인 후손으로 지금 중동에서 살고 있는 이스라엘 백성들, 유대인들은 어떻게 되는 것일까요? 그들은 이제 모든 것이 끝난 것일까요?

어떤 사람들은 이제 더 이상 이스라엘 백성들이 누릴 축복은 없다고 생각합니다. 그리고 하나님께서 이스라엘 백성들에게 약속하신 그 모든 축복은 오늘날의 교회를 통해서 이루어진다고 생각합니다.

그렇게 믿는 사람들은 문자적인 천년왕국을 믿지 않습니다. 그들은 이 시대가 영적인 천년왕국이라고 이해합니다. 그러나 우리는 문자적으로, 실제적으로 이 땅위에 천년왕국이 세워질 것을 믿습니다. 성경을 잘 보면 이스라엘은 이스라엘이고, 교회는 교회입니다. 이스라엘과 교회는 분명히 다릅니다. 물론 구원받은 우리가 영적인 이스라엘이라는 말이 틀린 것은 아닙니다.

그러나 이스라엘은 이스라엘이고, 교회는 교회라는 것을 성경은 분명히 이야기하고 있고, 문자적인 천년왕국도 실제적으로 이 땅위에 이루어질 것을 성경은 이야기하고 있습니다. 그리고 하나님께서는 이스라엘에게 하신 그 모든 약속들을 언젠가 반드시 이루실 것입니다. 이미 이루신 약속도 있지만, 아직 이루어지지 않은 약속도 있습니다. 그런데 약속이 이루어지려면 하나님께서 이스라엘에게 다시 한 번 기회를 주셔야 합니다. 과거에 하나님께서 기회를 주셨을 때는 그들이 실패하였습니다. 메시야를 알아보지 못하고 십자가에 못 박아 죽였습니다. 그런데 이 모든 약속들이 그들에게 실제적으로 이루어지기 위해서는 그들에게 다시 한 번 기회가 필요합니다. 그리고 하나님께서는 그들에게 기회를 주신다고 이야기하고 계십니다.

"그러므로 내가 말하노니 그들이 넘어지기까지 실족하였느냐 그럴 수 없느니라 그들이 넘어짐으로 구원이 이방인에게 이르러 이스라엘로 시기나게 함이니라 그들의 넘어짐이 세상의 풍성함이 되며 그들의 실패가 이방인의 풍성함이 되거든 하물며 그들의 충만함이리요"(롬 11:11-12).

11절 앞부분에 '그들이 넘어지기까지 실족하였느냐?' 이렇게 질문하고 있습니다. 이 말은 '이스라엘은 완전히 망한 것인가?' 또는 '완전히 끝이 난 것인가?' 하는 의미입니다. 그것에 대한 대답이 뭘까요? '그럴 수 없느니라' 입니다. 아직 끝나지 않았다는 것입니다. 이스라엘에 대한 그 축복은 아직 남아 있다는 의미입니다. 또, 12절 끝부분에 보면 "하물며 그들의 충만함이리요" 하는 말씀이 나옵니다. 이것도 역시 '이스라엘의 구원' 과 관련된 말씀입니다.

여기에서 말씀하고 있는 이 '이스라엘' 은 교회를 이야기하는 것이 아닙니다. 실제적인 이스라엘을 이야기하는 것입니다. 유대인들을 이야기하는 것입니다. 그러니까 유대인들에 대한 하나님의 약속이 완전히 없어진 것이 아니라는 것입니다. 그것이 교회를 통해서 이루어진다고 그렇게 영적인 해석을 하는 분들이 계시지만, 제가 볼 때는 그렇지 않습니다.

"형제들아 너희가 스스로 지혜 있다 하면서 이 신비를 너희가 모르기를 내가 원하지 아니하노니 이 신비는 이방인의 충만한 수가 들어오기까지 이스라엘의 더러는 우둔하게 된 것이라 그리하여 온 이스라엘이 구원을 받으리라"(롬 11:25-26a).

'온 이스라엘이 구원을 받으리라' 에서 이 '이스라엘' 도 교회를 상징하는 것이 아닙니다. 실질적으로 이스라엘, 유대인들을 말하는 것입니다. 오늘날에는 이스라엘 사람들이 부분적으로, 소수의 사람들만이 예수님을 개인적으로 영접하고, 구원받고 있습니다. 그런데 언젠가는 민족적으로, 대부분의 이스라엘 사람들이 구원받게 될 날이 올 것입니다.

언제 이스라엘이 구원을 받게 될까요?

이스라엘은 예수님께서 다시 오실 때 실제적으로 구원받는 일이 일어납니다.

"기록된 바 구원자가 시온에서 오사 야곱에게서 경건하지 않은 것을 돌이키시겠고 내가 그들의 죄를 없이 할 때에 그들에게 이루어질 내 언약이 이것이라 함과 같으니라"(롬 11:26b-27).

이스라엘의 구원에 대해서 구체적으로 언제 그런 일이 일어날 것인지 이야기하고 있습니다. '구원자가 시온에서 올 때' 그런 일이 일어난다고 이야기하고 있습니다. 이 '구원자'는 누구를 이야기하는 것일까요? '예수 그리스도'를 말하는 것입니다. '예수 그리스도'가 '시온'에서 온다고 했습니다. '시온'은 '예루살렘'을 이야기하는 것인데, 여기에서 '시온'은 '하늘에 있는 예루살렘' 즉 '천국'을 이야기하는 것입니다. 그래서 메시아 그리스도가 하늘로부터 다시 오실 때 놀라운 구원의 역사가 이스라엘 사람들 중에 있게 된다는 것입니다.

그 때 어떤 일이 일어나는가 하면 '돌이키신다'고 했는데 이것은 이스라엘이 회개하는 것을 말합니다. 27절에 '그들의 죄를 없이 할 것'이라는 말씀은 예수님이 오실 때 이스라엘 백성들은 그제서야 눈이 번쩍 뜨여서 "우리가 십자가에 못 박은 예수가 정말 메시아로구나!" 하는 사실을 깨닫고, 하나님 앞에 회개하게 되는 것입니다. 그 때 하나님께서는 그들에게 구원의 은총을 베풀어 주십니다. 이것이 이스라엘 백성들에 대해서 하나님께서 약속하시고 있는 내용입니다. 더 자세한 내용은 스가랴서에 기록되어 있습니다.

"내가 다윗의 집과 예루살렘 주민에게 은총과 간구하는 심령을 부어 주리니 그들이 그 찌른 바 그를 바라보고 그를 위하여 애통하기를 독자를 위하여 애통하듯 하며 그를 위하여 통곡하기를 장자를 위하여 통곡하듯 하리로다"(슥 12:10).

'그들이 찌른 자를 바라본다'고 했는데 예수님께서 오실 때 유대인들이 예수 그리스도를 바라보게 되는 것이고, '그들이 통곡한다'는 말도 있는데 "아, 저 분이 정말 메시아인데 우리가 그것을 모르고 십자가에 못 박아 죽였구나." 하면서 회개하는 것을 말합니다.

"그 날에 죄와 더러움을 씻는 샘이 다윗의 족속과 예루살렘 주민을 위하여 열리리라"(슥 13:1).

그 날에 주님께서 이스라엘의 죄와 더러움을 다 씻어주신다고 하셨습니다. 지금은 이스라엘 백성들이 예수님을 안 믿습니다. 그러나 예수님께서 다시 오실 때 하나님께서 마지막 기회를 주시는데 그 때에 그들이 회개하고 예수 그리스도를 구주로 영접하는 놀라운 역사가 일어나게 됩니다. 그 날 하나님께서 이스라엘에게 하신 언약의 말씀이 이루어질 것입니다.

"내가 그들의 죄를 없이 할 때에 그들에게 이루어질 내 언약이 이것이라 함과 같으니라"(롬 11:27).

앞으로 이루어질 이 언약은 예레미야서에 기록되어 있는 그 언약입니다.

"그러나 그 날 후에 내가 이스라엘 집과 맺을 언약은 이러하니 곧 내가 나의 법을 그들의 속에 두며 그들의 마음에 기록하여 나는 그들의 하나님이 되고 그들은 내 백성이 될 것이라 여호와의 말씀이니라 그들이 다시는 각기 이웃과 형제를 가리켜 이르기를 너는 여호와를 알라 하지 아니하리니 이는 작은 자로부터 큰 자까지 다 나를 알기 때문이라 내가 그들의 악행을 사하고 다시는 그 죄를 기억하지 아니하리라 여호와의 말씀이니라"(렘 31:33-34).

이 말씀은 하나님께서 이스라엘 백성들에게 하신 언약의 말씀입니다. 이 언약의 말씀이 언제 이루어지는가 하면 예수님께서 다시 오실 때, 그리고 주님과 함께 천년왕국에 들어가서 살게 될 때 이루어지는 것입니다. 지금은 그들이 하나님을 대적하고 있습니다. 예수 그리스도를 받아들이지 않습니다. 그러나 그 때는 그들이 하나님께서 기뻐하시는 아름다운 백성이 될 것입니다. 이런 말씀들이 문자적으로 이루어지기 위해서는 반드시 천년왕국이 있어야 합니다. 그리고 천년왕국은 반드시 있습니다. 천년왕국이 없다면 하나님께서는 본의 아니게 거짓말하는 분이 되기 때문에 그렇습니다. 물론 어떤 분들은 이런 말씀도 영적으로 이해하여 여기에 기록된 말씀은 결국 교회를 통해서 이루어진다고 해석을 하는데, 이 말씀은 실제적으로 이스라엘 백성들, 유대인들에게 문자적으로 주시는 약속입니다. 또, 하나님께서는 이스라엘 백성들에게 땅에 대한 약속도 해주고 계시는데 아직 이루어지지 않은 것이 있습니다. 그 약속도 언젠가는 반드시 이루어져야 하는데 그것도 천년왕국 때 이루어질 것을 믿습니다.

"그 날에 여호와께서 아브람과 더불어 언약을 세워 이르시되 내가 이 땅을 애굽 강에서부터 그 큰 강 유브라데까지 네 자손에게 주노니"(창 15:18).

하나님께서 아브라함에게 언약을 하시면서 땅을 주시겠다고 약속하셨습니다. 그 땅의 범위가 '애굽 강에서부터 그 큰 강 유브라데까지'로 되어 있습니다. 유브라데 강은 오늘날의 이라크에 있는데 이스라엘 땅으로부터 상당히 멀리 떨어져 있습니다. 이스라엘 백성들은 한 번도 그 땅을 점령해 본 적이 없습니다. 그렇다면 하나님이 약속을 어겼던지, 언젠가는 이루어주실 것이든지 둘 중의 하나입니다. 저는 하나님이 약속을 어기는 분이라고 생각하지 않습니다. 이런 말씀을 어떻게 교회에 적용하면서 생각할 수 있겠습니까. 실제적으로 지명까지 정확히 이야기하고 있기 때문에 이스라엘에게 하신 이런 약속들은 언젠가는 반드시 이루어질 것인데 천년왕국 때 이루어질 것입니다. 실제적으로 천년왕국은 있습니다. 실제로 있어야 성경의 모든 예언이 맞아 떨어집니다. 이런 것을 보면 하나님의 계획이 정말 놀랍습니다. 하나님은 정말 놀라운 분이십니다.

이스라엘에 대한 약속도 지키시고 이방인들도 구원해 주십니다. 그래서 우리 하나님은 정말로 놀라운 분이라는 것입니다.

"깊도다 하나님의 지혜와 지식의 풍성함이여, 그의 판단은 헤아리지 못할 것이며 그의 길은 찾지 못할 것이로다"(롬 11:33).

하나님의 지혜가 놀랍지 않습니까? 우리는 하나님의 구원 계획이 뭐 잘못된 게 아니냐고 생각할 수 있지만 절대로 하나님은 실수하지 않으셨습니다. 절대로 하나님의 계획, 정책은 실패로 돌아간 것이 아닙니다.

그렇다면 우리의 삶 가운데서는 어떨까요?

하나님께서 실수하실까요? 실수하지 않으십니다. 구원 계획에 있어서 절대로 실수하지 않으신 것처럼 우리들의 삶 가운데 일어나는 모든 일들에도 하나님은 절대로 실수가 없으십니다. 그런데 우리는 하나님이 한 번씩 실수하시는 것처럼 느낄 때가 있습니다. 어려운 일이 닥칠 때 "하나님, 다른 사람도 아니고, 내가 주님을 얼마나 많이 사랑하는데 왜 나에게 이런 시련을 허락하십니까? 하나님이 지금 살아계신다면 정말 이러실 수가 있습니까?" 하면서 하나님을 마구 원망합니다. 하나님이 지금 실수하고 있다고 생각하기 때문입니다. 그러나 분명히 기억해야 합니다. 하나님은 절대로 실수하지 않으십니다. 큰 것에 있어서도 실수하지 않으시고, 우리 삶의 작은 부분에서도 절대로 실수하는 법이 없으십니다. 우리들에게 일어나는 모든 일들은 하나님의 뜻 안에서 일어나는 것입니다. 왜 그런 일이 일어나는지 우리가 그 이유를 다 알 수는 없습니다. 왜, 어떤 목적 때문에 그렇게 하시는지도 알 수 없습니다. 그러나 한 가지 분명한 것은 우리 하나님은 사람들처럼 실수를 하신다거나 약속을 안 지키시는 분이 절대로 아니라는 것입니다.

"하나님은 사람이 아니시니 거짓말을 하지 않으시고 인생이 아니시니 후회가 없으시도다 어찌 그 말씀하신 바를 행하지 않으시며 하신 말씀을 실행하지 않으시랴"(민 23:19).

사람은 사람이기 때문에 말을 해놓고도 제대로 못 지킬 때가 있고, 일부러 어길 때도 있습니다. 그러나 우리 하나님은 인생이 아니라고 이야기하고 있습니다. 절대로 실수하지도 않으시고, 말씀하신 것을 실행하지 않는 법도 없습니다. 신실하신 우리 하나님이시기 때문에 그렇습니다. 로마서 8장 28절을 보면 우리 하나님은 '모든 것을 합력하여 선을 이루는 분'이라고 이야기하고 있습니다. 이런 분이 우리 하나님이십니다. 그러므로 우리는 항상 하나님을 신뢰하는 믿음을 가지고 살아가야 하겠습니다.

아직 예수님을 알지 못하는 분이 있다면 꼭 예수님을 믿으십시오.

사람에게 구원의 기회는 항상 있는 것이 아닙니다. 본문에 의하면 이방인들이 구원받을 수 있는 시기는 한정되어 있습니다. '이방인들의 충만한 수가 들어오기까지'(롬 11:25). 그 때까지가 이방인들이 구원받을 수 있는 때입니다. 이 세상 돌아가는 것을 볼 때, 예수님께서 오실 때가 얼마 남지 않았음을 알 수 있습니다. 그리고 이방인들이 구원받을 수 있는 날도 얼마 남지 않았습니다. 이스라엘 나라가 다시 회복된 것을 보십시오. 이스라엘은 AD 70년에 로마에 의해서 완전히 멸망당한 나라입니다. 그런데 완전히 멸망했다고 생각한 그 나라가 1948년에 다시 주권국가가 되었습니다. 세계 어디에도 이런 경우가 없습니다. 완전히 죽은 줄 알았는데 다시 살아나는 것을 보십시오. 얼마나 놀랍습니까. 이것이 하나님께서 이스라엘에게 마지막 기회를 주실 때가 다가오고 있다는 증거입니다.

"무화과나무의 비유를 배우라 그 가지가 연하여지고 잎사귀를 내면 여름이 가까운 줄을 아나니 이와 같이 너희도 이 모든 일을 보거든 인자가 가까이 곧 문 앞에 이른 줄 알라"(마 24:32-33).

세상 돌아가는 것을 보면 주님께서 재림하실 날이 참 가까웠다는 것을 알 수 있습니다. 잦은 지진, 여러 가지 테러, 전쟁, 이스라엘의 회복…. 모든 것이 결국은 주님 오실 날이 얼마 남지 않았음을 이야기해 주고 있습니다. 당신이 아직 구원받지 못했다면 기회가 있을 때 예수 그리스도를 주님으로 영접하고 구원받아 천국의 소망을 갖고 살아갈 수 있기를 바랍니다.

14
그러면 이제 우리는

(롬 12:1-2)

롬 12:1-2

1 그러므로 형제들아 내가 하나님의 모든 자비하심으로 너희를 권하노니 너희 몸을
  하나님이 기뻐하시는 거룩한 산 제물로 드리라 이는 너희가 드릴 영적 예배니라
2 너희는 이 세대를 본받지 말고 오직 마음을 새롭게 함으로 변화를 받아 하나님의
  선하시고 기뻐하시고 온전하신 뜻이 무엇인지 분별하도록 하라

로마서는 전체가 16장으로 이루어져 있는데 크게 2부분으로 나누어집니다. 1-11장은 교리적인 내용을 담고 있고, 12-16장은 생활적인 내용과 실천적인 내용을 담고 있습니다. 1-11장까지는 교리에 대해 많은 언급이 있었는데, 우리가 교리를 중요하게 생각하는 것은 그 교리를 통하여 우리의 생활이 달라지고, 삶이 달라지기 때문입니다. 그런 이유 때문에 사도 바울도 먼저 교리적인 것을 이야기하고, 12장부터는 생활적인 것을 이야기하는 것입니다.

12장 본문이 어떻게 시작되고 있는지 잘 보십시오.

"그러므로 형제들아 내가 하나님의 모든 자비하심으로 너희를 권하노니 너희 몸을 하나님이 기뻐하시는 거룩한 산 제물로 드리라 이는 너희가 드릴 영적 예배니라"(롬 12:1).

'그러므로 형제들아' 라고 시작합니다. '그러므로' 라는 말은 접속어로써 그 앞에 나오는 내용과 연관이 있는 것을 말합니다. 그리고 '내가 하나님의 모든 자비하심으로 너희를 권한다' 고 이야기하면서 본문이 시작되고 있습니다. 여기서 말하고 있는 '하나님의 자비하심' 은 로마서 1-11장까지의 내용을 말하는 것입니다. 로마서 1-11장까지의 내용을 한 마디로 요약하면 '하나님의 자비하심' 입니다.

모든 사람은 죄인입니다. 그 죄 값 때문에 사람에게는 사망이 찾아왔습니다. 그래서 이 죄 문제를 해결해야 하는데 이것은 율법을 지켜서 되는 것도 아니고, 의로운 행동을 한다고 되는 것도 아닙니다. 사람이 의로워지는 것은 '예수 그리스도를 믿음' 으로만이 가능합니다. 사람은 죄인인데 하나님께서 예수 그리스도를 통해서 의롭게 해주신 것, 이것이 '하나님의 자비하심' 입니다. 그래서 "내가 하나님의 모든 자비하심으로 너희를 권한다" 하는 말은 "내가 지금까지 1-11장까지 기록한 그 모든 말씀을 근거로 해서 이제 여러분들에게 권합니다" 하는 의미입니다. 그리고 12장부터는 생활적인 내용, 실천적인 내용이 시작됩니다.

그러면 이제 하나님의 자비하심으로 구원받은 우리는 어떤 삶을 살아야 하겠습니까?

본문은 우리에게 두 가지를 말해 줍니다.

첫째, 너희 몸을 하나님이 기뻐하시는 거룩한 산 제물로 드리라.

"그러므로 형제들아 내가 하나님의 모든 자비하심으로 너희를 권하노니 너희 몸을 하나님이 기뻐하시는 거룩한 산 제물로 드리라 이는 너희가 드릴 영적 예배니라"(롬 12:1).

'너희 몸을 산 제물로 드리라' 고 말하고 있는데 이것은 하나님께 어떻게 하라는 말일까요? 구약시대에는 짐승을 죽여서 하나님께 제사를 드리는 제도가 있었습니다. 그 때처럼 우리 몸을 어떻게 해 가지고 하나님께 진짜 제물로 드리라는 말씀일까요? 물론 아닙니다. '우리의 몸을 산 제물로 하나님께 드린다' 하는 이 말을 이해하기 위해서는 성경을 찾아볼 필요가 있습니다.

"그러므로 우리가 그의 죽으심과 합하여 침례를 받음으로 그와 함께 장사되었나니 이는 아버지의 영광으로 말미암아 그리스도를 죽은 자 가운데서 살리심과 같이 우리로 또한 새 생명 가운데서 행하게 하려 함이라"(롬 6:4).

말씀 끝 부분에 '우리로 또한 새 생명 가운데서 행하게 하려 함이라’ 하는 말씀이 있습니다. 그러니까 구원받은 사람들에게는 새 생명이 있다는 말씀입니다.

새 생명이 있는 사람은 살았을까요? 죽었을까요?

살았습니다. 과거에는 우리가 영적으로 죽은 사람들이었습니다. 그런데 이제 예수 그리스도를 통해서 우리의 영이 살아나게 되어 우리에게도 새로운 생명이 있게 되었습니다. 이 말씀과 본문에서 말씀하고 있는 ‘너희 몸을 산 제물로 드리라’ 는 말씀은 연관성이 있습니다. 로마서 6장 4절에서는 ‘새 생명이 우리에게 있다’, ‘우리는 살아있는 존재가 되었다’ 라고 말씀하고 있고, 본문 로마서 12장 1절에서는 ‘너희 몸을 산 제물로 드리라’ 라고 말씀하고 있습니다.

“이와 같이 너희도 너희 자신을 죄에 대하여는 죽은 자요 그리스도 예수 안에서 하나님께 대하여는 살아 있는 자로 여길지어다 그러므로 너희는 죄가 너희 죽을 몸을 지배하지 못하게 하여 몸의 사욕에 순종하지 말고 또한 너희 지체를 불의의 무기로 죄에게 내주지 말고 오직 너희 자신을 죽은 자 가운데서 다시 살아난 자 같이 하나님께 드리며 너희 지체를 의의 무기로 하나님께 드리라” (롬 6:11-13).

이 말씀은 우리가 다시 살아난 자, 새 생명을 소유한 자가 되었으니 이제 우리의 육체를 가지고 범죄하지 말고, 하나님께 의의 무기로 드리라고 말씀하고 있습니다. ‘우리의 지체를 하나님께 의의 무기로 드리라’ 하는 이 말씀과 ‘우리 몸을 하나님께 산 제물로 드리라’ 하는 이 말씀은 따지고 보면 연관성이 있는 말입니다. 그 의미는 결국 ‘하나님께 영광 돌리는 삶을 살라’ 하는 것입니다. 그것이 바로 '우리 몸을 하나님께 산 제물로 드리라' 하는 말씀의 의미입니다.

좀 더 명확한 말씀을 보겠습니다.

"너희 몸은 너희가 하나님께로부터 받은 바 너희 가운데 계신 성령의 전인 줄을 알지 못하느냐 너희는 너희 자신의 것이 아니라 값으로 산 것이 되었으니 그런즉 너희 몸으로 하나님께 영광을 돌리라"(고전 6:19-20).

그러니까 '우리 몸을 산 제물로 드리라' 는 것이나 '우리 몸으로 하나님께 영광 돌리라' 는 것이나 결국은 다 같은 말씀입니다. 그러므로 우리 그리스도인들은 하나님께 영광 돌리는 삶을 살아야 합니다. 이것이 하나님께서 우리들을 은혜로 구원해 주신 이유입니다. 하나님께서 사람을 만드신 목적도 다른 이유가 아닙니다. 하나님께 영광 돌리게 하려고 사람을 창조하셨습니다. 이사야 43장 7절에 보면 '내 영광을 위하여 창조했다' 는 말씀이 있습니다. 하나님은 영광받기 위해서 사람들을 창조하셨습니다.

그런데 사람들이 하나님을 알지 못하고 하나님을 떠나감으로 하나님께 영광 돌리는 삶을 살지 못했습니다. 그러나 이제 우리들은 살아계신 하나님께로 다시 돌아와 하나님의 자녀가 되었습니다. 그럼 이제 어떠한 삶을 살아야겠습니까?

원래 우리를 창조하신 목적대로 하나님께 영광 돌리는 삶을 살아야 하는 것입니다. 그것이 하나님께서 우리를 구원해 주신 이유입니다.

"그런즉 너희가 먹든지 마시든지 무엇을 하든지 다 하나님의 영광을 위하여 하라"(고전 10:31).

우리가 살아가는 목적은 다른 게 아닙니다. 하나님의 영광을 위해서 살아가는 것입니다. 먹을 때도 하나님의 영광을 위해서 먹고, 직장생활도 하나님의 영광을 위해서 하고, 공부하는 학생은 하나님의 영광을 위해서 열심히 공부해야 하는 것입니다. 그저 이 세상에서 잘 되기 위해서 열심히 하는 것이 아니라 하나님의 영광을 위해서 무엇이든지 열심히 하는 사람이 되어야 하는 것입니다. 그렇게 하는 것이 우리가 하나님께 드려야 하는 '영적 예배'라고 본문이 이야기하고 있습니다.

"너희 몸을 하나님이 기뻐하시는 거룩한 산 제물로 드리라 이는 너희가 드릴 영적 예배니라"(롬 12:1b).

여기서 '영적'이라는 말은 '합당한'이라는 의미입니다. 우리가 우리 몸을 하나님께 거룩한 산제사로 드리는 것, 하나님께 영광 돌리며 살아가는 것이 우리가 마땅히, 합당하게 드려야 하는 참 제사라는 의미입니다.

우리는 주일날 교회에 모여서 예배를 드립니다. 그 예배를 통해서도 하나님은 영광을 받으십니다. 그러나 진짜 예배는 예배당에서 예배 한 번 드리고 마치는 것으로 끝나는 것이 아닙니다. 우리의 삶을 통해서 하나님께 예배를 드려야 하는 것입니다. 그래서 엄격히 말하면 예배 끝나고 예배당 문을 나서는 그 순간부터 진짜 예배가 시작되는 것입니다. 세상 속에 나아가서 예배를 드려야 하는 것입니다. 우리의 생각을 통해서, 말을 통해서, 생활을 통해서, 행동을 통해서, 우리가 하는 모든 것들을 통해서 우리는 예배드리며 하루하루, 매 순간 순간을 살아야 하는 것입니다. 그것을 하나님께서는 우리에게 원하고 계십니다. 매 순간 순간마다 우리의 몸을 하나님께 영광 돌리는 거룩한 산 제물로 드리며 살아갑시다. 하나님께 영광 돌리는 삶을 살아갑시다. 그것이 하나님께서 우리를 구원해 주신 목적이고, 우리가 드려야 하는 영적 예배입니다.

둘째, 너희는 이 세대를 본받지 말고, 오직 마음을 새롭게 함으로 변화를 받으라.

"너희는 이 세대를 본받지 말고 오직 마음을 새롭게 함으로 변화를 받아 하나님의 선하시고 기뻐하시고 온전하신 뜻이 무엇인지 분별하도록 하라"(롬 12:2).

2절 앞부분에 '너희는 이 세대를 본받지 말고 오직 마음을 새롭게 함으로 변화를 받아' 라고 이야기하고 있습니다. 이 말씀을 잘 보면 두 가지를 동시에 이야기하고 있습니다. '이 세대를 본받지 말라' 는 말씀과 '마음을 새롭게 함으로 변화를 받으라' 는 말씀입니다. 하나는 부정적으로 이야기하고 있고, 하나는 긍정적으로 이야기 하고 있습니다.

'이 세대를 본받지 말라.' 왜 우리는 이 세대를 본받으면 안 될까요? 성경에서 말하는 '이 세대' 는 '이 세상', 또는 '이 세상의 풍조' 를 이야기하는 것입니다. 우리는 분명히 이 세상에 살고 있는 사람들인데 왜 이 세상의 풍조를 따라서 살면 안 되는 것일까요?

"그리스도께서 하나님 곧 우리 아버지의 뜻을 따라 이 악한 세대에서 우리를 건지시려고 우리 죄를 대속하기 위하여 자기 몸을 주셨으니"(갈 1:4).

예수님께서는 우리를 이 악한 세대에서 건져 주시려고 십자가에 달려 돌아가셨다고 말씀하고 있습니다. 그렇기 때문에 우리는 이 악한 세대를 본받을 수 없는 것입니다. 우리를 이 악한 세대에서 구원해 주시기 위해서 예수님이 죽으셨는데 우리가 어떻게 이 세상을 본받으면서 살아갈 수가 있겠습니까. 그렇게 할 수는 없는 것입니다. 과거에는 우리가 이 세상에 속한 사람들이었습니다. 그러나 이제는 우리가 비록 이 땅에 살기는 하지만 이 세상에 속한 사람이 아니라 하나님께 속한 사람들이 되었습니다. 그래서 우리는 이 세상을 본받을 수 없는 것입니다.

"그런즉 누구든지 그리스도 안에 있으면 새로운 피조물이라 이전 것은 지나갔으니 보라 새 것이 되었도다"(고후 5:17).

우리는 새 사람이 되었습니다. 그러므로 이제는 예전에 세상에서 살던 방식대로 살아갈 수 없습니다. 우리는 이 세상의 풍조, 가치관, 세계관을 따를 수 없습니다. 과거에는 우리가 그렇게 살았지만 이제는 우리가 하나님을 알고, 하나님께 속한 자들이 되었으므로 절대 그렇게 살 수 없는 것입니다.

누가 이 세상을 주관하고 있는지 아십니까? 이 세상의 임금이 누군지 아십니까? 마귀사단입니다. 마귀사단의 영향력 아래 놓여 있는 것이 이 세상입니다. 이 세상의 풍조입니다. 그러므로 이 세상을 따라갈 수 없는 것입니다.

"그 때에 너희는 그 가운데서 행하여 이 세상 풍조를 따르고 공중의 권세 잡은 자를 따랐으니 곧 지금 불순종의 아들들 가운데서 역사하는 영이라"(엡 2:2).

과거에는 우리가 이 세상의 풍조를 따르면서 살았습니다. 이 세상의 가치관대로 살았습니다. 이 세상의 세계관을 우리가 그대로 가지고 살았지요. 그런데 그 모든 것들은 사실 마귀에게서 나온 것입니다. 공중의 권세 잡은 자가 마귀입니다. 과거에는 우리가 몰랐기 때문에 마귀를 따랐습니다. 이 세상 흐름대로 따라 다녔습니다. 그러나 이제는 그럴 수 없습니다.

우리가 살고 있는 이 세상이 어떤 세상입니까? 이 세상은 물질만능주의, 쾌락주의가 판을 치고 있는 세상입니다. 요즘은 외모지상주의까지 판을 치고 있습니다. 이런 것들은 우리 하나님께로부터 온 것들이 아닙니다. 다 마귀가 사람들에게 심어준 것들입니다. 돈이면 최고야, 쾌락이 최고야, 외모가 제일이야, 다 마귀가 주는 것입니다. 물론 예쁜 것이 죄는 아닙니다. 그러나 외모지상주의로 흐르는 것은 분명 문제가 있습니다. 우리 하나님은 중심을 보시는데 마귀는 자꾸 사람들로 하여금 겉모양만 보게 만듭니다. 또 거기에 정신을 잃게 만듭니다. 그러니까 우리가 이런 것들을 따라갈 수 없는 것입니다.

우리는 이 세상을 본받는 사람이 아니라 이 세상을 선도해야 하는 사람들입니다. 이 세상을 선도해 나가야 하는 사람들이 이 세상 풍조를 따라가고, 유행을 따라가고, 이 세상의 가치관을 따라 살아간다면 어떻게 우리가 이 세상을 선도할 수 있겠습니까. 그건 하나님이 원하시는 것이 절대로 아닙니다.

우리가 이 세상을 잘 선도해 나가고, 이 세상을 따라 살지 않기 위해서 이제 우리가 어떻게 해야 하는가 하면 '마음을 새롭게 함으로 변화를 받으라' 는 말씀을 실천하면 됩니다. 한 편으로는 세상을 따라가지 않고, 또 다른 한 편으로는 우리의 마음을 자꾸 새롭게 하여 변화를 받아야 하는 것입니다. 이 두 가지는 항상 동시에 일어나게 되어 있습니다. 그런데 그냥 안 따라 가려고 하면 그게 잘 안 됩니다. 우리의 속이 늘 새로워져야 하고, 예수 그리스도 안에서 변화함을 받아야 안 따라갈 수 있습니다. 우리는 이 세상에 살기 때문에 자칫 잘못하면 이 세상에 물들 수 있고, 이 세상을 따라갈 수 있습니다. 그래서 이 세상에 물들지 않고, 영향 받지 않기 위해서는 우리의 마음을 늘 새롭게 하고 변화를 받아야 하는 것입니다. 우리는 구원은 받았지만 육신을 그대로 가지고 살아가고 있습니다. 우리의 육신이 온전하지 않은 것을 우리가 잘 알고 있습니다. 그리고 우리 육신에는 죄의 습성들이 여전히 남아 있습니다. 그래서 자칫 잘못하면 옛 생활로 돌아가기가 아주 쉽습니다. 그렇기 때문에 우리는 마음을 늘 새롭게 해야 하고, 늘 변화함을 받아야 하는 것입니다.

"너희는 유혹의 욕심을 따라 썩어져 가는 구습을 따르는 옛 사람을 벗어 버리고 오직 너희의 심령이 새롭게 되어 하나님을 따라 의와 진리의 거룩함으로 지으심을 받은 새 사람을 입으라"(엡 4:22-24).

역시 같은 말씀입니다. 옛 사람은 자꾸만 벗어 버려야 하고, 늘 새 사람을 입고 살아야 하는 것입니다. 그런데 이것은 우리가 이론적으로는 잘 아는 내용인데 이대로 사는 것은 쉽지 않습니다. '마음을 새롭게 함으로 변화를 받으라.' 여기에 '마음'이라고 하는 것은 곧 '생각'입니다. 우리는 '내가 이렇게 살아야지', '바르게 살아야지' 하면서도 내 생각과는 반대로 행동할 때가 참 많습니다. 내 생각인데도 내가 마음대로 할 수가 없는 것입니다.

우리의 마음을 늘 새롭게 하고 변화를 받을 수 있는 비결

그러면 우리가 어떻게 해야 우리의 마음을 늘 새롭게 하고 변화를 받을 수 있을까요? 늘 옛 사람은 벗어버리고 새 사람을 입으면서 살아갈 수 있는 비결은 '성령 충만함'을 받는 것입니다. 이 비결 말고는 다른 비결이 없습니다. 성령의 생각은 우리의 생각보다 훨씬 강합니다. 성령이 내 마음에 충만히 거하면 내 생각을 성령께서 누르십니다. 그리고 나로 하여금 바른 삶을 살도록 이끌어 가십니다. 그런데 성령 충만하지 못하면 내 육신의 생각이 나와서 내가 하고 싶은 대로 하면서 살아가며 범죄하게 되는 것입니다. 그러므로 내가 정말 주님이 기뻐하시는 삶, 승리하는 삶을 살기 위해서는 성령 충만함 받는 길 외에 다른 길이 없다는 것을 잘 기억해야 합니다.

성령 충만해지면 우리는 얼마든지 하나님이 원하시는 삶을 살아갈 수 있습니다. 우리가 하나님이 원하시는 삶을 살지 못하는 이유는 다른 데 있는 것이 아니라 성령충만하지 못하기 때문에 그렇습니다. 성령 충만하지 않으면 생각은 있는데 그게 잘 따라지지가 않습니다. 그런데 성령 충만하면 이 성령 충만함이 내 생각을 이끌고 갑니다. 그럴 때 하나님이 기뻐하시는 놀라운 삶을 살아갈 수가 있는 것입니다. 성령 충만하시기 바랍니다. 그것이 우리가 승리하는 삶을 살아갈 수 있는 유일한 비결입니다.

우리가 성령 충만하기 위해서는 말씀생활, 기도생활을 잘 해야 됩니다. 그것이 성령 충만함 받는 비결입니다. 예배를 귀히 여기고 빠지지 않아야 합니다. 하나님께 정성을 다해 예배드리고, 우리 마음을 새롭게 하고, 하나님의 말씀을 우리의 마음에 가득 채울 때 승리하는 삶이 있는 것입니다.

성경을 매일 읽어야 합니다. 하루에 1장 이상씩 꼭 읽고, 늘 하나님 말씀을 가슴에 품고 하루하루의 삶을 살아간다면 쉽게 범죄하지 않을 것입니다. 내 마음 속에 말씀이 없을 때, 말씀이 역사하지 않을 때 우리는 범죄할 수밖에 없습니다.

기도생활도 철저히 해야 합니다. 매일매일 하루의 삶을 시작하기 전에 하나님 앞에 나와서 간절히 기도하고 시작해야 합니다. 그리고 가능하면 새벽예배에 나와서 기도하십시오. 물론 집에서도 기도할 수 있지만 하루의 첫 시간인 새벽에 성도들이 함께 모여 기도하면 훨씬 기도가 잘됩니다.

우리는 말씀생활, 기도생활을 잘 해야 성령 충만할 수 있고, 성령 충만할 때 우리 마음이 새롭게 변화될 수 있습니다.

"너희는 이 세대를 본받지 말고 오직 마음을 새롭게 함으로 변화를 받아 하나님의 선하시고 기뻐하시고 온전하신 뜻이 무엇인지 분별하도록 하라"(롬 12:2).

'우리 마음을 새롭게 함으로 변화를 받으면' 이제 어떤 일이 일어날까요? '하나님의 선하시고 기뻐하시고 온전하신 뜻이 무엇인지 분별'할 수 있게 됩니다. 우리 그리스도인들이 이 세상을 제대로 살아가기 위해서 하나님의 뜻을 아는 것은 대단히 중요합니다. 하나님의 뜻대로 살아가는 것이 우리가 인생을 제대로 살아가는 것이기 때문입니다.

어떻게 해야 하나님의 뜻을 잘 분별할 수 있을까요?

언제 하나님의 뜻이 우리들의 눈앞에 선명하게 나타날까요? 세상에서 정신없이 살아갈 때는 하나님의 뜻이고 뭐고 보이지를 않습니다. 오직 돈밖에 안 보이지요. 그런데 우리가 마음을 새롭게 하고 변화될 때는 이제 하나님의 뜻이 보이기 시작합니다. '아! 내가 이렇게 살아서는 안 되겠구나. 하나님의 뜻대로 살아야지.' 정신이 번쩍 나는 것이지요. 그렇게 될 때 우리가 이 세상을 성공적으로 살아갈 수 있는 것입니다. 그리고 그러한 삶이 하나님께 영광이 되는 것입니다.

이 세상의 모든 일들은 결국 하나님의 뜻대로 된다는 것을 믿으십니까? 이 세상의 모든 일들은 결국 하나님의 뜻대로 다 되게 되어 있습니다. 아무리 내가 하려고 해도 그게 내 뜻대로 되는 것이 아닙니다. 지금까지 여러분이 하려고 했지만 여러분의 뜻대로 되는 게 몇 가지나 있었습니까? 모든 것은 하나님의 뜻대로 되는 것입니다. 하나님의 뜻대로 되는 것이 이 세상의 일이다 보니 내가 정말 이 세상에서 잘 되고, 하나님이 기뻐하시는 삶을 살기 위해서는 하나님의 뜻이 어디 있는지 그것을 알고 추구해야 하는 것입니다. 그것이 시간낭비하지 않는 비결이고, 인생을 성공적으로 살아갈 수 있는 비결입니다. 물론 우리가 하나님의 뜻을 무시하며 살아도 잘 되는 것처럼 보일 수 있습니다. 세상적으로 잘 나갈 수도 있고, 돈도 잘 벌 수도 있고, 그냥 괜찮게 살아갈 수도 있습니다. 그런데 하나님의 뜻을 떠나서 사는 삶, 하나님의 뜻을 떠나서 성공하는 삶은 참 성공이 아니라는 것입니다.

영국의 탐험가이며 선교사인 데이비드 리빙스턴은 "하나님의 뜻을 벗어나서 영국의 보좌에 있기 보다는 하나님의 뜻 안에서 아프리카의 심장부에 있겠다."고 말했습니다. 하나님의 뜻을 떠나서 잘 되면 뭐합니까? 거기에는 참된 행복이 없는데요. 비록 세상적으로 어렵고 힘든 삶이라고 해도 그것이 하나님께서 원하시는 삶이라면 그것이 행복한 삶입니다. 하나님의 뜻대로 사는 것이 가장 좋은 삶이고, 가장 행복한 삶이라는 것을 믿으시기 바랍니다. 그렇게 하면 하나님께서 우리들의 삶을 통해서 영광을 받으십니다. 그렇게 살아야 정말 보람 있는 인생이 되는 것입니다. 그런데 하나님을 떠나서 내 마음대로 살았는데 어느 날 갑자기 하나님께서 나를 부르신다면 그 때는 심정이 어떻겠습니까? 후회가 되겠지요. "아, 내가 지금까지 잘못 살았는데…" 틀림없이 후회하게 될 것입니다.

그러나 비록 가난하게 살았고 큰 출세는 못했다 하더라도 하나님의 뜻을 추구하는 신실한 삶을 살았다면 그 삶에는 후회가 없을 것입니다. "하나님, 이제 하나님께서 나에게 살라고 한 삶 다 마치고 주님께로 갑니다. 나를 받아주십시오." 하면서 기뻐하며 주님 품에 안길 수 있을 것입니다. 항상 하나님의 선하시고 기뻐하시고 온전하신 뜻이 어디에 있는지 그것을 깊이 생각하면서, 그것을 추구하면서 살아가시기 바랍니다. 그것이 축복된 삶입니다.

"그런즉 너희가 어떻게 행할지를 자세히 주의하여 지혜 없는 자 같이 하지 말고 오직 지혜 있는 자 같이 하여 세월을 아끼라 때가 악하니라 그러므로 어리석은 자가 되지 말고 오직 주의 뜻이 무엇인가 이해하라"(엡 5:15-17).

하나님의 뜻을 모르고 그냥 막 살아가는 것은 어리석은 삶입니다. 나중에 후회합니다. 인생을 낭비하는 것입니다. 그런 삶 살지 말고 정말 지혜롭게 하나님의 뜻이 어디 있는지 늘 생각하며 그 뜻을 이루시기 바랍니다.

하나님께서는 부족한 우리들을 구원해 주시고, 자비를 베풀어 주셨습니다. 우리 마음대로, 우리의 행복만을 추구하면서 살라고 우리를 불러주신 게 아닙니다. 하나님께 영광 돌리고, 하나님의 뜻을 추구하라고 하나님께서 우리들을 사랑해 주셨고 은혜를 베풀어 주셨습니다. 그 은혜와 자비하심에 보답하는 삶을 살아갑시다.

15
아름다운 교회를 위하여!

(롬 12:3-13)

론 12:3-13

3 내게 주신 은혜로 말미암아 너희 각 사람에게 말하노니 마땅히 생각할 그 이상의 생각을 품지 말고 오직 하나님께서 각 사람에게 나누어 주신 믿음의 분량대로 지혜롭게 생각하라

4 우리가 한 몸에 많은 지체를 가졌으나 모든 지체가 같은 기능을 가진 것이 아니니

5 이와 같이 우리 많은 사람이 그리스도 안에서 한 몸이 되어 서로 지체가 되었느니라

6 우리에게 주신 은혜대로 받은 은사가 각각 다르니 혹 예언이면 믿음의 분수대로,

7 혹 섬기는 일이면 섬기는 일로, 혹 가르치는 자면 가르치는 일로,

8 혹 위로하는 자면 위로하는 일로, 구제하는 자는 성실함으로, 다스리는 자는 부지런함으로, 긍휼을 베푸는 자는 즐거움으로 할 것이니라

9 사랑에는 거짓이 없나니 악을 미워하고 선에 속하라

10 형제를 사랑하여 서로 우애하고 존경하기를 서로 먼저 하며

11 부지런하여 게으르지 말고 열심을 품고 주를 섬기라

12 소망 중에 즐거워하며 환난 중에 참으며 기도에 항상 힘쓰며

13 성도들의 쓸 것을 공급하며 손 대접하기를 힘쓰라

이 세상에 참으로 아름답고 복된 기관이 둘 있는데 그것은 '가정'과 '교회' 입니다. 사람이 아름답고 행복하게 살아가는데 있어서 가정이 얼마나 중요한 역할을 하는지 굳이 설명하지 않아도 잘 알 것입니다. 또, 우리 그리스도인들이 아름답고 행복하게 신앙생활을 하기 위해서 교회가 얼마나 중요한 역할을 하는 지도 우리는 이미 잘 알고 있습니다. 우리는 매 주일마다 교회에 모여서 함께 예배를 드리고 있습니다. 그런데 만일 교회가 없고, 그리스도인들의 모임이 없다면 어떻겠습니까. 매우 삭막하겠지요. 그럼 결국 혼자서 신앙생활을 해야 하는데 그러자면 너무 외롭고 힘들 것입니다. 그러나 우리는 함께 모여 신앙생활을 할 수 있습니다. 그래서 서로에게 격려가 되고, 기쁨이 더 커지며, 훨씬 더 은혜가 되는 것입니다. 그러므로 우리들에게 교회가 있다는 것은 참 감사한 일이 아닐 수 없습니다. 이 '교회' 는 '믿는 사람들의 또 다른 가정' 이라고 이야기할 수 있습니다.

본문 10절을 보면 믿는 사람을 일컬어 '형제' 라고 표현하고 있습니다. 여기 나오는 '형제' 는 육신의 형제가 아니고, 우리 '믿는 사람들' 을 이야기하는 것입니다. 이런 표현이 가능한 것은 우리가 주 안에서 한 가족, 한 가정을 이루었기 때문입니다. 그래서 우리는 서로 주 안에서 한 형제요, 자매입니다. 우리가 교회의 한 일원이 되었다고 하는 것은 정말 큰 축복입니다. 우리가 교회 안에 들어와 있음으로 결국 한 형제요, 자매인 것을 서로 확인할 수 있습니다. 우리는 교회 안에서 서로 도우면서 살아갑니다. 기쁜 일이 있을 때 함께 기뻐하고, 힘들고 어려운 일이 있을 때 서로 격려하며, 누가 상이라도 당하면 찾아가서 위로해 줍니다. 이런 것이 얼마나 감사한 일입니까. 우리는 교회 안에서, 교회를 통해서 함께 자라갑니다. 우리의 목표는 주님을 닮아가는 것입니다. 함께 교제하고 함께 예배드리면서 날마다 조금씩 주님의 모습을 닮아가고 있습니다. 그래서 교회는 참으로 아름다운 곳입니다.

그러면 우리가 어떻게 하면 이렇게 아름다운 교회를 지속적으로 아름답게 잘 세워나갈 수 있을까요? 본문 말씀이 그것을 이야기해 주고 있습니다. 사실 본문에는 '교회'라는 단어가 나오지 않습니다. 그러나 두세 번 잘 읽어보면 이 본문 말씀이 교회 생활에 대한 말씀이라는 것을 금방 알 수 있습니다. 본문을 보면서 우리가 어떻게 하면 교회를 더 아름답게 세워나갈 수 있을지 함께 생각해 보기 원합니다.

첫째, 아름다운 교회가 되려면 마땅히 생각할 그 이상의 생각을 품지 말아야 합니다.

"내게 주신 은혜로 말미암아 너희 각 사람에게 말하노니 마땅히 생각할 그 이상의 생각을 품지 말고 오직 하나님께서 각 사람에게 나누어 주신 믿음의 분량대로 지혜롭게 생각하라 우리가 한 몸에 많은 지체를 가졌으나 모든 지체가 같은 기능을 가진 것이 아니니 이와 같이 우리 많은 사람이 그리스도 안에서 한 몸이 되어 서로 지체가 되었느니라"(롬 12:3-5).

3절에 '마땅히 생각할 그 이상의 생각을 품지 말라'고 이야기하고 있습니다. 교회는 여러 사람들이 모여서 한 몸을 이룬 곳입니다. 그렇기 때문에 질서를 잘 지켜야 합니다. 질서를 잘 지키려면 마땅히 생각할 그 이상의 생각을 품지 말아야 합니다. 늘 자신의 위치를 알고, 분수를 지킬 줄 알아야 합니다. 3절에 '믿음의 분량대로 지혜롭게 생각하라' 하는 말씀의 의미는 '자신의 위치와 분수를 잘 지키라' 는 것입니다. 교회는 여러 사람들이 모여 있기 때문에 이런 원칙을 지키지 않으면 무질서해질 것입니다.

　본문에서 교회를 '몸' 에 비유하고 있습니다. 우리 몸에는 여러 가지 지체들이 있습니다. 손도 있고, 발도 있고, 눈도 있고, 코도 있고…. 그런데 우리 몸이 건강하고 아름답게 잘 유지되려면 각 지체들이 자기 위치에 잘 붙어 있어야 합니다. 그리고 각기 자기 기능을 잘 감당해야 합니다. 이것이 제대로 안 되면 몸은 건강을 잃어버릴 수밖에 없고, 아름다움도 잃어버리게 됩니다. 예를 들어서 새끼발가락이 "나는 왜 매일 냄새나는 신발 속에 있어야 해? 햇빛도 보지 못하고 이게 뭐야. 나는 이 자리가 싫어. 나도 눈에 잘 띄는 저 얼굴에 가서 붙어 있고 싶어." 하면서 어느 날 얼굴에 붙어버린다면 어떻게 되겠습니까? 정말 보기 싫겠지요. 다른 지체들도 다 마찬가지입니다. 있을 곳에 있어야 아름다운 것입니다. 새끼손가락도 손에 붙어 있을 때 보기 좋은 것이지 이 손가락이 뚝 떨어져 나간다든지, 엉뚱한 곳에 붙어 있다면 굉장히 흉하고 징그러울 것입니다. 교회도 이와 같습니다. 우리는 그리스도의 몸에 붙어 있는 지체들로 자기 자리를 잘 지켜야 합니다. 엉뚱한 생각을 해서도 안 되고, 품어서는 안 되는 생각을 해서도 안 되는 것입니다.

　또, 교회는 '오케스트라' 와도 비슷합니다. 저희 교회에는 여러 악기들이 모인 오케스트라가 있는데 악기들이 각기 자기 위치에서 소리를 잘 내면 오케스트라의 음악이 참 아름답습니다. 그런데 한 악기가 자기 마음대로 마구 소리를 낸다면 그 소리는 정말 듣기 싫게 됩니다. 예를 들어서 큰 악기 튜바가 있는데 그 튜바가 "왜 나는 늘 밑에 있는 저음만 '뿡뿡' 거려야 돼? 나도 트럼펫처럼 튀어보고 싶어." 하면서 자기 마음대로 소리를 낸다면 그 음악이 어떻게 되겠습니까. 굉장히 듣기 싫겠지요. 튜바는 튜바대로 저음을 잘 내야 되고, 트럼펫은 트럼펫대로 고음을 잘 내야 되는 것입니다. 다른 악기들도 다 마찬가지입니다. 그래야 아름다운 음악이 나오는 것처럼 교회도 그렇습니다. 우리의 교회가 더 아름다워지기 위해서는 절대로 마땅히 생각할 그 이상의 생각을 품지 말아야겠습니다. 하나님께서 나에게 있으라고 한 그 자리, 나에게 허락하신 그 생각만큼만 할 수 있어야겠습니다. 그래야 교회가 아름다운 교회로 잘 성장해 나갈 수 있습니다.

둘째, 아름다운 교회가 되려면 하나님께서 주신 은사를 가지고 최선을 다해 섬겨야 합니다.

"우리에게 주신 은혜대로 받은 은사가 각각 다르니 혹 예언이면 믿음의 분수대로, 혹 섬기는 일이면 섬기는 일로, 혹 가르치는 자면 가르치는 일로, 혹 위로하는 자면 위로하는 일로, 구제하는 자는 성실함으로, 다스리는 자는 부지런함으로, 긍휼을 베푸는 자는 즐거움으로 할 것이니라"(롬 12:6-8).

교회는 '한 몸'이라고 이야기했습니다. 그리고 성도 한 사람 한 사람은 그 몸에 붙어 있는 각기 다른 지체들입니다. 하나님께서는 각 지체들에게 각기 다른 은사를 주셨습니다. 본문에서는 일곱 가지 은사를 이야기하고 있습니다.

(1) 예언의 은사 : 오늘날로 이야기하면 '하나님의 말씀을 대언하

는 은사'라고 볼 수 있습니다. 성경이 완성되기 전에는 하나님께서 특정한 사람들에게 하나님의 말씀을 주셨습니다. 그 하나님의 말씀을 받은 사람들은 교회에 가서 하나님의 뜻을 전달해야 했습니다. 그것이 예언의 은사입니다. 오늘날로 이야기하면 목사인 제가 여러분들에게 성경을 설명하고 하나님의 뜻을 가르쳐 드리는 것과 같은 것으로 볼 수 있습니다.

(2) **섬기는 은사** : 어떤 분들을 보면 다른 사람들을 참 잘 섬기는데 그것은 하나님께서 주신 '섬기는 은사'가 있어서 그런 것입니다.

(3) **가르치는 은사** : 교회의 각 주일학교 교사들, 구역장들, 이런 분들이 가르치는 일을 하고 있는데 이 분들에게는 하나님께서 '가르치는 은사'를 주셨기 때문에 그 일을 하고 있는 것입니다.

(4) **위로하는 은사** : 어떤 사람들은 마음 아픈 사람들, 상처받은 사람들, 상을 당한 사람들을 찾아가서 위로를 매우 잘합니다. 이런 일은 아무나 다 잘하는 것이 아닙니다. 특별히 잘하는 사람들이 있습니다. 그것이 바로 '위로하는 은사'입니다.

(5) **구제하는 은사** : 어떤 사람들은 어려운 사람들을 보면 그냥 지나치지를 못합니다. 그래서 돈이라도 쥐어주고, 격려하고, 그렇게 구제를 잘하는 분들이 있습니다. 이것도 하나님께서 주신 은사입니다.

(6) **다스리는 은사** : 이것은 지도력의 은사, 리더십의 은사라고 볼 수 있습니다. 교회는 지도력을 가진 사람도 필요합니다. 여러 분야에서 지도력을 행사해야 되는데 하나님께서 어떤 사람들에게는 이런 은사를 주셨습니다.

(7) 긍휼을 베푸는 은사 : 이것은 특별히 동정심을 많이 가진 사람이어야 되는데 하나님께서 어떤 사람들에게는 특별히 동정심을 많이 주셨습니다. 그래서 긍휼 베풀기를 잘하고 좋아하는 것입니다.

이 일곱 가지 은사 외에도 고린도전서 12장을 보면 몇 가지 은사가 더 나옵니다. 그렇다면 은사를 주신 목적은 무엇일까요?

"은사는 여러 가지나 성령은 같고 직분은 여러 가지나 주는 같으며 또 사역은 여러 가지나 모든 것을 모든 사람 가운데서 이루시는 하나님은 같으니 각 사람에게 성령을 나타내심은 유익하게 하려 하심이라"(고전 12:4-7).

7절에 보면 '각 사람에게 성령을 나타내심' 은 즉 성령의 은사를 주심은 '유익하게 하려 하심이라' 고 이야기하고 있습니다. 누구를 유익하게 하는 것일까요? 나 자신일까요? 아닙니다. 교회를 유익하게 하는 것입니다. 이것이 하나님께서 우리 각 성도들에게 여러 모양의 은사를 주신 이유입니다. 그래서 우리는 은사를 받았으면 그 은사를 가지고 썩혀 버리면 안 됩니다. 하나님께서 나에게 주신 은사를 가지고 잘 활용하여 교회를 섬기고, 성도들을 섬기며, 하나님께 영광을 돌려야 하는 것입니다. 그것이 하나님께서 우리들에게 은사를 주신 목적입니다. 우리 몸의 각 지체들도 보면, 손은 손대로 몸을 잘 섬깁니다. 아픈 곳이 있으면 약도 발라주고, 더러운 곳이 있으면 닦아주며 섬깁니다. 발은 발대로 섬기고, 눈은 눈대로 섬깁니다. 모두 몸을 섬기는 것입니다. 그처럼 교회에 속해 있는 모든 성도 한 사람 한 사람은 지체이기 때문에 그런 역할을 해야 하는 것입니다.

"각각 은사를 받은 대로 하나님의 여러 가지 은혜를 맡은 선한 청지기 같이 서로 봉사하라"(벧전 4:10).

하나님께서 우리에게 주신 은사를 가지고 선한 청지기처럼 열심히 서로 봉사해야 합니다. 우리들이 가진 은사, 탤런트, 재능은 우리 것이 아닙니다. 하나님의 것입니다. 그러므로 우리는 그것을 청지기로서 활용해야 하는 것입니다. 다른 사람들을 열심히 섬겨야 하고, 교회에 와서 봉사도 해야 하는 것입니다.

여러분에게는 하나님께서 어떤 은사를 주셨습니까? 각기 다른 은사가 있을 것입니다. 그 은사를 찾아서 섬길 수 있어야겠습니다. 어떤 사람들은 자신은 재주도 없고, 은사도 없어서 할 수 있는 게 아무 것도 없다고 말합니다. 그것은 잘못된 생각입니다. 성경에 보면 각각 은사를 다 주셨다고 이야기하고 있습니다. 자기가 못 찾고 있는 것이든지 아니면 그것을 사용하기를 원치 않기 때문일 것입니다. 자신의 은사가 무엇인지 발견하여 그 은사를 잘 사용할 수 있기를 바랍니다. 그래야 우리의 교회가 더 아름다운 교회가 되는 것입니다. 지금까지 교회가 이렇게 아름답게 잘 성장할 수 있었던 것은 성도들이 은사를 잘 활용했기 때문입니다. 노래를 잘하는 사람들은 찬양대원으로 봉사하고, 또 악기 연주를 잘하는 분들은 악기로 교회를 섬기고 있습니다. 요리를 잘하는 자매님들은 교회 식당에서 수고를 많이 하는데 이것도 놀라운 은사입니다. 여자라고 해서 아무나 다 잘하는 것이 아니거든요. 여자 중에서도 특별히 요리를 잘하고 부엌일을 잘하는 분들이 교회 식당에서 섬기기 때문에 교회에서 맛있는 밥도 먹을 수 있는 것입니다. 주차하는 분들도 나름대로 은사이고, 또 어떤 사람들은 눈에는 잘 안 띄지만 알게 모르게 뒤에서 섬기기도 합니다. 그래서 교회가 원활하게 잘 돌아가는 것입니다. 혹시 아직까지 헌신하지 않고 늘 외곽에서만 돌고 있는 그런 사람이 있다면 자신이 받은 은사를 주님의 영광을 위해 활용할 수 있기를 바랍니다. 그렇게 한다면 우리의 교회가 더욱 아름답게 세워질 것입니다.

셋째, 아름다운 교회가 되려면 참된 형제 사랑을 실천해야 합니다.
"사랑에는 거짓이 없나니 악을 미워하고 선에 속하라 형제를 사랑하여 서로 우애하고 존경하기를 서로 먼저하며"(롬 12:9-10).

이 말씀은 '형제 사랑'에 대한 말씀입니다. 우리가 어떻게 참된 형제 사랑을 실천할 수 있는지 세 가지를 말씀하고 있습니다.

(1) 거짓이 없어야 한다(9a절) : 형제 사랑은 항상 진실해야 합니다. 정말 사랑하는 마음이 없으면서 위선적으로 사랑하는 것, 그것은 참 사랑이 아닙니다.

"자녀들아 우리가 말과 혀로만 사랑하지 말고 행함과 진실함으로 하자"(요일 3:18).

말로만 하는 사랑, 입으로만 하는 사랑, 이것은 거짓 사랑입니다. 진짜 사랑은 진심에서 우러나와야 하고, 행함이 따라야 하는 것입니다. 진심도 없고, 행함도 없고, 늘 그저 입으로만 때우려는 사랑, 그런 사랑을 해서는 안 됩니다. 그것은 거짓 사랑, 위선적인 사랑입니다. 참 사랑을 할 수 있어야겠습니다.

(2) 악을 미워하고 선에 속해야 한다(9b절) : 이 말씀을 원어로 보면 헬라어 성경에 '악한 것으로부터 멀어지고 선한 것을 붙들라'라고 나와 있습니다. 우리는 악한 것으로부터는 멀어져야 하고, 선한 것은 붙들어야 합니다. 이 말씀을 보면 생각나는 성경 구절이 있

습니다. 고린도전서 13장(사랑 장)에 '사랑은 악한 것을 생각하지 아니하고 불의를 기뻐하지 않는다' 고 했습니다. 이런 것이 사랑입니다. 그런데 사람들이 종종 범하는 실수가 있는데 그것은 자기가 좋아하고 사랑하는 사람이 행하는 악에 대해서는 굉장히 관대하다는 것입니다. '저 사람은 내가 사랑하는 사람이니까', '내가 좋아하는 사람이니까', '저 사람이 저렇게 하는 것은 그럴 수도 있어', '무슨 사정이 있으니까 그렇겠지' 굉장히 관대합니다. 그런데 참 형제 사랑은 그런 것이 아닙니다. 내가 그 형제를 정말 사랑한다면 잘못된 길로 가는 것을 막아야 하고, 그래도 계속 가면 책망할 줄도 알아야 합니다. 마태복음 18장 15-17절까지의 말씀을 보면 형제가 악을 행하거든 먼저 혼자 가서 그 형제를 권고하라고 했습니다. 그런데 말을 안 들으면 두세 증인을 데리고 가서 함께 이야기해 주라고 했습니다. 그래도 통하지 않으면 그 때는 교회 앞에 이야기하고, 그리고 이방인과 세리처럼 여기라, 즉 믿지 않는 사람들처럼 간주해도 괜찮다고 했습니다. 어떻게 믿는 형제에게 그럴 수 있느냐고 말할 수도 있겠지만 성경이 그렇게 가르치고 있습니다. 왜냐하면 잘못된 길로 가는 것을 그냥 보고만 있는 것은 사랑이 아니기 때문에 그렇습니다. 잘못된 길로 가면 책망을 하고, 징계를 해야 하는 것입니다. 부모가 자식을 사랑하기 때문에 꾸중도 하고, 매도 대는 것처럼 교회도 마찬가지입니다. 물론 회개하고 돌아오면 다시 예전처럼 사랑하고 품어주고 아름다운 교제를 나누어 주어야 되는 것이지요. 이런 것이 성경이 말하고 있는 참된 형제 사랑입니다.

(3) 서로 우애하고 존경해야 한다(10절) : '우애하라' 는 말은 '다정하게 대해 주라' 는 것입니다. 고린도전서 13장(사랑 장)에 보면

'사랑은 온유하며' 라고 시작합니다. 그 '온유' 가 친절하게, 따뜻하게, 부드럽게, 잘 대해주는 것을 말합니다. 또, '사랑은 무례히 행치 아니한다' 고 했는데 이 말씀은 '서로 존경한다' 는 말씀과 같은 맥락입니다. 우리가 형제에 대해서 정말 사랑하는 마음이 있으면 그 형제를 존경하고, 절대로 무례하게 대하지 않습니다. 친하다고 해서 함부로 대하는 것이 사랑이 아닙니다. 사랑하는 사람이고, 가까운 사람일수록 우리가 더 귀하게 여기고, 존중해주어야 합니다. 그래서 말할 때도 함부로 얘기하면 안 되는 것입니다. 친하다고 해서, 주 안의 형제, 자매라고 해서 함부로 얘기하면 그것은 무례한 것입니다. 사랑이 아닙니다. 우리는 성경에서 말하는 아름다운 형제 사랑을 실천할 수 있어야겠습니다. 그렇게 할 때 교회가 더욱 아름답게 성장할 것입니다.

넷째, 아름다운 교회가 되려면 열심을 품고 주님을 섬겨야 합니다. "부지런하여 게으르지 말고 열심을 품고 주를 섬기라"(롬 12:11).
참 좋은 말씀입니다. 교회가 아름답게 잘 세워지려면 교회에 속해 있는 모든 성도들이 이 말씀처럼 해야 합니다. 열심을 품고 주님을 섬겨야 합니다. 만약 교회 성도들이 열심도 없고, 부지런하지도 않고 게으르며, 헌신하자고 해도 아무도 헌신하지 않고 그냥 빈둥빈둥 거리고, 눈치만 보며 다른 사람이 하겠지, 이런 식이라면 교회가 잘 되겠습니까? 물으나 마나지요. 반대로 온 성도가 정말 부지런하고, 열정적으로 주님을 섬기고, 열심히 헌신한다면 그 교회는 잘 될 것입니다. 사실 저희 교회도 계속 성장하고 아름답게 자라갈 수 있는 것은 우리 성도님들이 부지런하게 열심히 주님을 섬기고 열정적으로 헌신하기 때문입니다. 그런데 더 많은 분들이 그렇게 해야 합니다. 어떤 분들은 정말 열심히 잘 섬깁니다. 너무 귀하고 감사한 분들입니다. 하지만 한 편으로 어떤 분들은 몇 년이 지나도 그냥 늘 그 자리만 지키고 있습니다. 참 놀랍습니다. 성장하고 헌신할 만도 한데 그냥 그 자리에서 미동도 안 합니다. 그러면 안 되는 것입니다.

"부지런하여 게으르지 말고 열심을 품고 주를 섬기라." 우리 모두에게 주시는 말씀입니다. 하나님께서 나에게 주시는 말씀이라고 생각하고 이 말씀을 실천해야 하겠습니다. 만약 이 말씀을 실천하지 않고, 교회 헌신하는 일도 열심히 하지 않고, 주님에 대한 열정도 없으면 어떻게 되느냐, 그게 한 사람으로 끝나는 것이 아닙니다. 다른 사람들에게 영향을 미치게 됩니다. 그런 사람 때문에 열심히 하려고 하는 사람들도 나중에는 맥이 풀리게 됩니다. 그러면 이제 교회는 더 이상 아름답게 돌아가지를 않습니다. 아직까지 교회에서 외곽에만 있는 사람이 있다면 한 걸음 더 안으로 들어와서 함께 열심히 주님을 섬길 수 있기를 바랍니다. 세상 사람들도 어떤 일을 할 때 보면 얼마나 열심히 합니까. 그런데 우리가 하는 일은 주님을 위한 일이고, 교회를 세우는 일입니다. 얼마나 가치 있는 일입니까! 그러므로 우리는 절대로 게을러서는 안 되겠습니다.

다섯째, 아름다운 교회가 되려면 참고 인내하며 기도에 힘써야 합니다.

"소망 중에 즐거워하며 환난 중에 참으며 기도에 항상 힘쓰며" (롬 12:12).

사는 것도 그렇고, 신앙생활도 그렇고 항상 평안할 수만은 없습니다. 살다 보면, 또 신앙생활을 하다 보면 어려울 때도 있고, 힘들 때도 있습니다. 그럴 때 우리 그리스도인들은 이 말씀처럼 참고 인내해야 합니다. 그리고 기도해야 합니다. 사도행전을 읽어보면 초대교회 성도들은 이런 것을 참 잘했습니다. 그들에게는 얼마나 많은 시련이 있었는지 모릅니다. 늘 핍박 받으면서 신앙생활을 했습니다. 그럼에도 불구하고 그들은 천국의 소망, 예수 안에 있는 소망을 늘 생각하면서 핍박당할 때도 기뻐하며 참아냈습니다. 그리고 하나님께 간절히 기도했습니다. 성도들이 그렇게 신앙생활을 했을 때 초대 교회가 계속 성장해 나간 것을 볼 수 있습니다. 우리의 교회도 그런 교회가 될 수 있어야 합니다. 그렇게 되려면 성도 한 사람 한 사람이 이 말씀처럼 살아야 합니다. '소망 중에 즐거워하며, 환난 중에 참으며, 기도에 항상 힘쓰며.' 우리도 이렇게 할 수 있어야겠습니다. 그렇게 할 때 우리의 교회는 더 아름답고, 더 성장하는 놀라운 교회가 될 것입니다.

여섯째, 아름다운 교회가 되려면 서로의 필요에 민감해야 합니다.
"성도들의 쓸 것을 공급하며 손 대접하기를 힘쓰라"(롬 12:3)
본문을 기록할 당시에는 복음을 전하기 위해 나그네 된 사람들도 있었고, 가난한 사람들도 많았습니다. 그런데 주 안에서 형제 된 사람들이 그들을 도와주었습니다. 물질을 제공해주고, 먹을 것도 주고, 재워주기도 하였습니다. 당시 초대교회 성도들은 대부분 다 어려웠지만 서로의 필요를 채워 주었기 때문에 특별히 어려운 사람 없이 잘 생활해 나갈 수 있었습니다. 사도행전에 보면 그런 기록들이 나옵니다.

"그 중에 가난한 사람이 없으니 이는 밭과 집 있는 자는 팔아 그 판 것의 값을 가져다가 사도들의 발 앞에 두매 그들이 각 사람의 필요를 따라 나누어 줌이라"(행 4:34-35).

얼마나 구호를 잘했는지 알 수 있지요. 그들은 어려운 사람들을 도와주기 위해서 집도 팔고, 논도 팔고, 있는 재산 다 팔아가면서까지 가난한 사람들을 도와주었습니다. 물론 그 때에 비하면 오늘날은 물론 상황이 많이 달라졌습니다. 그 당시처럼 그렇게 돌아다니면서 복음 전하는 사람도 거의 없고, 지금은 경제 상황이 대체적으로 좋아져서 특별히 아주 어려운 사람도 없는 편입니다. 그러나 우리가 지켜야 할 원리는 그 때나 지금이나 동일합니다. 어려운 사람들이 우리들 주위에 있으면 도와줘야 하는 것입니다. 특별히 믿는 우리 형제, 자매들, 한 교회 안에 있는 형제, 자매들이 어려움을 겪고 있을 때 그것이 정신적인 것이든, 물질적인 것이든, 가정적인 것이든, 무엇이든지 간에 그냥 지나치지 말고 가급적이면 최선을 다해서 도와줄 수 있어야 합니다. 우리가 늘 '주 안의 형제, 자매'라고 하는데 어려운 일이 있을 때 도와주는 것이 '주 안의 형제, 자매'입니다. 성도들의 필요에 대해서 민감한 그리스도인이 되어야겠습니다.

"그러므로 우리는 기회 있는 대로 모든 이에게 착한 일을 하되 더욱 믿음의 가정들에게 할지니라"(갈 6:10).

사람들의 필요를 돕는 것은 절대로 낭비가 아닙니다. 그것은 하나님께 드리는 것입니다. 가난한 사람을 도와주면 하나님께서 다 기록해 놓으십니다. 그리고 그 사람을 반드시 축복해 주십니다. 우리

교회안에도 어려운 사람들을 보면 그냥 지나치지 못하고 꼭 도와주는 사람들이 있습니다. 얼마나 감사한지 모릅니다. 우리는 본문 말씀을 기억하면서 액수를 떠나서, 크든지 작든지 간에, 능력 닿는 범위 내에서 어려운 형제자매들을 보면 기꺼이 도와줄 수 있는 사람이 되어야겠습니다. 도와주고 싶은데 어떤 사람이 어려운지 잘 모르고, 어떻게 도와야 할지 잘 모른다면 방법이 있습니다. 교회에는 '구호 헌금'이 있습니다, '구호 헌금'에 동참하면 그것을 가지고 교회에서 꼭 필요한 사람들에게 물질적으로 도움을 줍니다. 그것은 구호만을 위해서 씁니다. 어려운 학생들도 도와주고, 어려운 사람들도 도와줍니다. 구호 헌금에 동참하는 것도 하나님 말씀을 실천하는 한 방법입니다.

지금까지 어떻게 하면 교회를 더 아름답게 세워나갈 수 있을지 살펴보았습니다. 교회는 참 아름다운 곳입니다. 아름답기 때문에 우리가 더 잘 지켜나가야 하는 것입니다. 말씀을 잘 기억하고 말씀대로 살아갈 때 우리의 교회는 더 아름다운 교회로 하나님께 영광 돌리며 나아가게 될 것입니다.

16
아름다운 인간관계

(롬 12:14-21)

롬 12:14-21

14 너희를 박해하는 자를 축복하라 축복하고 저주하지 말라

15 즐거워하는 자들과 함께 즐거워하고 우는 자들과 함께 울라

16 서로 마음을 같이 하며 높은 데 마음을 두지 말고 도리어 낮은 데 처하며 스스로 지혜 있는 체 하지 말라

17 아무에게도 악을 악으로 갚지 말고 모든 사람 앞에서 선한 일을 도모하라

18 할 수 있거든 너희로서는 모든 사람과 더불어 화목하라

19 내 사랑하는 자들아 너희가 친히 원수를 갚지 말고 하나님의 진노하심에 맡기라 기록되었으되 원수 갚는 것이 내게 있으니 내가 갚으리라고 주께서 말씀하시니라

20 네 원수가 주리거든 먹이고 목마르거든 마시게 하라 그리함으로 네가 숯불을 그 머리에 쌓아 놓으리라

21 악에게 지지 말고 선으로 악을 이기라

우리는 이 세상을 살아갈 때 많은 사람들과 관계를 맺으면서 살아 갑니다. 사람들과 아름다운 관계를 유지하면 우리의 삶도 훨씬 더 아름다워질 수 있고, 행복해질 수 있습니다. 그러나 사람들과의 관계를 잘못하다 보면 우리의 삶이 힘들어지고, 괴로워질 수 있습니다. 예를 들어 우리에게 가장 가까운 인간관계라고 하면 부부 관계가 있는데 이 부부 관계가 안 좋으면 아무래도 마음속에 평안이 없겠지요. 그래서 이 인간관계라고 하는 것은 대단히 중요한 것입니다. 부부 관계뿐만 아니라 다른 가족과의 관계도 마찬가지이고, 친구나 이웃 간의 관계도 다 마찬가지입니다. 그래서 사람은 인간관계를 잘할 필요가 있습니다.

이 인간관계라고 하는 것은 사회에서 성공하느냐, 못하느냐 하는 것과도 아주 밀접한 관계가 있습니다. 사회에서 성공하는 사람들을 보면 대체적으로 인간관계를 참 잘합니다. 아무리 실력이 있어도 인간관계를 제대로 못하는 사람들은 성공하기 어렵습니다. 그러나 실력이 조금 부족해도 인간관계를 잘하고, 사람을 잘 얻는 사람은 세상에서 성공할 가능성이 훨씬 더 높습니다. 그래서 서점에 나가 보면 인간관계에 대한 책들이 참 많이 있는 것을 볼 수 있습니다. 어떻게 하면 인간관계를 잘할 수 있는지, 어떻게 하면 사람을 친구로 만들 수 있는지, 이런 내용의 책들이 많이 있습니다. 저도 대학생 때 그 쪽 분야에 관심이 많아서 인간관계에 관련된 책들을 많이 읽었습니다. 그리고 '인간관계론'이라고 하는 교양 과목도 들어 보았습니다. 그것이 그만큼 중요한 것임을 알았기 때문에 그 쪽 분야의 책도 읽어보고, 과목도 들어보고 하였던 것입니다. 우리는 모두 사회생활을 하고 있는데 사업을 하든, 직장생활을 하든, 학교생활을 하든, 어느 곳에 소속되어 있든지 간에 그 속해 있는 단체에서 잘 되고, 잘지내기 위해서는 인간관계를 잘해야 합니다.

저는 목회를 하는 사람인데 목회도 그런 것 같습니다. 목회는 하나님의 말씀을 가지고 목양을 하는 것입니다. 그런데 제가 목회를 해 보니까 목회의 반은 성도들과의 인간관계입니다. 만약 제가 우리 교회 성도들의 신뢰를 잃어버리고 인간관계에 금이 간다면 우리 교회 성도들이 제 설교를 달게 받지 않을 것입니다. 그래서 목회도 절반은 인간관계가 차지하고 있는 셈입니다. 그 나머지 반은 하나님 말씀을 잘 전달하고, 기도해주고, 성장하도록 돕는 것이 되겠지요. 이처럼 인간관계라고 하는 것은 중요한 것입니다.

그럼 어떻게 하면 우리가 인간관계를 잘할 수 있겠습니까?

아름다운 인간관계를 위하여

본문 로마서 12장 14-21절의 말씀은 한 마디로 말하면 '인간관계'에 관한 말씀입니다. 우리가 이 말씀대로만 살면 우리들의 인간관계는 정말 아름다워질 수 있습니다. 어느 정도로 아름다워질 수 있는가 하면 100% 아름다워질 수 있습니다.

제가 TV를 보았는데 어떤 프로에서 이상한 사람을 소개해 주었습니다. 이 사람은 인터넷 사이트를 개설해서 임산부들에게 돈을 받고 태중에 있는 아기가 남자아이인지 여자아이인지 분별해 준다는 것이었습니다. 그래서 매스컴에서 취재에 나섰는데 이 사람은 산부인과 의사도 아니고, 점쟁이도 아닌데 휴대폰 하나 들고 자기 나름대로 계산을 해가지고 태아를 분별해주는 것이었습니다. 이 사람 학설에 의하면 나이가 동갑인 사람들끼리 결혼을 하면 다 아들을 낳는다는데 세상에 그런 학설이 어디 있습니까. 들어봐도 엉터리인데 그는 자기 사이트에 100%의 정확도를 가지고 있다고 광고하고 있었습니다. 90%도 아니고 99%도 아니고 100%⋯. 그런데 역시 아니나 다를까 순 엉터리였습니다. 사람은 이렇게 100% 되기가 어렵지만 하나님 말씀대로 우리가 따르면 우리의 인간관계는 100% 아름다워질 수 있습니다. 우리가 순종하고 실천할 것인가 하는 것이 문제이지, 실천하기만 하면 우리의 인간관계는 정말 풍요로워지고, 아름다워질 것입니다.

첫째, 우리의 인간관계가 아름다워지려면 절대로 교만하지 말고, 잘난 척하지 말아야 합니다.

"서로 마음을 같이 하며 높은 데 마음을 두지 말고 도리어 낮은 데 처하며 스스로 지혜 있는 체 하지 말라"(롬 12:16).

이것이 첫 번째 기억해야 할 인간관계의 원리입니다. 이 말씀은 결국 '교만하지 말고, 잘난 척 하지 말라'는 말씀입니다. 혹시 교만하고 잘난 척하는 사람과 교제해 본 적이 있습니까? 이런 사람과 교제해 보면 어떻습니까? 다음에 또 교제해야겠다는 생각이 들던가요? 싫지요. 이런 사람과는 교제하기가 싫습니다. 혼자만 잘난 척하고, 아주 교만이 꽉 찬 사람과는 다음엔 상대하기가 싫어집니다. 이런 사람들의 특징은 대체로 말이 많고, 남의 이야기를 들을 줄 모르며, 자기주장이 매우 강합니다. 자기 혼자 잘났다고 생각하니까 항상 자기주장이 강할 수밖에 없습니다. 그리고 이런 사람들은 남을 무시하는 발언을 서슴지 않고 합니다. 자기만 잘났고, 자기만 맞고, 다른 사람들은 다 틀렸으니까 항상 강하게 이야기하는 것입니다. 우리는 이런 사람이 되어서는 안 되겠습니다.

인간관계를 할 때는 항상 겸손한 자세, 남을 나보다 낮게 여기는 자세를 가져야 다른 사람들이 나를 좋아하게 되는 것입니다. 또, 그런 자세를 가지고 있다 보면 말하는 것보다 듣는 것을 더 좋아하게 됩니다. 그리고 상대방을 존중해 주는 것이 대화 가운데 나타나게 됩니다. 그러면 이런 사람은 누구라도 다 좋아합니다. 그러나 교만으로 꽉 차 있는 사람, 잘난 척하는 사람, 남을 무시하는 사람은 아무도 좋아하지 않습니다. 그 앞에서는 어쩔 수 없이 고개를 끄덕끄덕하면서 들어주는 척해도 속으로는 "당신 참 교만이 꽉 찬 사람이네요. 당신하고는 다시는 이야기하고 싶지 않습니다" 하고 느끼게 마련입니다. 그러므로 사람을 얻고 싶으면 항상 겸손하게, 낮은 자세로, 상대방을 섬기는 마음으로 대화도 하고 인간관계를 해 나갈 수 있어야 하겠습니다.

둘째, 우리의 인간관계가 아름다워지려면 사람들의 마음과 감정을 이해할 줄 알아야 합니다.

"즐거워하는 자들과 함께 즐거워하고 우는 자들과 함께 울라"(롬 12:15).

이 말씀은 상대방의 마음과 감정을 이해할 줄 알고, 그들의 감정에 동참하는 사람이 되라는 의미입니다. 만약 여러분에게 지금 좋지 않은 일이 생겨서 무척 슬퍼하고 있을 때 누군가가 다가와서 위로해 주고, 그 슬픔을 같이 나눈다면 그 사람에 대한 감정이 어떻겠습니까? 그 사람이 좋아지겠지요. 내 감정을 이해해줘서 고맙게 생각될 것이고, 그 전에는 친하지 않았다고 해도 그 순간부터는 좋은 친구가 될 것입니다. 그런데 만약 여러분이 슬플 때 아무도 여러분의 마음을 이해해 주지 않는다면, 친구라고 생각했던 사람조차 여러분의 마음을 이해해 주지 못하고 감정을 공유하지 못한다면 그럴 때 그 사람과 계속 친구관계를 유지할 수 있겠습니까? 한 번 생각해 보아야 되겠지요.

또, 지금 여러분에게 좋은 일이 생겨서 너무너무 기뻐할 때 누군가가 여러분과 함께 기뻐해준다면 얼마나 고맙겠습니까. 그런 사람과는 계속 좋은 교제가 이루어질 것입니다. 그런데 여러분에게 좋은 일이 있고 기쁜 일이 있는데 아무도 축하를 안 해주고 뒤에서 막 질투하고 시기한다면 그 관계가 어떻게 되겠습니까. 그 관계는 아름답게 유지되기가 어렵겠지요. 그래서 사람을 얻고, 사람들에게 좋은 친구가 되어줄 수 있는 방법은 그 사람의 마음, 그 사람의 감정을 이해해주고 거기에 동참해 주는 것입니다. 그렇게 할 때 내가 사람들을 얻게 될 것이고, 누군가가 나의 친구가 될 것이며, 또 나는 누군가에게 친구가 되어주는 그런 아름다운 관계가 될 것입니다. "즐거워하는 자들과 함께 즐거워하고 우는 자들과 함께 울라"는 말씀을 잘 기억하면서 인간관계를 잘할 수 있기 바랍니다. 혹시 내 주위에 슬퍼하는 사람이 있으면 함께 슬퍼해 주고, 기뻐하는 사람이 있으면 함께 기뻐해 주십시오. 그게 친구입니다. 그렇게 할 때 우리들의 인간관계는 훨씬 더 아름답게 발전할 수 있을 것입니다.

그런데 말씀대로 하는 것이 생각보다 쉽지 않을 수 있습니다. 슬퍼하는 사람을 보고 슬퍼하는 것은 그래도 조금 노력하면 할 수 있는데 즐거워하는 사람을 보고 함께 즐거워해주는 것은 경우에 따라 조금 어려울 수도 있습니다. 예를 들어 여러분의 아들은 대학 시험에 떨어졌는데 친구 아들은 대학 시험에 붙었습니다. 그것도 아주 좋은 대학에 들어갔습니다. 그럴 때 이 성경 말씀대로라면 친구가 지금 즐거워하니까 함께 즐거워해줘야 하는데 그게 현실적으로 조금 어려울 수 있겠지요. 우리가 진정으로 그 사람을 사랑하는 마음이 없고, 진짜 내 가족처럼 생각하는 마음이 없다면 함께 즐거워하고 기뻐하는 일이 생각처럼 쉽지 않을 수도 있습니다. 우리가 알고 지내는 사람들은 많지만, 그 사람들을 모두 다 진심으로 사랑하고 내 가족처럼 여기는 것은 아니거든요. 그래서 현실적으로 조금 어려움이 있을 수도 있습니다. 그러나 우리는 이 말씀대로 살려고 노력을 해야 합니다. 쉽지 않다고 해서 그냥 포기해 버리기 보다는 하나님 말씀이 그렇게 하라고 하니까 우리는 순종하려고 최대한 노력해야 하는 것입니다. 특별히 교회 안에서 주 안의 형제, 자매들끼리는 이 말씀을 실천해야 합니다. 진짜 사랑하고, 진짜 가족처럼 생각하는 사람에게는 그렇게 할 수 있습니다. 설령 나에게는 안 좋은 일이 일어났지만, 다른 사람에게는 좋은 일이 일어났다면, 그가 내 가족이라면, 기뻐해줄 수 있는 것입니다.

"만일 한 지체가 고통을 받으면 모든 지체가 함께 고통을 받고 한 지체가 영광을 얻으면 오든 지체가 함께 즐거워하느니라"(고전 12:26).

우리는 주안의 형제, 자매들로 주 안에서 한 가족이 되었고, 한 몸에 붙어 있는 지체들이 되었습니다. 그러므로 한 지체가 즐거워하면 함께 즐거워해주고, 아픈 일이 있으면 함께 아파해주며, 슬픈 일이 있으면 함께 슬퍼해줄 수 있어야 합니다. 그렇게 할 때 우리의 인간관계는 정말 아름다워지고, 많은 친구들을 얻게 될 것입니다,

셋째, 우리의 인간관계가 아름다워지려면 가능하면 원수를 만들지 말아야 합니다.

"할 수 있거든 너희로서는 모든 사람과 더불어 화목하라"(롬 12:18).

이 말씀을 바꾸어서 이야기하면 '가능하면 원수를 만들지 말라'는 의미입니다. 저에게는 딸이 하나, 아들이 하나 있습니다. 그 아이들에게 제가 좋은 말들을 많이 해주고 싶은데 특별히 인간관계에 대해서 딱 한 가지만 말해 주라고 한다면 저는 이 말을 해주고 싶습니다. "너희들 가능하면 원수를 만들지 말아라." 사람이 이 세상을 살아가는데 주위에 원수가 많다고 한 번 생각해 보십시오. 그게 얼마나 불행한 일입니까. 만약 여러분에게 적이 많다면 그 적들은 틈만 나면 여러분을 공격하려고 할 것이고, 어떻게 해서라도 여러분이 잘못되기를 바랄 것입니다. 또, 실제로 여러분이 잘못된다면 그 적들은 좋아할 것입니다. 그런데 우리가 인생을 그렇게 살아간다면 그것이 얼마나 불행한 일입니까. 적들이 아니라 친구가 많아서 늘 잘되기를 바래주고, 기쁜 일이 있으면 함께 기뻐해주고, 슬픈 일이 있으면 함께 슬퍼해주는 것이 좋은 것이지요. 주위에 친구는 없고 원수들만 잔뜩 있어서 계속 나를 노리고 있고, 공격하려고 하고, 내가 넘어지기만을 바란다면 그것은 참 불행한 인생입니다. 그러므로 원수를 만들지 말아야 되는 것입니다.

어떻게 하면 원수를 만들지 않을 수 있을까요? 가급적이면 다른 사람들로부터 원망 받을 일, 미움 받을 일을 하지 말고, 말을 조심해야 합니다. 사실이 아닌 말을 퍼트리지 말고, 뒤에서 비방하거나 중상하지 않아야 합니다. 그리고 본문이 이야기하는 것처럼 모든 사람과 화목하려고 노력해야 합니다. 그래야 내 주위에 원수가 안 생깁니다. 원수가 많아지면 참 피곤하고, 겁나고, 불행합니다. 원수를 절대로 만들지 말아야겠습니다. 주위에 있는 사람들을 친구로는 못 만들어도, 원수로 만들어서야 되겠습니까. 원수를 만들지 말고 친구들을 자꾸 만들기 바랍니다.

우리는 말을 매우 조심해서 할 필요가 있습니다. 사람이 왜 원수가 되는가 하면 이 말이라고 하는 매체 때문에 다 원수가 되곤 합니다. 그러므로 가급적이면 안 좋은 말, 비방하는 말, 상처 주는 말, 중상하는 말, 이런 말들을 절대 하지 마시기 바랍니다. 부부간에도 마찬가지입니다. 부부간에도 보면 때로는 원수 아닌 원수가 되기도 하는데 그게 다 말 때문에 그렇습니다. 사실 원수는 멀리 있지 않습니다. 우리와 아주 가까이 있던 사람들이 어느 날 원수가 되는 것입니다. 가족 중에도 원수가 생길 수 있습니다. 여러분 직장에도 아마 원수가 한두 명 있을지 모르겠습니다. 교회 안에도 원수가 생길 수 있습니다. 원수는 전혀 모르는 사람이 되는 게 아니라 나와 가까운 사람들, 늘 내 주위에 있는 사람들이 원수 아니면 친구가 되는 것입니다. 그래서 특별히 우리가 말을 조심해야 합니다. 시편 141편 3절에 보면 다윗이 "내 입에 파수꾼을 세워 달라"고 기도했는데 우리들도 이런 기도를 하면서 늘 말조심을 해야 하겠습니다. 그 사람이 자리에 없다고 그에 대해 함부로 이야기한다면 나중에 그가 그 이야기를 듣고 마음이 상해서 나로부터 멀어질 수 있고, 원수가 될 수도 있는 것입니다. 그러므로 가급적이면 항상 좋은 말, 칭찬해 주는 말을 할 수 있어야겠습니다. 내가 누군가에게 좋은 말을 해주고, 칭찬해 주고, 격려해 주는 말을 계속 하면 그 사람도 나에 대해서 그런 좋은 말을 해줄 것입니다. 그렇게 함으로 우리는 자꾸 친구를 만들어야 합니다. 그것이 인간관계에서 성공하는 비결입니다

넷째, 우리의 인간관계가 아름다워지려면 악을 악으로 갚지 말아야 합니다.

"아무에게도 악을 악으로 갚지 말고 모든 사람 앞에서 선한 일을 도모하라"(롬 12:17).

앞에서 말한 세 가지는 어느 정도 노력하면 누구라도 다 할 수 있는 것입니다. 그런데 '악을 악으로 갚지 말라'고 하는 말씀은 실천하기가 좀 어렵습니다. 보통 일반적인 사람들의 성정을 보면 악은 악으로 갚아야 합니다. 그것이 사람들의 성정입니다. 원래 타고난 성품이 그렇습니다. 누가 나에게 악을 행하면 나도 악으로 갚아야 합니다. 누가 나를 한방 치면 나도 즉각적으로 한방 치려는 마음이 누구에게나 다 있습니다. 그런데 성경은 '악을 악으로 갚지 말라'고 이야기하고 있습니다. 악을 악으로 갚지 않으려면 속에서 막 부글부글 끓어도 참고 인내하면 실천할 수 있겠지요. 그런데 14절 말씀은 더 어렵습니다.

"너희를 박해하는 자를 축복하라 축복하고 저주하지 말라"(롬 12:14).

이것은 이제 한 단계 더 나아가는 것입니다. 악을 악으로 갚지 않는 정도가 아니라 악을 행하는 자를 축복하는 것입니다. 예수 그리스도의 이름으로 축복해주고 그들을 위해서 기도해 주는 것입니다. 이건 정말 어렵습니다. 그런데 20절을 보면 또 한 단계 더 나아간 말씀이 나옵니다.

"네 원수가 주리거든 먹이고 목마르거든 마시게 하라"(롬 12:20a).

원수가 잘못되면 사실 우리 인간의 심리는 '그거 잘 됐다. 고소하다. 나한테 그렇게 못되게 굴더니 그렇게 벌 받는구나.' 이렇게 생각하기 마련입니다. 그것이 사람들의 원래 성정입니다 그런데 성경은 그렇게 하지 말라고 합니다. 원수가 주리거든 먹을 것을 주고, 목말라 하거든 마실 것을 주고, 어려움에 처해 있으면 도와주라고 가르치고 있습니다. 이런 일을 누가 할 수 있겠습니까.

우리 그리스도인들은 해야 합니다. 쉽지 않지만 우리 그리스도인들은 이 말씀을 실천해야 합니다. 왜냐하면 우리들은 사람들의 일반적인 성정에 따라 움직이는 사람들이 아니라 하나님의 말씀을 따라 움직이는 사람들이기 때문에 그렇습니다. 그러므로 이것이 쉬운 일이 아니라고 해도 하나님 말씀이 이렇게 하라고 하면 우리는 순종해야 하는 것입니다. 우리는 믿는 사람들인데 믿지 않는 사람들하고는 뭐가 달라도 달라야 되지 않겠습니까. 믿지 않는 사람들은 악을 악으로 갚는 것이 당연하지만 우리는 믿는 사람들입니다. 그러므로 그들과는 달라야 하고, 말씀을 새겨듣고 그대로 실천해야 하는 것입니다. 믿지 않는 사람들은 참 사랑이 뭔지 모르는 사람들입니다. 그러나 우리는 참 사랑이 뭔지 압니다. 또 믿지 않는 사람들은 하나님께로부터 참 용서도 경험하지 못했습니다. 그러나 우리는 하나님의 참 용서도 경험했습니다. 그러니까 우리는 달라야 하는 것입니다.

"악을 악으로 욕을 욕으로 갚지 말고 도리어 복을 빌라 이를 위하여 너희가 부르심을 받았으니 이는 복을 이어받게 하려 하심이라"(벧전 3:9).

이 말씀은 본문에 있는 말씀과 비슷합니다. '악을 악으로, 욕을 욕으로 갚지 말고, 도리어 복을 빌라' 고 했습니다. 그리고 '이를 위하여 너희가 부르심을 받았으니 이는 복을 이어받게 하려 하심이라' 고 이야기하고 있습니다. 우리는 그리스도인들입니다. 우리는 욕이나 저주, 이런 것과 어울리는 사람들이 아닙니다. 우리는 사랑, 축복, 이런 개념하고 통하는 사람들입니다. 믿지 않는 사람들은 악을 악으로 갚는다고 할지라도, 하나님의 사랑을 알고 하나님의 용서를 체험한 우리들은 설령 우리에게 누가 악을 행했다고 할지라도 그것을 선으로 갚을 수 있어야 하겠습니다. 그들을 위해서 간절히 기도해주고, 오히려 축복해주는 마음, 그런 마음을 가질 때 하나님께서 우리를 축복해 주시고 도와주실 것입니다. 그러므로 누가 욕한다고 해도 절대로 맞받아치며 욕하지 마십시오. 누가 나한테 욕을 했다고 나도 그냥 막 퍼부어대면 결국 내 입이 더러워지는 것이고, 내 마음이 악해지는 것입니다. 그러면 결국 나만 손해가 되는 것이지요. 누가 나에게 악을 가했을 때 "내가 저 놈 언젠가는 어떻게 해야겠다" 하는 미워하는 마음을 계속 품고 있으면 그 미움은 독이 대단해서 그 독이 결국 누구를 죽이는가 하면 나를 죽입니다. 그 사람을 죽이는 게 아니라 나를 죽이는 것입니다. 소화가 안 되기 시작하고, 얼굴이 막 화끈화끈거리고, 머리가 지끈지끈 아프고, 몸에 병이 생겨 버립니다. 그러면 나만 손해입니다. 그러므로 말씀대로 실천하며 사는 것이 결국 내가 잘되는 길입니다.

성경 인물 중에 악을 악으로 갚지 않는 일을 아주 잘 실천한 사람이 바로 다윗입니다.

"그 후에 다윗도 일어나 굴에서 나가 사울의 뒤에서 외쳐 이르되 내 주 왕이여 하매 사울이 돌아보는지라 다윗이 땅에 엎드려 절하고 다윗이 사울에게 이르되 보소서 다윗이 왕을 해하려 한다고 하는 사람들의 말을 왕은 어찌하여 들으시나이까 오늘 여호와께서 굴에서 왕을 내 손에 넘기신 것을 왕이 아셨을 것이니이다 어떤 사람이 나를 권하여 왕을 죽이라 하였으나 내가 왕을 아껴 말하기를 나는 내 손을 들어 내 주를 해하지 아니하리니 그는 여호와의 기름 부음을 받은 자이기 때문이라 하였나이다 내 아버지여 보소서 내 손에 있는 왕의 옷자락을 보소서 내가 왕을 죽이지 아니하고 겉옷 자락만 베었은즉 내 손에 악이나 죄과가 없는 줄을 오늘 아실지니이다 왕은 내 생명을 찾아 해하려 하시나 나는 왕에게 범죄한 일이 없나이다"(삼상 24:8-11).

"다윗이 사울에게 이같이 말하기를 마치매 사울이 이르되 내 아들 다윗아 이것이 네 목소리냐 하고 소리를 높여 울며 다윗에게 이르되 나는 너를 학대하되 너는 나를 선대하니 너는 나보다 의롭도다 네가 나 선대한 것을 오늘 나타냈나니 여호와께서 나를 네 손에 넘기셨으나 네가 나를 죽이지 아니하였도다 사람이 그의 원수를 만나면 그를 평안히 가게 하겠느냐 네가 오늘 내게 행한 일로 말미암아 여호와께서 네게 선으로 갚으시기를 원하노라"(삼상 24:16-19).

어떻습니까? 아름답지 않습니까? 얼마나 감동이 됩니까! 사울왕은 다윗을 죽이려고 그렇게 벼르고 쫓아 다녔지만 다윗은 절대로 악을 악으로 갚지 않았습니다. 죽일 수 있는 기회가 있었는데도 불구하고 죽이지 않았습니다. 그리고 나중에 그 사실을 왕에게 이야기했더니 사울 왕이 감동을 받아서 울었습니다. 원수처럼 생각한 다윗인데 자기 목숨을 귀하게 여겨주고 자기를 사랑해주니까 감동을 받아서 울게 된 것입니다. 우리가 악을 악으로 갚지 않고 오히려 선으로 갚을 때 상대방이 감동하게 됩니다. 그러면 그 사람은 회개하게 되고 우리와의 관계도 회복되게 될 것입니다. 우리도 다윗 같은 사람이 되어야 하겠습니다.

"내 사랑하는 자들아 너희가 친히 원수를 갚지 말고 하나님의 진노하심에 맡기라 기록되었으되 원수 갚는 것이 내게 있으니 내가 갚으리라고 주께서 말씀하시니라 네 원수가 주리거든 먹이고 목마르거든 마시게 하라 그리함으로 네가 숯불을 그 머리에 쌓아 놓으리라 악에게 지지 말고 선으로 악을 이기라"(롬 12:19-21).

우리 하나님은 우리가 악에게 지는 것을 원치 않으십니다. 악에게 이기기를 원하시는데 그 이기는 방법이 선으로 악을 갚는 것입니다. 악을 악으로 갚는 사람은 벌써 악에게 진 것입니다. 그 사람은 패배자입니다. 싸움에서는 이길지 몰라도 사람을 잃어버립니다. 지는 것입니다. 그래서 우리는 악을 악으로 갚으려고 하지 말고, 오히려 기도해 주고, 불쌍히 여겨주며, 정말 축복하는 마음으로 대해 줄 때 그들의 삶에도 놀라운 변화가 일어나게 될 것입니다.

"그리함으로 네가 숯불을 그 머리에 쌓아 놓으리라"(롬 12:20b).

세숫대야 같은 것에 숯불을 잔뜩 얹어서 사람 머리위에 올려놓으면 어떻게 될까요? 얼굴이 뜨겁고 화끈거리겠지요. 그런 것처럼 우리가 용서해 주고, 악을 선으로 갚으면 사람들의 얼굴이 화끈거리게 되고, 수치심을 느끼게 되며, 나중에 '아! 내가 그러는 게 아닌데, 내가 저 사람에게 정말 잘못 했구나' 뉘우치며 회개하게 되는 것입니다. 악을 선으로 갚을 때 그런 역사가 일어납니다.

혹시 여러분에게 미운 사람이 있습니까? 미워하지 말고 이 말씀을 여러분의 삶 가운데 실천해 보기 바랍니다. 이것이 인간적으로는 힘들 수 있지만 하나님의 명령이니까 기도하면서 결단하고 실천한다면 여러분의 인간관계에 놀라운 축복이 있을 것입니다.

제가 인터넷에서 발견한 글이 있는데 생각해 볼만한 이야기가 담겨 있어 소개합니다. 제목이 '미운 사람 죽이는 방법' 입니다.

「옛날에 시어머니가 너무 고약하게 굴어서 정말이지 도저히 견딜 수가 없었던 며느리가 있었습니다. 사사건건 트집이고 하도 야단을 쳐서 나중에는 시어머니 음성이나 얼굴만 생각해도 속이 답답하고 숨이 막힐 지경이 되어버렸습니다. 시어머니가 죽지 않으면 내가 죽어야겠다는 각오까지 하게 되었습니다. 그러다 최후의 방법으로 목사님을 찾아간 며느리는 비방이 있다는 얘기에 눈이 번쩍 뜨였습니다. 목사님은 시어머니가 가장 좋아하는 음식이 무엇이냐고 물었습니다. 며느리는 인절미라고 했습니다. 목사님은 앞으로 백일 동안 하루도 빼놓지 말고 인절미를 만들어서 아침, 점심, 저녁으로 해 드리면 백일 후에는 시어머니가 시름시름 앓다가 돌아가실 것이라고 말했습니다. 며느리는 신이 나서 돌아왔습니다. 찹쌀을 정성껏 씻고 잘 익혀서 인절미를 만들었습니다. 시어머니는 처음에 '얘가 왜 이러지. 왜 안하던 짓을 하고 난리야.' 했지만 며느리는 아무 소리도 하지 않고 정성껏 해 드렸습니다. 시어머니는 그렇게 보기 싫던 며느리가 매일 새로 말랑말랑한 인절미를 해다 바치자 며느리에 대한 마음이 조금씩 조금씩 달라져 야단도 덜 치게 되었습니다. 두

달이 넘어가자 시어머니는 하루도 거르지 않고 인절미를 해주는 며느리의 마음 씀씀이에 감동이 되어 동네 사람들에게 해대던 며느리 욕을 거두고 반대로 침이 마르게 칭찬을 하게 되었더랍니다. 석 달이 다 되어가자 며느리는 사람들에게 자신을 칭찬하고, 웃는 낯으로 대해 주는 시어머니에 대해 미안한 마음이 들기 시작했습니다. 이렇게 좋은 시어머니가 혹여라도 돌아가실까봐 덜컥 겁이 났습니다. 며느리는 목사님에게 달려가 내가 잘못 생각했으니 시어머니가 죽지 않을 방도를 알려달라며 닭똥 같은 눈물을 흘렸습니다. 목사님은 빙긋이 웃으며 말했습니다.

"미운 시어머니는 벌써 돌아가셨지요?"

싫은 상사나 동료를 죽이는 방법도 마찬가지입니다. 떡 하나로는 안 됩니다. 적어도 이 며느리처럼 백 번 정도는 인절미를 해다 바쳐야 미운 사람이 죽습니다. 밥이나 커피를 사주십시오. 뭔가 그 사람이 필요로 하는 물건이나 일을 당신이 해줄 수 있다면 해주십시오. 칭찬할 일이 생기면 칭찬해 주십시오. 이런 일들을 할 때마다 수첩에 바를 정자를 그려가며 딱 백 번만 해보십시오. 미운 사람이 정말 없어질 것입니다. 그래서 옛말에 '미운 놈에게 떡 하나 더 준다'는 말이 생긴 것입니다. 미운 사람에게 떡 하나 더 주고, 먼저 다가가는 노력을 해보시기 바랍니다. 틀림없이 효과가 나타날 것입니다.」

인간관계! 참 중요한 것입니다. 아름다운 인간관계를 위해 부단히 노력해야 합니다. 하나님께서 주신 말씀대로 순종하고 실천할 때 우리의 인간관계는 회복되고, 하나님께서 우리를 통해 영광 받게 될 것입니다.

17
그리스도인의 사회생활

(롬 13장)

롬 13장

1 각 사람은 위에 있는 권세들에게 복종하라 권세는 하나님으로부터 나지 않음이 없나니 모든 권세는 다 하나님께서 정하신 바라

2 그러므로 권세를 거스르는 자는 하나님의 명을 거스름이니 거스르는 자들은 심판을 자취하리라

3 다스리는 자들은 선한 일에 대하여 두려움이 되지 않고 악한 일에 대하여 되나니 네가 권세를 두려워하지 아니하려느냐 선을 행하라 그리하면 그에게 칭찬을 받으리라

4 그는 하나님의 사역자가 되어 네게 선을 베푸는 자니라 그러나 네가 악을 행하거든 두려워하라 그가 공연히 칼을 가지지 아니하였으니 곧 하나님의 사역자가 되어 악을 행하는 자에게 진노하심을 따라 보응하는 자니라

5 그러므로 복종하지 아니할 수 없으니 진노 때문에 할 것이 아니라 양심을 따라 할 것이라

6 너희가 조세를 바치는 것도 이로 말미암음이라 그들이 하나님의 일꾼이 되어 바로 이 일에 항상 힘쓰느니라

7 모든 자에게 줄 것을 주되 조세를 받을 자에게 조세를 바치고 관세를 받을 자에게 관세를 바치고 두려워할 자를 두려워하며 존경할 자를 존경하라

8 피차 사랑의 빚 외에는 아무에게든지 아무 빚도 지지 말라 남을 사랑하는 자는 율법을 다 이루었느니라

9 간음하지 말라, 살인하지 말라, 도둑질하지 말라, 탐내지 말라 한 것과 그 외에 다른 계명이 있을지라도 네 이웃을 네 자신과 같이 사랑하라 하신 그 말씀 가운데 다 들었느니라

10 사랑은 이웃에게 악을 행하지 아니하나니 그러므로 사랑은 율법의 완성이니라

11 또한 너희가 이 시기를 알거니와 자다가 깰 때가 벌써 되었으니 이는 이제 우리의 구원이 처음 믿을 때보다 가까웠음이라

12 밤이 깊고 낮이 가까웠으니 그러므로 우리가 어둠의 일을 벗고 빛의 갑옷을 입자

13 낮에와 같이 단정히 행하고 방탕하거나 술 취하지 말며 음란하거나 호색하지 말며 다투거나 시기하지 말고

14 오직 주 예수 그리스도로 옷 입고 정욕을 위하여 육신의 일을 도모하지 말라

우리는 모두 다 사회생활을 하는 사람들입니다. 우리는 하나님의 자녀로서 하나님 나라에 속한 사람들이지만 이 땅을 살아갈 때는 사회생활을 하게 되어 있습니다. 그리스도인으로서 우리가 사회생활을 할 때 뭔가 다르게 살아야 하는데 우리가 어떻게 사회생활을 해야 할지 로마서 13장 말씀이 가르쳐주고 있습니다. 우리 그리스도인들에게 주시는 사회생활의 원리가 무엇인지 함께 배워서 이 말씀대로 살아가도록 합시다.

첫째, 두려워할 자를 두려워하며 존경할 자를 존경하라.

"모든 자에게 줄 것을 주되 조세를 받을 자에게 조세를 바치고 관세를 받을 자에게 관세를 바치고 두려워할 자를 두려워하며 존경할 자를 존경하라"(롬 13:7).

7절 말씀은 1절부터 계속 이어지는 말씀인데 1절부터 7절까지의 내용은 세상의 권세자들에 대해서 우리 그리스도인들이 가져야 할 태도를 기록하고 있습니다. 그리고 그 결론이 7절 말씀인데 '두려워할 자를 두려워하며 존경할 자를 존경하라', 이것이 1절부터 7절까지의 핵심입니다. 우리 그리스도인들이 왜 이 세상의 통치자들과 정치 지도자들을 존경하고 두려워해야 하는지 1-2절이 설명하고 있는데 이는 하나님께서 그들을 세우셨기 때문이라고 이야기하고 있습니다.

"각 사람은 위에 있는 권세들에게 복종하라 권세는 하나님으로부터 나지 않음이 없나니 모든 권세는 다 하나님께서 정하신 바라 그러므로 권세를 거스르는 자는 하나님의 땅을 거스름이니 거스르는 자들은 심판을 자취하리라"(롬 13:1-2).

이 세상의 모든 권세는 하나님께로부터 나왔습니다. 이 세상의 왕들, 대통령들, 높은 권세를 가진 사람들, 그 권세는 하나님께서 그들에게 주신 것입니다. 그래서 우리 그리스도인들은 그들에 대해서 존중하는 마음을 가져야 하고, 그들이 세운 법을 잘 지켜야 하는 것입니다.

하나님께서 왜 그들을 세우셨을까요? 목적이 있겠지요. 하나님께서는 이 세상의 질서를 바로잡고, '권선징악' 하기 위해서 통치자들을 세우셨습니다.

"다스리는 자들은 선한 일에 대하여 두려움이 되지 않고 악한 일에 대하여 되나니 네가 권세를 두려워하지 아니하려느냐 선을 행하라 그리하면 그에게 칭찬을 받으리라 그는 하나님의 사역자가 되어 네게 선을 베푸는 자니라 그러나 네가 악을 행하거든 두려워하라 그가 공연히 칼을 가지지 아니하였으니 곧 하나님의 사역자가 되어 악을 행하는 자에게 진노하심을 따라 보응하는 자니라"(롬 13:3-4).

정부가 해야 하는 일, 그리고 세상의 통치자들과 왕들이 해야 하는 일이 무엇인가 하면 선한 일을 행한 사람들에게는 상을 주고, 잘못하고 악을 행하는 사람들은 붙잡아다가 벌을 줌으로써 사회질서를 바로 잡는 것입니다. 이것이 하나님께서 이 세상에 정부와 통치자들을 세우신 이유입니다. 그래서 우리 그리스도인들은 이 땅의 통치자들, 정치 지도자들을 존중해야 하고, 법도 잘 지켜야 되는 것입니다.

그러면 잘못된 정부나 통치자들에 대해서는 어떻게 해야 할까요? 예를 들어 북한 같은 경우는 분명히 잘못된 정부, 잘못된 통치자입니다. '잘못된 정부', '잘못된 통치자'의 정의는 '하나님께서 세우신 의도대로 일하지 않는 정부나 통치자'를 말합니다. 그런 정부나 통치자가 하나님의 말씀과 위배되는 것을 우리에게 요구한다면 우리는 그것까지는 따를 수 없습니다. 왜냐하면 그들보다 더 높은 분이 하나님이고, 그들도 사실은 하나님의 말씀에 복종해야 될 사람들이기 때문에 그렇습니다. 예를 들어 어떤 정부나 통치자가 주일날 더 이상 예배를 드리지 못하게 하고, 교회 문을 닫으라고 요구한다면 그것은 따를 수 없는 것입니다. 왜냐하면 하나님의 뜻이 아니기 때문입니다. 사도행전 4장에 보면 사도들이 복음을 전했을 때 통치자들이 예수님의 이름으로 말하지도 못하게 하고, 복음도 전하지 못하게 한 일이 있었습니다. 그 때 사도들은 이렇게 말했습니다.

"하나님 앞에서 너희의 말을 듣는 것이 하나님의 말씀을 듣는 것보다 옳은가 판단하라"(행 4:19).

"사람보다 하나님께 순종하는 것이 마땅하니라"(행 5:29).

그러므로 하나님의 말씀과 다른 것을 우리에게 하라고 요구한다면 우리가 따를 수 없는 것입니다. 그러나 그런 경우가 아니라면 최선을 다해서 통치자들을 존중해주고 또 그들의 명령에 순종해야 하는 것입니다. 이것이 성경이 우리들에게 가르치는 내용입니다. 그들을 따라 주어야 사회질서가 바로 잡혀서 모든 것이 원활하게 잘 돌아갈 수 있습니다. 그래야 우리가 편안한 가운데 생활할 수 있고, 복음도 전할 수 있으며, 신앙생활도 할 수 있는 것입니다. 그래서 하나님께서 세우신 통치자들에 대해서는 존중하는 마음, 그들을 따르는 선한 마음을 가지고 살아야 합니다.

본문 4절에 보면 세상의 통치자들을 보고 '하나님의 사역자'라고 했습니다. 하나님의 일꾼, 하나님의 심부름꾼이라는 말씀입니다. 그들이 예수님을 믿는 사람이건, 안 믿는 사람이건, 또 그들이 이러한 사실을 인식하던, 인식하지 못하던, 세상의 통치자들은 하나님의 일꾼들입니다. 하나님의 심부름꾼들입니다. 그래서 하나님의 일을 대행하기 위해서 이 땅에서 질서를 바로 잡고, 악한 사람은 벌도 주고, 착한 사람에게는 상도 주는 그런 역할을 하는 것입니다.

4절을 계속 보면 '선을 베푸는 자'라고 했습니다. 통치자는 선을 베풀어야 합니다. 악을 베푸는 정부나 통치자는 잘못된 것입니다. 통치자는 하나님의 심부름꾼이므로 국민들에게 선을 베풀어야 합니다. 이것이 그들의 위치입니다. 우리나라의 정치 지도자들, 우리나라를 이끌고 가는 통치자들도 이런 의식을 가지고 정치를 했으면 좋겠습니다. 우리나라의 정치 지도자들이 다 이런 사람들이 되어 우리나라를 잘 이끌어갈 수 있도록 우리가 더 많이 기도해야 하겠습니다. 그리고 우리는 그들을 존중해주고 그들이 요구하는 것이 성경에 위배되는 것이 아니라면 최선을 다해 지켜야 된다는 것을 기억해야겠습니다. 그래서 정직하게 세금도 잘 내고, 법도 잘 지키는 그리스도인이 되어야겠습니다.

둘째, 사랑의 빚 외에는 아무에게든지 아무 빚도 지지 말라.
"피차 사랑의 빚 외에는 아무에게든지 아무 빚도 지지 말라"(롬 13:8).

우리는 사회생활을 할 때 사랑의 빚 외에는 빚을 지면 안 됩니다. 빚을 지면 시험에 들 수 있고, 그 빚 때문에 곤란을 겪을 수 있습니다. 그러므로 우리 그리스도인들은 최대한 빚을 안지도록 노력해야 합니다.

"만일 갚을 것이 네게 없으면 네 누운 침상도 빼앗길 것이라"(잠 22:27).

이 말씀은 '보증서지 말라'는 말씀 뒤에 나오는 말씀인데 빚도 마찬가지입니다. 우리가 빚을 졌다가 제대로 갚지 못하면 진짜 침상을 빼앗길 수도 있고, 집도 빼앗길 수 있습니다. 그래서 빚지는 것은 정말 조심해야 합니다.

또, 우리가 빚지지 말아야 되는 이유는 우리에게 돈을 빌려준 사람이 시험에 들 수 있기 때문에 가급적이면 돈을 빌리지 않는 것이 좋습니다. 예를 들어서 어떤 사람이 여러분에게 돈을 백만 원 빌렸다고 가정해 봅시다. 그 사람이 급한 일이 있어서 백만 원을 빌려갔는데 깜박했는지, 나쁜 마음이 있었는지 그걸 갚지를 않습니다. 그러면 여러분이 시험에 들 수 있습니다. 반대로 누가 여러분에게 돈을 빌려줬는데 여러분이 돈을 안 갚아도 그 사람이 시험에 듭니다. 저도 어떤 분에게 부조하도록 5만원을 빌려드린 적이 있습니다. 그런데 아직도 안 갚고 있습니다. 그게 얼마나 시험이 되던지요. 돈 5만원 때문에 사람이 시험에 들 수 있습니다. 그래서 돈은 가급적이면 빌리지 않는 것이 좋고, 빌려주지 않는 것이 좋습니다. 그런데 사람이 살다보면 부득이 돈을 빌려야 할 때도 있습니다. 지갑을 깜박하고 집에다 놓고 나왔을 때 차비는 필요하고, 그럴 때는 직장 동료에게 돈을 빌려야겠지요. 또, 어떤 때는 카드로 될 줄 알았는데 카드가 안 될 경우 어떻게 하겠습니까. 빌리는 수밖에 없겠지요. 본의 아니게 이렇게 돈을 빌려야 하는 경우가 있을 수 있습니다.

마태복음에 보면 예수님께서 이런 말씀을 하십니다.

"네게 구하는 자에게 주며 네게 꾸고자 하는 자에게 거절하지 말라"(마 5:42).

예수님도 매정하게 절대로 돈 거래하지 말라는 말씀은 안하셨습니다. 그러나 돈 거래는 우리가 시험에 들지 않기 위해서, 또 곤란을 당하지 않기 위해서 최대한 안해야 한다는 것이 성경의 가르침입니다. 부득이 돈을 빌려줘야 한다면 시험에 들지 않는 범위 내에서 빌려주는 것이 좋습니다. '이 돈은 내가 못 받아도 괜찮다. 그냥 줄 수도 있다' 하는 마음이 있으면 빌려주고, 그런 마음이 없으면 아예 빌려주지 말아야 합니다. '내가 이 돈 빌려주지만 반드시 돌려받아야 되는데….' 그런 마음이 있으면 아예 빌려주지 않는 것이 좋습니다. 교회 안에서도 돈 빌리고, 빌려주고 하는 것 하지 마십시오. 그것이 나중에 문제가 됩니다. 그것 때문에 상처 받아 교회를 나오네, 안 나오네, 신앙생활을 하네, 안 하네, 그러면서 싸움이 날 수도 있습니다. 큰 어려움이 생길 수 있는 것입니다. 그러므로 교회 내에서는 절대로 돈 빌려달라고 하지 말고, 그냥 줄 마음이 없으면 빌려주지도 마시기 바랍니다.

그러면 은행에서 돈 빌리는 건 어떨까요? 제가 믿기에는 은행에서는 빌려도 괜찮습니다. 왜냐하면 은행은 우리가 돈을 빌린다고 해서 시험에 드는 일은 없기 때문입니다. 그러나 주의해야 할 점은 잠언 27장 22절 말씀처럼 내 침상을 빼앗길 수 있다는 것입니다. 그러므로 조심해서 해야 하고, 지혜롭게 해야 합니다. 자칫 잘못하면 집에 빨간 딱지가 다닥다닥 붙을 수 있고, 집이 날아갈 수도 있습니다. 그런 일을 원치 않는다면 은행에서 돈 빌리는 일도 정말 조심해야 합니다.

우리 그리스도인들은 어떤 일을 할 때 욕심을 내서 한다든지 무리하게 일을 벌이지 말아야 합니다. 괜히 능력도 없는데 집을 담보로 해서 은행에서 큰 돈을 빌려 사업을 하는 것은 결코 잘하는 일이 아닙니다. 지금 우리나라의 아파트 값이 계속 오르고 또 많은 사람들이 재산 증식을 목적으로 아파트에 관심을 가지는데 이런 것도 사실 별로 좋은 것이 아닙니다. 아파트는 주거의 목적이 되어야지 재산 증식의 목적이 되어서는 안 되는 것입니다. 그래서 우리 그리스도인들은 절대로 욕심내지 말고 늘 자족하는 마음으로, 있으면 있는 대로 없으면 없는 대로 살아갈 수 있어야겠습니다.

셋째, 네 이웃을 네 자신과 같이 사랑하라.

"간음하지 말라, 살인하지 말라, 도둑질하지 말라, 탐내지 말라 하는 것과 그 외에 다른 계명이 있을지라도 네 이웃을 네 자신과 같이 사랑하라 하신 그 말씀 가운데 다 들었느니라 사랑은 이웃에게 악을 행하지 아니하나니 그러므로 사랑은 율법의 완성이니라"(롬 13:9-10).

우리가 살고 있는 이 사회는 나 혼자만 살아가는 곳이 아닙니다. 여러 사람들이 어울려서 함께 살아가는 곳입니다. 그러다 보니 사람들 사이에 여러 가지 사건들이나 아름답지 못한 일들이 발생합니다. 예를 들면 본문에서 이야기하는 것처럼 간음사건, 살인사건, 도난사건이 일어날 수 있습니다. 이런 일들이 왜 일어나는가 하면 이웃을 사랑하는 마음이 없기 때문입니다. 모든 사람들에게 정말 이웃을 내 몸처럼 사랑하는 마음이 있다면 범죄는 안 일어날 것입니다. 그런데 이웃을 사랑하는 마음이 없기 때문에 여러 가지 안 좋은 일들이 발생하는 것입니다. 이런 의미에서 본문은 '사랑은 율법의 완성'이라고 이야기하고 있습니다. 율법에 보면 '간음하지 말라', '살인하지 말라', '도둑질하지 말라', '탐내지 말라' 이런 말씀들이 많이 나오는데 사실 '사랑'만 있으면 이런 말을 할 필요가 없습니다. 그래서 '사랑'은 '율법의 완성'이라는 것입니다. 8절 하반절에 보면 '남을 사랑하는 자는 율법을 다 이루었다'고 말씀하고 있습니다. 사랑을 하면 율법은 저절로 다 이루는 것입니다. 그런데 사랑이 없으므로 때로는 우리가 율법을 어기며 살아가게 되는 것입니다. 그래서 우리 그리스도인들은 '이웃을 사랑하라'는 말씀을 늘 마음에 깊이 새기고 우리 생활 가운데 실천할 수 있어야 합니다. 하나님께서는 이 세상의 빛과 소금이 되라고 우리를 불러주시고 구원해 주셨습니다. 그런데 빛과 소금이 되기 위해서는 '사랑'이 있어야 합니다. "아, 저 사람은 정말 참 좋은 사람이구나.", "예수 믿는 사람이 저래서 다르구나." 하는 말을 들을 수 있어야겠습니다.

'네 이웃을 네 자신과 같이 사랑하라'고 했습니다. 이것은 굉장히 많이 사랑하는 것을 말합니다. 어떻게 하면 이 말씀을 실천할 수 있을까요? 입장을 바꿔놓고 생각하면 됩니다. 저 사람이 나라고 생각해 보는 것입니다. 그러면 그 사람의 행동을 이해할 수 있습니다. 사람들이 제대로 사랑하지 못하는 이유는 늘 자기 입장에서만 생각하기 때문입니다. 자기 방식대로만 생각하고 일을 처리하다 보니 다른 사람들에게 불편을 주기도 하고, 다른 사람들에게 해가 되는 일을 하기도 하는 것입니다. 우리 그리스도인들은 어떤 일을 할 때 항상 입장을 바꿔놓고 생각해 볼 수 있어야겠습니다. 그것이 바로 이웃을 내 몸처럼 사랑하는 일의 출발점입니다.

예수님께서 이런 말씀을 하셨습니다.

"남에게 대접을 받고자 하는 대로 너희도 남을 대접하라 이것이 율법이요 선지자니라"(마 7:12).

남에게 대접을 받고자 하는 대로 남을 대접하는 것이나 입장을 바꿔놓고 생각하고 행동하는 것이나 결국 같은 맥락입니다. 우리는 자신의 입장에서만 생각하지 말고, 다른 사람의 입장에서 생각하고 행동할 수 있어야 합니다. 그러면 지금보다 훨씬 더 이웃사랑 실천을 잘할 수 있을 것입니다,

'3초의 여유' 라고 하는 좋은 글이 있어서 소개합니다.

『엘리베이터를 탔을 때 닫기 버튼을 누르기 전 3초만 기다려 보십시오.

누군가가 급하게 오고 있을지도 모릅니다.

출발신호가 떨어졌는데 앞차가 서 있어도 경적을 누르지 말고 3초만 기다려 보십시오.

그 사람은 인생의 중요한 기로에서 갈등하고 있었는지도 모릅니다.

내 차 앞으로 끼어드는 차가 있으면 3초만 서서 기다리십시오.

그 사람의 아내가 정말 아플지도 모릅니다.

친구와 헤어질 때 그의 뒷모습을 보고 3초만 있어주십시오.

친구가 가다가 혹시 뒤돌아봤을 때 웃어줄 수 있도록 말입니다.

길을 가다가, 아니면 뉴스에서 불행할 일을 당한 사람을 보면 잠시 눈을 감고 그들을 위해 기도합시다.

언젠가는 그들이 나를 위해 기도할 수 있을 것입니다.

정말 화가 나서 참을 수 없을 때라도 고개를 들어 3초만 하늘을 보십시오.

내가 화낼 일이 보잘 것 없는 것은 아닌지 생각해 보면서 말입니다. 차창 밖으로 고개를 내밀다 한 아이와 눈이 마주쳤을 때 3초만 그 아이에게 손을 흔들어 주십시오.

그 아이가 성인이 되면 분명 내 아이에게도 그렇게 할 것입니다.』

'3초의 여유!' 이것도 결국 상대방의 입장에서 생각하고 행동하는 것입니다. 이것이 '사랑' 입니다. 이웃사랑 실천을 잘하기 위해서 늘 내 입장에서만 생각하지 말고 '내가 저 사람이라면 과연 어떻게 행동할 것인가?' 생각하며 살아갈 수 있어야겠습니다.

'사랑' 에 대해서는 고린도전서 13장에 잘 나와 있습니다. '사랑' 은 '오래 참는 것' 이라고 했습니다. 매우 화가 나는 상황이라고 해도 그 사람에 대해서 좀 참아주십시오. 그게 이웃사랑 실천하는 것입니다. 또 '사랑' 은 '온유하다' 고 했습니다. 온유하다는 말은 부드럽게 대해주는 것, 친절하게 대해주는 것, 웃으면서 대해주는 것입니다. 사랑은 거창한 것이 아닙니다. 이웃사랑 실천하는 것이 어렵고 대단한 것이 아닙니다. 친절하게 웃으면서 대해주는 것, 그런 것이 이웃사랑을 실천하는 것입니다. 또 '무례히 행치 않는 것' 이 '사랑' 이라고 했습니다. 그런데 우리 사회는 왜 그렇게 무례한 사람들이 많은지 모르겠습니다. 길에다가 침을 막 뱉고, 양보를 해줘도 감사할 줄 모르고, 예의를 지키지 않는 행동들을 하고 …. 그러나 우리 그리스도인들은 그러지 말아야 합니다. 이웃사랑은 무례히 행치 않는 것입니다. 예의를 지키는 것입니다. 우리가 사회생활을 할 때 기분 좋게 하려면 자기의 유익을 구하기보다 조금 손해 보는 쪽을 택하는 것이 마음도 편하고 좋을 것입니다. 또, '사랑'은 '악한 것을 생각지 않는 것'이라고 했습니다. 악한 것을 자꾸만 생각하니까 범죄가 많아지는 것입니다. 이웃사랑을 실천하고 싶은 사람은 악한 생각을 해서는 안 됩니다. '불의를 기뻐하지 않는 것'도 '사랑'이라고 했습니다. 잘못된 일을 보면 그것에 대해서 바른 말도 할 줄 알아야 하고, 목소리도 높일 줄 알아야 합니다. 이웃사랑을 실천하기 위해 주님께서 하시는 이 말씀들을 우리 생활 가운데서 행동으로 옮길 줄 알아야겠습니다.

넷째, 정욕을 위하여 육신의 일을 도모하지 말라.
"낮에와 같이 단정히 행하고 방탕하거나 술 취하지 말며 음란하거나 호색하지 말며 다투거나 시기하지 말고 오직 주 예수 그리스도로 옷 입고 정욕을 위하여 육신의 일을 도모하지 말라"(롬 13:13-14).

14절에 '정욕을 위하여 육신의 일을 도모하지 말라'고 말씀하고 있습니다. 어떤 일이 육신의 일입니까? 13절에 나와 있는데 방탕, 술 취함, 음란, 호색, 다툼, 시기, 이런 것들이 육신의 일입니다. 오늘날 많은 사람들이 이런 모습으로 살아가고 있습니다. 그런데 우리 그리스도인들은 그렇게 살지 말라는 것입니다. 비록 이 사회 속에서 믿지 않는 사람들과 어울려 살아가고 있지만 우리는 그렇게 살아서는 안 된다고 하는 것이 성경이 주는 교훈입니다. 왜 안 될까요? 우리는 그리스도인이기 때문입니다. 그리스도인은 예수 그리스도 안에서 새로운 피조물이 된 사람들이고 새 사람들이 된 사람들인데 옛날 모습 그대로 믿지 않는 사람처럼 살아가서는 안 되겠지요. 그래서 육신의 일을 도모해서는 안 되는 것입니다. 설령 과거에는 그런 삶을 살았다 할지라도 이제 구원받고 새 사람이 되었으면 새로운 모습으로 살아가야 하는 것입니다. 그리고 또 한 가지 이유는 주님의 재림이 임박했기 때문입니다.

"또한 너희가 이 시기를 알거니와 자다가 깰 때가 벌써 되었으니 이는 이제 우리의 구원이 처음 믿을 때보다 가까웠음이라"(롬 13:11).

'자다가 깰 때가 되었다'고 말씀하고 있는데 이것은 예수님의 재림이 가까웠다는 말입니다. 여기 말씀하고 있는 '구원'은 우리의 영혼 구원을 이야기하는 것이 아니고, '우리의 몸까지 완전히 구원받는 것'을 이야기하는 것입니다. 이 일은 예수님께서 재림하실 때 일어납니다. 예수님의 재림이 가까웠기 때문에 우리는 지금 자다가도 깨어야 하고, 거룩한 삶을 살아야 하는 것입니다.

"밤이 깊고 낮이 가까웠으니 그러므로 우리가 어둠의 일을 벗고 빛의 갑옷을 입자"(롬 13:12).

여기서 '밤'은 '죄악'과 '마귀 사단'을 상징하는 것입니다. 이 세상은 죄악이 가득하고 마귀가 극성을 부리는 곳입니다. 그러나 이제 곧 우리 주님께서 오십니다. 그래서 밤이 깊고 낮이 가까웠다고 말하는 것입니다. 이런 이유 때문에 우리 그리스도인들은 어둠의 일을 해서는 안 됩니다. 육신의 일을 도모해서도 안 됩니다. 하나님께서 기뻐하시는 신령하고 거룩한 삶을 살아야 하는 것입니다. 하나님께서 우리를 불러주신 목적이 우리의 정욕을 채우면서 살아가라고 구원해 주신 것이 아닙니다. 하나님의 영광을 위해서 살아가라고 우리를 구원해 주셨습니다. 우리의 소망은 이 땅에 있지 않고 하늘에 있습니다. 우리는 주님의 재림을 고대하면서 살아야 하는 사람들입니다. 이 세상은 밤입니다. 어두움입니다. 그러나 우리는 빛의 자녀들입니다. 빛의 자녀들답게 어둠의 일은 다 벗어버리고 정말 빛 가운데서 행하는 삶을 살아갑시다.

이 세상에는 유혹이 많습니다. 직장생활, 사회생활을 하다보면 술자리에 대한 유혹도 있고, 여러 가지 좋지 않은 일에 대한 유혹들이 참 많은 것을 보게 됩니다. 그러한 유혹을 이겨내야 합니다. 우리는 하나님의 사람들이고, 성령님이 우리 안에 계십니다. 하나님이 도와주시면 얼마든지 유혹을 극복하고 거룩한 삶을 살 수 있습니다. 우리가 유혹을 이기고 죄를 이길 수 있는 방법은 로마서 6장에서 이미 배웠습니다. 로마서 6장 11-13절까지 보면 중요한 동사 3가지가 나옵니다. '여기라', '못하게 하라', '드리라' ― 죄에 대해서 나는 죽은 사람으로 여기고, 죄가 내 몸을 주장하지 못하게 하며, 내 몸을 하나님의 의의 병기로 드리는 것입니다. 이것이 죄를 이기는 비결입니다. 그렇게 하기 위해서는 성령 충만, 말씀 충만해야 합니다.

"내가 주께 범죄하지 아니하려 하여 주의 말씀을 내 마음에 두었나이다"(시 119:11).

죄를 이기는 방법에는 다른 비결이 없습니다. 늘 성령 충만, 말씀 충만하여 하나님의 말씀이 나를 지배하게 하는 것입니다. 그리고 내 몸을 하나님의 도구로 드리는 것입니다. 그렇게 함으로 하나님께 영광 돌리고 이 사회에서 빛과 소금으로 살아가는 우리가 됩시다.

18

비판하지 말라

(롬 14:1–15:3)

롬 14장

1 믿음이 연약한 자를 너희가 받되 그의 의견을 비판하지 말라

2 어떤 사람은 모든 것을 먹을 만한 믿음이 있고 믿음이 연약한 자는 채소만 먹느
니라

3 먹는 자는 먹지 않는 자를 업신여기지 말고 먹지 않는 자는 먹는 자를 비판하지
말라 이는 하나님이 그를 받으셨음이라

4 남의 하인을 비판하는 너는 누구냐 그가 서 있는 것이나 넘어지는 것이 자기 주
인에게 있으매 그가 세움을 받으리니 이는 그를 세우시는 권능이 주께 있음이라

5 어떤 사람은 이 날을 저 날보다 낫게 여기고 어떤 사람은 모든 날을 같게 여기나
니 각각 자기 마음으로 확정할지니라

6 날을 중히 여기는 자도 주를 위하여 중히 여기고 먹는 자도 주를 위하여 먹으니
이는 하나님께 감사함이요 먹지 않는 자도 주를 위하여 먹지 아니하며 하나님께
감사하느니라

7 우리 중에 누구든지 자기를 위하여 사는 자가 없고 자기를 위하여 죽는 자도 없
도다

8 우리가 살아도 주를 위하여 살고 죽어도 주를 위하여 죽나니 그러므로 사나 죽으
나 우리가 주의 것이로다

9 이를 위하여 그리스도께서 죽었다가 다시 살아나셨으니 곧 죽은 자와 산 자의 주
가 되려 하심이라

10 네가 어찌하여 네 형제를 비판하느냐 어찌하여 네 형제를 업신여기느냐 우리가
다 하나님의 심판대 앞에 서리라

11 기록되었으되 주께서 이르시되 내가 살았노니 모든 무릎이 내게 꿇을 것이요 모
든 혀가 하나님께 자백하리라 하였느니라

12 이러므로 우리 각 사람이 자기 일을 하나님께 직고하리라

13 그런즉 우리가 다시는 서로 비판하지 말고 도리어 부딪칠 것이나 거칠 것을 형제
앞에 두지 아니하도록 주의하라

14 내가 주 예수 안에서 알고 확신하노니 무엇이든지 스스로 속된 것이 없으되 다만 속되게 여기는 그 사람에게는 속되니라

15 만일 음식으로 말미암아 네 형제가 근심하게 되면 이는 네가 사랑으로 행하지 아니함이라 그리스도께서 대신하여 죽으신 형제를 네 음식으로 망하게 하지 말라

16 그러므로 너희의 선한 것이 비방을 받지 않게 하라

17 하나님의 나라는 먹는 것과 마시는 것이 아니요 오직 성령 안에 있는 의와 평강과 희락이라

18 이로써 그리스도를 섬기는 자는 하나님을 기쁘시게 하며 사람에게도 칭찬을 받느니라

19 그러므로 우리가 화평의 일과 서로 덕을 세우는 일을 힘쓰나니

20 음식으로 말미암아 하나님의 사업을 무너지게 하지 말라 만물이 다 깨끗하되 거리낌으로 먹는 사람에게는 악한 것이라

21 고기도 먹지 아니하고 포도주도 마시지 아니하고 무엇이든지 네 형제로 거리끼게 하는 일을 아니함이 아름다우니라

22 네게 있는 믿음을 하나님 앞에서 스스로 가지고 있으라 자기가 옳다 하는 바로 자기를 정죄하지 아니하는 자는 복이 있도다

23 의심하고 먹는 자는 정죄되었나니 이는 믿음을 따라 하지 아니하였기 때문이라 믿음을 따라 하지 아니하는 것은 다 죄니라

롬 15:1-3

1 믿음이 강한 우리는 마땅히 믿음이 약한 자의 약점을 담당하고 자기를 기쁘게 하지 아니할 것이라

2 우리 각 사람이 이웃을 기쁘게 하되 선을 이루고 덕을 세우도록 할지니라

3 그리스도께서도 자기를 기쁘게 하지 아니하셨나니 기록된 바 주를 비방하는 자들의 비방이 내게 미쳤나이다 함과 같으니라

비판하기를 좋아하는 사람들

사람들은 비판하기를 참 좋아합니다. 사람들에게 죄성이 있기 때문에 그렇습니다. 조금만 자기 마음에 안 들어도 비판하고, 조금만 자기와 달라도 비판 합니다. 나하고 조금 다르다고 해서 반드시 틀린 것은 아닙니다. 하지만 사람들은 자기와 맞지 않는다고 생각하면 얼마나 비판하기를 좋아하는지요. 오늘날 많은 사람들의 인간관계에 금이 가고 있는 가장 큰 이유는 비판하는 것 때문입니다. 사람들은 처음부터 서로 미워하지 않습니다. 비판하는 것 때문에 관계가 틀어지기 시작하는 것입니다.

비판하는 것은 예수 안 믿는 사람들만 하는 것이 아니라 믿는 사람들도 상당히 많이 하는 것을 볼 수 있습니다. 오늘날 어떤 교회를 보면 그 안에 갈등이 있고, 분열이 있는데 그 원인이 비판과 비난 때문이라는 것을 어렵지 않게 발견할 수 있습니다. 교제를 잘해 오던 사람들이 어느 날 갑자기 그 교제에 금이 가기 시작하는 것을 보면 그것도 비판과 비난 때문에 생긴 것임을 알 수 있습니다. '비판'이라는 것은 '아름다운 관계를 깨뜨리는 가장 큰 적'이라고 말할 수 있습니다. 누구를 비판하기 시작하면 그 사람과의 관계는 결국 깨어지게 되어 있습니다.

그러면 무조건 비판해서는 안 되는 것일까요?

우리가 꼭 해야 하는 비판도 있습니다. 예를 들어서 지금 사랑하는 주 안의 한 형제가 잘못된 일, 성경에 위배되는 일을 하고 있다면 비판이 아니라 더한 책망도 해야 하는 것입니다. 그렇게 하지 말라고 따끔하게 말해줄 필요가 있습니다.

그런데 문제는 성경에 명확하게 나오지 않는 것에 대해서 사람들이 비판을 너무 잘한다는 것입니다. 이것이 문제입니다. 우리의 기준은 항상 '성경'입니다. 성경이 이야기하고 있는 문제에 대해서는 우리가 이야기할 수 있지만, 성경이 모든 문제에 대해서 모든 것을 다 기록하고 있는 것은 아닙니다. 그런데 사람들은 자기 생각만 가지고 다른 사람들을 판단하고, 비판하고, 정죄하기를 좋아합니다. 그러면 안 된다는 것입니다.

본문의 가장 중요한 요점은 비판하지 말라는 것입니다.

이 말에는 결국 두 가지가 전제되어 있습니다.

첫 번째는 성경에 명확하게 나와 있지 않는 것에 대해서는 비판하지 말라는 것입니다. 성경에 나와 있는 것에 대해서는 얼마든지 책망도 할 수 있고, 비판도 할 수 있습니다. 그러나 성경에 명확하게 나와 있지 않는 것들도 참 많습니다. 그런 부분에 대해서는 비판을 삼가해야 하는 것입니다.

두 번째는 주님을 위해서 무엇을 하고 있는 사람들에 대해서 비판을 조심하라는 것입니다.

"날을 중히 여기는 자도 주를 위하여 중히 여기고 먹는 자도 주를 위하여 먹으니 이는 하나님께 감사함이요 먹지 않는 자도 주를 위하여 먹지 아니하며 하나님께 감사하느니라 우리 중에 누구든지 자기를 위하여 사는 자가 없고 자기를 위하여 죽는 자도 없도다 우리가 살아도 주를 위하여 살고 죽어도 주를 위하여 죽나니 그러므로 사나 죽으나 우리가 주의 것이로다"(롬 14:6-8).

이 본문이 기록될 당시, 먹는 것과 날을 지키는 문제를 가지고 성도들 간에 의견충돌이 있었던 것을 볼 수 있습니다. 그런데 이 사람들은 모두가 주님을 신실하게 섬기는 사람들이었습니다. 한 쪽 사람들은 주님을 위해서 어떤 음식을 안 먹고, 또 한 쪽 사람들은 주님을 위해서 먹습니다. 어떤 사람들은 주님을 위해서 어떤 날을 특별하게 지키고, 또 어떤 사람들은 주님을 위해서 모든 날은 다 같은 날이라고 생각합니다. 그런데 이 양쪽 사람들이 서로를 비난하고 있다는 사실입니다. "왜 저 사람들은 저렇게 하는가?" "우리들은 이렇게 하는데 저 사람들은 왜 저렇게 하는가?" 먹는 문제, 날 지키는 문제에 대해서 비난을 하고 있었습니다. 그래서 사도 바울은 "비판하지 말라"고 한 것입니다.

"믿음이 연약한 자를 너희가 받되 그의 의견을 비판하지 말라 어떤 사람은 모든 것을 먹을 만한 믿음이 있고 믿음이 연약한 자는 채소만 먹느니라 먹는 자는 먹지 않는 자를 업신여기지 말고 먹지 않는 자는 먹는 자를 비판하지 말라 이는 하나님이 그를 받으셨음이라"(롬 14:1-3).

여기에 '믿음이 연약한 자'가 나오고, '믿음이 강한 자'가 나옵니다. '믿음이 연약한 자'는 채소만 먹습니다. '믿음이 강한 자'는 채소도 먹고, 고기도 먹고, 무엇이든 다 먹습니다. 채소만 먹는 '믿음이 연약한 자'는 로마교회 안에 있던 유대인 그리스도인들이고, 모든 것을 먹는 '믿음이 강한 자'는 로마교회 안에 있던 이방인 그리스도인들이라고 생각됩니다. 그런데 이 양쪽 사람들이 서로를 비난하고 있습니다. 유대인들은 이방인 그리스도인들을 보면서 "저 사람들은 뭐든지 다 먹는구나." "저 사람들은 날도 안 지키는구나." 하며 비방을 하고 있고, 이방인 그리스도들은 "저 사람들은 저렇게 할 필요가 없는데, 그리스도 안에서 자유가 있는데 왜 저렇게 얽매여서 율법적으로 살아가는 것일까?" 라고 무시하면서 비난하고 있습니다. 그래서 사도 바울이 이 두 무리를 향하여 "비판하지 말라"고 하는 것입니다.

그런데 "비판하지 말라"는 이 말씀은 우리도 잘 새겨들어야 할 말씀입니다. 이 말씀의 두 가지 전제조건에 대해서는 이미 말씀 드렸습니다. 성경에 확실하게 나와 있지 않은 부분에 대해서 비판하지 말아야 하고, 그리스도를 열심히 잘 섬기는 사람이 무슨 일을 하려고 할 때, 선한 동기가 있을 때는 비판하지 말아야 합니다. 이 말씀은 굉장히 중요한 원리를 우리에게 제공해 주고 있는데 무엇에도 다 적용이 될 수 있습니다. 예를 들면 본문에 나오는 것처럼 먹고 마시는 것에 대해서, 그리고 날 지키는 것에 대해서, 또 심지어는 생활방식에 대해서도 적용이 될 수 있습니다. 그럼 왜 우리 그리스도인들은 비판하면 안 되는지, 그리고 우리는 어떻게 살아가야 하는지를 본문을 통해서 살펴봅시다.

왜 비판하지 말아야 합니까?

첫째, 하나님께서 내가 비판하고 있는 그 사람을 받으셨기 때문입니다.

"비판하지 말라 이는 하나님이 그를 받으셨음이라"(롬 14:3b).

여기서 '그'가 누구일까요? '내가 비판하는 사람' 입니다. 하나님께서 그 사람을 받으셨다고 말씀하고 있습니다. 본문의 두 편의 사람들은 모두 다 주님을 열심히 섬기는 사람들로서, 한 쪽은 주님을 위해서 먹고, 다른 한 쪽은 주님을 위해서 안 먹으며, 또 한 쪽은 주님을 위해서 날을 지키고, 다른 한 쪽은 주님을 위해서 안 지키는 것인데 하나님은 양편 모두의 선한 동기를 보시고 다 받아주셨습니다. 그러니까 서로 비난하지 말라는 것입니다. 하나님께서 받은 사람들을 우리들이 비난해서는 안 됩니다. 우리가 지금 비난하고 있는 사람들 중에는 우리 맘에는 안 들지만 하나님께서 받은 사람들이 있습니다. 그렇기 때문에 비난하는 것은 굉장히 조심해야 하는 것입니다.

둘째, 우리에게는 비판하고 비난할 자격이 없기 때문입니다.
"남의 하인을 비판하는 너는 누구냐 그가 서 있는 것이나 넘어지는 것이 자기 주인에게 있으매 그가 세움을 받으리니 이는 그를 세우시는 권능이 주께 있음이라"(롬 14:4).

이 말씀에서 '남의 하인'은 '내가 비판하는 그 사람'이고, 그 '주인'은 '하나님'을 말하는 것입니다. 만약 내가 비판하는 그 사람에게 문제가 있고 잘못이 있다면 그 사람의 주인인 하나님께서 알아서 하실 일입니다. 그러므로 내가 그 사람에 대해서 왈가왈부하면서 비판하는 것은 옳지 않다는 것입니다. 우리에게는 판단할 자격이 없습니다. 어떤 부분에 대해서는 성경이 명확하게 이야기하고 있습니다. 거기에 대해서는 이미 하나님께서 판단하셨습니다. 그런데 어떤 부분에 대해서는 명확하게 이야기 안 하고 있습니다. 거기에 대해서는 우리들이 함부로 판단해서는 안 되는 것입니다.

셋째, 하나님께서 언젠가 모든 그리스도인들을 심판하실 것이기 때문입니다.

"네가 어찌하여 네 형제를 비판하느냐 어찌하여 네 형제를 업신여기느냐 우리가 다 하나님의 심판대 앞에 서리라"(롬 14:10).

구원받은 그리스도인들도 언젠가는 그리스도의 심판대 앞에 서게 되고, 예수님의 심판을 받게 됩니다. 믿지 않는 사람들만 심판받는 것이 아니라 믿는 사람들도 심판을 받습니다. 우리가 한 말에 대해서도 주님이 심판하시고, 우리의 행동과 우리가 살아온 삶에 대해서도 주님이 다 심판하십니다. 그렇기 때문에 명확하지 않은 부분에 대해서 우리가 다른 사람을 심판하지 않아도 된다는 것입니다. 심판하고 판단하는 것은 사람의 소관이 아닌 하나님의 소관입니다. 우리 그리스도인들은 쉽게, 그저 내 생각으로, 내 임의로 정죄하고 판단해서는 안 되겠습니다.

"그러므로 때가 이르기 전 곧 주께서 오시기까지 아무 것도 판단하지 말라 그가 어둠에 감추인 것들을 드러내고 마음의 뜻을 나타내시리니 그 때에 각 사람에게 하나님으로부터 칭찬이 있으리라"(고전 4:5).

주님께서 오시기까지 아무 것도 판단하지 말라고 하셨습니다. 여기에 해당되는 내용은 성경에 명확하게 나오지 않는 그런 부분에 대한 것들입니다. 그런 것들에 대해서는 판단하지 말라는 것입니다. 그리고 나중에 하나님이 각 사람의 선한 동기를 보고 '칭찬' 해 주신다고 말씀하고 있습니다. 그래서 내가 지금 비판하는 어떤 사람 중에도 하나님으로부터 칭찬받을 사람이 있습니다. 내 맘에는 안 들지 모르지만 하나님께서 칭찬해 주신다는 것입니다. 그러므로 내가 기준이 아닙니다. 내 생각이 100% 절대적으로 맞는 것이 아니기 때문에 내가 기준이 되어 남을 판단해서는 안 되겠습니다.

넷째, 우리가 하는 비판이 형제를 실족시킬 수 있기 때문입니다.
"만일 음식으로 말미암아 네 형제가 근심하게 되면 이는 네가 사랑으로 행하지 아니함이라 그리스도께서 대신하여 죽으신 형제를 네 음식으로 망하게 하지 말라"(롬 14:15).

성경에 분명히 나와 있지 않는 부분에 대해서 공격하고 비난하고 정죄하게 된다면 나중에 그 형제가 실족하게 되고 상처를 입게 됩니다. 형제를 실족시키는 것은 죄입니다. 예수님 말씀에 형제를 실족시키는 자는 연자 맷돌을 매고 차라리 바닷물에 빠져 죽는 것이 낫다고까지 이야기하셨습니다. 다른 그리스도인을 실족시키는 것은 엄청난 죄입니다. 그리고 그것은 사랑에서 나온 행동이 아닙니다.

한 번 생각해 보십시오. 지금 내가 비판하고 있는 그 형제를 위해서도 우리 주님께서 피 흘려 돌아가셨습니다. 그런데 그런 사람을 내가 임의로 비판하고 판단할 수 있을까요? 우리에게는 그럴 자격이 없습니다. 주님께서도 그를 위해 돌아가셨는데 내가 감히 뭐라고 그 형제를 비판할 수 있겠습니까? 절대로 그럴 권한도 없고, 자격도 없습니다. 우리 주님께서는 형제를 사랑하라고 말씀하셨지 절대로 비판해서 실족시키라고 말한 적이 없습니다. 그렇기 때문에 우리 그리스도인들은 비판해서는 안 되는 것입니다.

다섯째, 비판하면 더 중요한 것을 잃어버릴 수 있기 때문입니다.

"하나님의 나라는 먹는 것과 마시는 것이 아니요 오직 성령 안에 있는 의와 평강과 희락이라"(롬 14:17).

"음식으로 말미암아 하나님의 사업을 무너지게 하지 말라"(롬 14:20a).

본문이 기록될 당시에는 먹는 문제와 날 지키는 문제를 놓고 서로 비난하는 사람들이 있었습니다. 거기에 대해서 하나님의 영감으로 이 글을 기록한 사도 바울은 하나님의 나라는 먹는 것과 마시는 것이 아니라고 이야기하고 있습니다. 그리고 먹는 것, 날 지키는 것을 가지고 하나님의 사업을 무너지게 하지 말라고 이야기하고 있습니다. 그러므로 성경에 나오지 않는 그런 문제를 가지고 계속 시비 걸고, 다투고, 비난하면 결국은 훨씬 더 중요한 것을 잃어버릴 수 있다는 것을 기억할 필요가 있습니다. 17절 말씀을 보면 '하나님의 나라는 먹는 것과 마시는 것이 아니요, 오직 성령 안에 있는 의와 평강과 희락이라' 고 말씀하고 있습니다. 어떤 것이 더 중요합니까? '먹는 것과 마시는 것' 입니까? 아니면 내가 '주님 안에서 의와 평강과 희락을 온전히 누리는 것' 입니까? 후자가 더 중요합니다. 여기서 '의' 라고 하는 것은 '옳은 것' 을 말하는 것인데 형제를 비판하여 실족시키는 일은 결코 옳은 일이 아닙니다. '평강과 희락' 이런 것이 얼마나 중요합니까. 그런데 우리가 서로를 비난하다 보면 내 마음속에 있는 평안과 기쁨을 잃어버리게 됩니다. 상대방을 실족하게 만듭니다. 그래서 별 것 아닌 것 가지고 티격태격하다 보면 진짜 중요한 것을 잃어버릴 수 있는 것입니다. 그리고 하나님의 사업도 무너질 수 있습니다. 그래서 작은 것 하나 가지고 붙들고 늘어질 게 아니라 좀 크게 생각할 줄 알아야겠습니다. '무엇이 더 중요한 것인가?' '과연 하나님께서는 지금 우리에게 무엇을 원하고 계시는가?' 어떤 문제가 생겼을 때 항상 이런 것을 생각할 수 있어야겠습니다.

그러면 이제 우리 그리스도인들은 어떻게 살아야 하는 것일까요?

'비판하지 말라'고 했으니까 이것도 좋고, 저것도 좋고, 아무런 소신 없이 그렇게 살아가라는 말씀일까요? 성경은 절대 그렇게 가르치지 않습니다. 본문을 보면 자기의 믿음대로, 확신대로 소신껏 살아갈 것도 이야기하고 있습니다.

"어떤 사람은 이 날을 저 날보다 낫게 여기고 어떤 사람은 모든 날을 같게 여기나니 각각 자기 마음으로 확정할지니라"(롬 14:5).

"내가 주 예수 안에서 알고 확신하노니 무엇이든지 스스로 속된 것이 없으되 다만 속되게 여기는 그 사람에게는 속되니라"(롬 14:14).

"네게 있는 믿음을 하나님 앞에서 스스로 가지고 있으라 자기가 옳다 하는 바로 자기를 정죄하지 아니하는 자는 복이 있도다 의심하고 먹는 자는 정죄되었나니 이는 믿음을 따라 하지 아니하였기 때문이라 믿음을 따라 하지 아니하는 것은 다 죄니라"(롬 14:22-23).

이 말씀들을 요약하면 '자기 믿는 바대로 확신을 가지고 살아가라'는 것입니다. 그리고 그렇게 살아갈 때 그 사람이 진정으로 복 받은 사람이고, 행복해질 수 있다는 것입니다. 22절 끝부분 말씀을 보면 '자기가 옳다 하는 바로 자기를 정죄하지 아니하는 자는 복이 있도다'라고 말씀하고 있는데 이 말씀은 공동번역 성경을 참고하면 이해가 쉽습니다. "자기가 옳다고 생각하는 일을 하면서 양심의

가책을 받지 않는 사람은 행복합니다." 그러니까 자기 소신껏 살아가라는 것입니다. 그렇게 살아갈 때 그것이 행복이고 축복이라는 것입니다.

그런데 해서는 안 되는 일이 무엇이라고 이야기하나요? 내가 확신을 갖고 사는 것은 좋지만 다른 사람이 같은 확신을 가지고 있지 않다고 해서 비판해서는 안 된다는 것입니다. 성경에서 분명히 말씀하지 않는 것에 대해서 나름대로 확신과 소신을 갖고 사는 것은 좋은 것이고, 그것에 대해 양심과 타협하지 말라고 했습니다. 그런데 또 비판도 하지 말라고 했습니다. 왜냐하면 다른 사람도 나름대로 소신을 갖고 살기 때문에 그렇습니다. 이것이 본문이 우리들에게 가르쳐주는 내용입니다.

"그러므로 너희의 선한 것이 비방을 받지 않게 하라"(롬 14:16).

이 말씀에서 우리가 알 수 있는 것은 우리의 확신이 너무 강해서 다른 사람들에게 영향을 끼치려고 하거나 다른 사람을 비판하려고 하면 결국 그 사람도 자기의 확신을 가지고 우리에게 그렇게 한다는 것입니다. 성경에 분명하게 나오지 않는 문제에 대하여 나만 옳은 것처럼, 나만 맞는 것처럼 누군가를 막 공격한다면 그 사람도 그 나름대로의 확신을 가지고 나를 공격하게 될 것입니다. 그러면 결국 성경에 분명하게 나와 있지도 않은 문제 때문에 안 좋은 결과를 초래할 수 있습니다. 그렇기 때문에 '비판하지 말라'고 하는 것입니다. 확신은 좋은 것입니다. 소신껏 살아가십시오. 그러나 성경에 나와 있지 않은 것 가지고 다른 사람을 함부로 정죄하지 마시기 바랍니다.

항상 덕을 생각해야 합니다.

또, 본문에서는 '항상 덕을 생각하라' 고 이야기하고 있습니다.

"믿음이 강한 우리는 마땅히 믿음이 약한 자의 약점을 담당하고 자기를 기쁘게 하지 아니할 것이라 우리 각 사람이 이웃을 기쁘게 하되 선을 이루고 덕을 세우도록 할지니라"(롬 15:1-2).

"그러므로 우리가 화평의 일과 서로 덕을 세우는 일을 힘쓰나니"(롬 14:19).

이 말씀을 보면 '화평의 일과 서로 덕을 세우는 일에 힘쓰라' 고 말씀하고 있고, 자신을 기쁘게 하는 사람이 되지 말고 '이웃을 기쁘게 하는 사람이 되라' 고 말씀하고 있습니다. 그러므로 우리에게는 소신과 확신도 필요하지만 그것 때문에 다른 사람들에게 거침돌이 되어서는 절대로 안 된다는 것입니다. 우리는 이웃을 기쁘게 해야 합니다. 즉 '덕을 세우라' 는 말씀입니다. 그러한 삶을 살아가기 위해서는 때로 우리가 그리스도 안에서 누릴 수 있는 자유와 권리를 양보하고 포기할 줄도 알아야 합니다. 사도 바울은 이런 고백을 했습니다.

"그러므로 만일 음식이 내 형제를 실족하게 한다면 나는 영원히 고기를 먹지 아니하여 내 형제를 실족하지 않게 하리라"(고전 8:13).

고기를 먹는 것은 죄가 아닙니다. 그러나 사도 바울은 자기가 고기를 먹는 것 때문에 다른 사람들에게 문제가 되고 거침돌이 된다면 평생 고기를 안 먹고 덕을 세우겠다고 했습니다. 자신을 기쁘게 하는 사람이 아니라 다른 사람을 기쁘게 하는 사람이 되겠다는 각오로 이런 말씀을 한 것입니다. 본문에도 비슷한 말이 나옵니다.

"고기도 먹지 아니하고 포도주도 마시지 아니하고 무엇이든지 네 형제로 거리끼게 하는 일을 아니함이 아름다우니라"(롬 14:21).

무엇이든지 다른 사람들에게 거리낌이 되고 문제가 되면 안 하는 것이 좋다는 것입니다. 덕을 세우라는 말씀입니다. 이런 말씀을 잘 새겨 들을 수 있기를 바랍니다.

"그런즉 너희의 자유가 믿음이 약한 자들에게 걸려 넘어지게 하는 것이 되지 않도록 조심하라"(고전 8:9).

"모든 것이 가하나 모든 것이 유익한 것은 아니요 모든 것이 가하나 모든 것이 덕을 세우는 것은 아니니 누구든지 자기의 유익을 구하지 말고 남의 유익을 구하라"(고전 10:23-24).

그리스도 안에서 우리는 자유가 있습니다. 무엇이든지 할 수 있습니다. 그러나 그것이 다 유익한 것은 아니라고 말씀하고 있습니다. 다른 사람들을 실족시킬 수 있기 때문입니다. 그래서 자기의 유익을 구하지 말고 다른 사람의 유익을 구하라고 말씀하십니다. 우리는 어떤 일을 할 때 항상 덕을 생각하면서 할 수 있기를 바랍니다. 어떠한 문제에 대해서 확신과 소신을 가지십시오. 그러나 그것 때문에 다른 사람을 비판하지 말아야 합니다. 성경에서 분명하게 말하고 있지 않는 것에 대해서는 그냥 개인의 확신으로 그쳐야 합니다. 그것 가지고 절대로 비판하고 공격해서는 안 됩니다. 별 것도 아닌 것을 가지고 목숨 걸고 싸우려고 하지 마십시오. 비난하고 공격하고, 교제에 금이 가게 하는 것은 어리석은 일입니다. 무엇이 더 중요한지 큰 것을 볼 줄 알아야 합니다. 서로 이해하고 사랑하면서 주님의 몸 된 교회를 아름답게 세워나갑시다.

19
하나님께 영광을

(롬 15:4-13)

롬 15:4-13

4 무엇이든지 전에 기록된 바는 우리의 교훈을 위하여 기록된 것이니 우리로 하여금 인내로 또는 성경의 위로로 소망을 가지게 함이니라

5 이제 인내와 위로의 하나님이 너희로 그리스도 예수를 본받아 서로 뜻이 같게 하여 주사

6 한 마음과 한 입으로 하나님 곧 우리 주 예수 그리스도의 아버지께 영광을 돌리게 하려 하노라

7 그러므로 그리스도께서 우리를 받아 하나님께 영광을 돌리심과 같이 너희도 서로 받으라

8 내가 말하노니 그리스도께서 하나님의 진실하심을 위하여 할례의 추종자가 되셨으니 이는 조상들에게 주신 약속들을 견고하게 하시고

9 이방인들도 그 긍휼하심으로 말미암아 하나님께 영광을 돌리게 하려 하심이라 기록된 바 그러므로 내가 열방 중에서 주께 감사하고 주의 이름을 찬송하리로다 함과 같으니라

10 또 이르되 열방들아 주의 백성과 함께 즐거워하라 하였으며

11 또 모든 열방들아 주를 찬양하며 모든 백성들아 그를 찬송하라 하였으며

12 또 이사야가 이르되 이새의 뿌리 곧 열방을 다스리기 위하여 일어나시는 이가 있으리니 열방이 그에게 소망을 두리라 하였느니라

13 소망의 하나님이 모든 기쁨과 평강을 믿음 안에서 너희에게 충만하게 하사 성령의 능력으로 소망이 넘치게 하시기를 원하노라

본문을 보면 '하나님께 영광을' 또는 '아버지께 영광을' 이라는 표현이 나옵니다.

"한마음과 한 입으로 하나님 곧 우리 주 예수 그리스도의 아버지께 영광을 돌리게 하려 하노라"(롬 15:6).

"그러므로 그리스도께서 우리를 받아 하나님께 영광을 돌리심과 같이 너희도 서로 받으라"(롬 15:7).

"이방인들도 그 긍휼하심으로 말미암아 하나님께 영광을 돌리게 하려 하심이라"(롬 15:9a).

본문 9절 하반절부터 12절까지의 말씀은 구약성경에서 인용한 말씀들인데 그 내용도 하나님께 영광 돌리는 내용입니다.

왜 우리는 하나님께 영광을 돌려야 할까요?

그 이유를 찾는다면 수없이 많겠지만 본문에서 찾을 수 있는 이유 5가지를 잘 배워서 하나님께 더욱 영광 돌리는 삶을 살아갑시다.

첫째, 하나님은 우리에게 인내심과 위로를 주시는 분이기 때문에 하나님께 영광을 돌려야 합니다.

"이제 인내와 위로의 하나님이 너희로 그리스도 예수를 본받아 서로 뜻이 같게 하여 주사"(롬 15:5).

'인내와 위로의 하나님' 이라는 표현이 나오는데 이 말은 '하나님은 인내심과 위로를 주시는 분이다' 라는 말씀입니다. 우리는 그리스도인이긴 하지만 이 세상을 살다보면 뜻하지 않은 어려움이나 힘든 일을 당할 때가 있습니다. 그럴 때 가장 필요한 것이 인내심과 위로입니다. 그러한 인내심과 위로를 하나님께서 주신다는 것입니다. 혹시 큰 어려움이 있거나 마음이 아플 때 하나님께서 주시는 위로를 경험해본 적이 있습니까? 인내가 필요한 상황에서 하나님께서 주시는 인내심으로 어려움을 극복한 경험이 있습니까? 하나님을 진심으로 믿는 사람들은 하나님께서 주시는 인내와 위로를 경험합니다.

그런데 무엇을 통해서 우리에게 인내심과 위로를 주실까요?

주로 하나님 말씀을 통해서 그렇게 하십니다.

"무엇이든지 전에 기록된 바는 우리의 교훈을 위하여 기록된 것이니 우리로 하여금 인내로 또는 성경의 위로로 소망을 가지게 함이니라"(롬 15:4).

여기에 보면 성경을 왜 기록하였는지 그 목적을 설명하면서 그 표현 중에 '인내로 또는 성경의 위로로' 라는 말이 나옵니다. 표준새번역 성경에는 '성경이 주는 인내와 위로' 라고 번역해 놓았습니다. 어렵고 힘들 때 하나님의 말씀은 우리에게 큰 힘이 됩니다. 그것은 글자 자체가 주는 것이 아니라 성경을 기록하신 하나님께서 말씀을 통해서 우리에게 역사하시는 것입니다. 하나님은 말씀을 통해서 우리에게 필요한 인내와 위로를 허락하십니다. 이런 하나님을 생각하면 얼마나 감사한지요! 그러므로 우리는 하나님께 영광을 돌려야 하는 것입니다.

지금 이 시간, 위로가 필요한 사람이 있다면 성경을 펴서 읽으시기 바랍니다. 세상에서는 위로를 찾으려고 해도 찾기가 힘듭니다. 우리를 제대로 위로해줄 수 있는 것이 이 세상에는 없기 때문입니다. 하나님만이 우리를 위로하실 수 있습니다. 하나님은 성경말씀을 통해서 우리를 위로하십니다. 특별히 시편이나 욥기를 읽으면 어려운 상황에서 얼마나 큰 힘과 위로를 얻게 되는지 모릅니다. 하나님은 우리에게 위로와 용기와 격려를 주시는 고마운 분이십니다.

둘째, 하나님은 우리에게 소망을 주시는 분이기 때문에 하나님께 영광을 돌려야 합니다.

본문에 '소망' 이라는 단어가 4번 나옵니다.

"무엇이든지 전에 기록된 바는 우리의 교훈을 위하여 기록된 것이니 우리로 하여금 인내로 또는 성경의 위로로 소망을 가지게 함이니라"(롬 15:4).

"또 이사야가 이르되 이새의 뿌리 곧 열방을 다스리기 위하여 일어나시는 이가 있으리니 열방이 그에게 소망을 두리라"(롬 15:12).

"소망의 하나님이 모든 기쁨과 평강을 믿음 안에서 너희에게 충만하게 하사 성령의 능력으로 소망이 넘치게 하시기를 원하노라"(롬 15:13).

13절 앞부분에 나오는 '소망의 하나님' 이라는 표현은 '우리 하나님은 소망을 주시는 분이다' 라는 의미입니다. 하나님께서는 우리에게 소망을 주십니다. 소망이 없는 사람, 절망 중에 있는 사람에게도 소망을 주십니다. 이런 이유 때문에 우리는 하나님께 영광을 돌려야 합니다.

소망이란 말은 희망이란 말과 같은 말인데, 희망이 우리에게 얼마나 중요한 것인가 하는 것은 굳이 말하지 않아도 될 것입니다. 그런데 참 소망, 참 희망은 이 세상에 없습니다. 세상에 있는 것 같지만 그것은 참 소망이 아닙니다. 그것들은 잠깐 있다가 사라질 소망들입니다. 참 소망은 오직 하나님께만 있습니다. 왜냐하면 우리 하나님은 영원하신 분이시고, 하나님이 주시는 소망은 영원한 것이기 때문에 그렇습니다. 그래서 하나님께서 우리에게 주시는 소망을 붙들고 살아가는 사람은 절망이 와도 절대로 절망하지 않습니다. 심지어 죽음의 순간에도 그 소망이 끊어지지 않습니다.

"악인은 그의 환난에 엎드러져도 의인은 그의 죽음에도 소망이 있느니라"(잠 14:32).

의인은 죽음에도 소망이 있습니다. 이 세상 사람들은 죽으면 소망이고, 희망이고, 다 끝이 납니다. 그것은 다 살아 있을 때의 이야기입니다. 그런데 믿는 사람들은 죽음의 순간에도 소망이 끊어지지 않습니다. 하나님께서 주신 소망이기 때문에 그렇습니다. 우리 하나님은 영원하신 하나님으로 죽음 이후에도 우리와 영원히 함께 하시는 분이십니다. 그래서 하나님이 우리에게 주시는 소망은 일시적으로 있다가 사라지는 그런 소망이 아니라 참된 소망이요, 영원한 소망인 것입니다.

이 소망을 발견하셨습니까? 예수 안에 이런 소망이 있습니다. 아직 이 소망을 발견하지 못한 사람은 예수님을 믿고, 하나님이 주시는 참된 소망을 발견하시기 바랍니다.

셋째, 하나님은 우리에게 기쁨과 평강을 주시는 분이기 때문입니다.
"소망의 하나님이 모든 기쁨과 평강을 믿음 안에서 너희에게 충만하게 하사"(롬 15:13a).

여기에 '기쁨과 평강' 이라는 단어가 나옵니다. 소망의 하나님이 우리에게 기쁨과 평강을 주신다고 이야기하고 있습니다. 사람이 이 세상을 살아갈 때 필요한 것들이 참 많지만 그 중 가장 필요한 것이 있다면 '기쁨과 평강'일 것입니다. 왜냐하면 사람의 마음속에 기쁨이 없다면 아무리 많은 재물이 있어도 그 재물이 별 의미가 없습니다. 재물도 내 마음속에 기쁨과 평안이 있을 때 의미가 있는 것이지, 마음속에 평안이 없는데 재물이 많으면 뭐하겠습니까. 맛있는 음식이 앞에 놓여 있고, 좋은 옷이 있다고 할지라도 마음속에 괴로움만 가득하다면 그것도 별거 아닐 것입니다. 아무리 좋은 집에 살고, 아무리 좋은 차를 타고 다닌다고 해도 마음속에 기쁨과 평안이 없다면 그런 것들도 다 부질없는 것들이 되고 말 것입니다. 그러므로 '참 기쁨과 평강'이 세상에서 제일 좋은 것인데 이것은 세상에서 얻을 수 있는 것이 아닙니다. 이것은 하나님만이 주실 수 있는 선물입니다.

이사야서에 보면 예수님에 대한 이런 예언의 말씀이 있습니다.

"이는 한 아기가 우리에게 났고 한 아들을 우리에게 주신 바 되었는데 그의 어깨에는 정사를 메었고 그의 이름은 기묘자라, 모사라, 전능하신 하나님이라, 영존하시는 아버지라, 평강의 왕이라 할 것임이라"(사 9:6).

끝 부분에 보면 우리 예수님을 '하나님'으로, '평강의 왕'으로 소개하고 있습니다. 사람에게 평안을 줄 수 있는 유일한 분이 하나님입니다. 사람이 줄 수 있는 평안은 참 평안이 아닙니다. 잠깐 있다가 사라지는 것입니다. 참 평안, 영원한 평안, 참 기쁨은 하나님께로부터 오는 것입니다.

요한복음에서 예수님은 이렇게 말씀하셨습니다.

"평안을 너희에게 끼치노니 곧 나의 평안을 너희에게 주노라 내가 너희에게 주는 것은 세상이 주는 것과 같지 아니하니라"(요 14:27a).

세상도 나름대로 기쁨과 평안을 줄 수 있지만 그것은 참 평안이 아닌 일시적인 것입니다. 주님이 주시는 평안이야말로 영원한 평안이며, 참 평안입니다. 예수님을 믿으면 영원한 평안, 참 평안을 느낄 수 있습니다.

"주께서 생명의 길을 내게 보이시리니 주의 앞에는 충만한 기쁨이 있고 주의 오른쪽에는 영원한 즐거움이 있나이다"(시 16:11).

우리 주님께 충만한 기쁨과 영원한 즐거움이 있습니다. 조금 있다가 사라지는 기쁨이 아니라 충만한 기쁨, 우리 삶 전체를 환희로 만들어주는 기쁨, 영원한 즐거움이 있습니다.

물론 일상생활을 통해서도 얼마든지 작은 기쁨, 즐거움, 행복을 맛볼 수 있습니다. 믿지 않는 사람들도 그런 즐거움을 어느 정도 맛보며 살아갑니다. 그런데 그런 것조차도 하나님께서 주시는 것이라고 전도서에서 말씀하고 있습니다.

"사람이 먹고 마시며 수고하는 것보다 그의 마음을 더 기쁘게 하는 것은 없나니 내가 이것도 본즉 하나님의 손에서 나오는 것이로다"(전 2:24).

"사람들이 사는 동안에 기뻐하며 선을 행하는 것보다 더 나은 것이 없는 줄을 내가 알았고 사람마다 먹고 마시는 것과 수고함으로 낙을 누리는 그것이 하나님의 선물인 줄도 또한 알았도다"(전 3:12-13).

사람이 살아가면서 누리는 먹고 마시는 즐거움, 일하는 즐거움 역시 하나님의 선물입니다. 우리 그리스도인들은 하나님이 주시는 참 평안, 참 기쁨을 소유한 사람들이기에 감사함으로 하나님께 영광을 돌려야 하겠습니다.

넷째, 하나님은 진실하신 분이기 때문에 하나님께 영광을 돌려야 합니다.

"내가 말하노니 그리스도께서 하나님의 진실하심을 위하여 할례의 추종자가 되셨으니 이는 조상들에게 주신 약속들을 견고하게 하시고"(롬 15:8).

8절 중간에 보면 '하나님의 진실하심'이라는 표현이 나옵니다. 하나님께서 어떤 면에서 진실하신가 하면 예수 그리스도에 대하여 약속하신 것들을 지키시는 것에 대해서 진실하십니다.

성경에 보면 예수님에 대한 여러 약속들이 나옵니다. 먼저 메시아 예수 그리스도는 아브라함의 후손 중에서 태어날 것이라는 약속이 구약성경에 기록되어 있습니다. 창세기 12장 3절에 보면 아브라함에게 "네 후손 중에 메시아가 태어날 것이다. 모든 민족이 네 후손으로 말미암아 축복을 받을 것이다"라는 약속의 말씀을 해 주셨습니다. 예수님은 하나님의 약속대로 아브라함의 후손으로 오셨습니다. 또, 8절 말씀에 예수님께서 '할례의 추종자가 되셨다'고 말씀하고 있는데 이 말은 '할례 받은 사람들의 종이 되었다'는 이야기입니다. 할례 받은 사람들은 이스라엘 사람들이며, 아브라함의 후손들입니다. 이 말씀들이 결국 다 이루어진 것을 보게 됩니다.

또, 구약성경에 보면 메시야는 유다지파를 통해서 나올 것이라고 창세기 49장 10절에서 말씀하고 있는데 이 말씀도 이루어졌고, 다윗의 혈통을 통해서 메시아가 나올 것이라는 사무엘하 7장 16절의 말씀도 역시 이루어졌습니다. 예수님은 처녀의 몸을 통해서 이 땅에 태어나셨는데 이것도 구약성경에 약속해 놓으셨던 것입니다.

"그러므로 주께서 친히 징조를 너희에게 주실 것이라 보라 처녀가 잉태하여 아들을 낳을 것이요 그의 이름을 임마누엘이라 하리라"(사 7:14).

일반적으로 처녀는 아기를 낳을 수 없습니다. 그런데 메시야는 처녀를 통해서 난다고 했습니다. 그 말씀이 그대로 이루어져 동정녀 마리아를 통해서 예수님이 이 땅에 태어나셨습니다. 그리고 미가서에 보면 예수님이 어디에서 태어나실 것인가 하는 것까지 예언해 놓았는데 이 말씀도 이루어져 예수님은 유대 땅 베들레헴에서 탄생하셨습니다.

"베들레헴 에브라다야 너는 유다 족속 중에 작을지라도 이스라엘을 다스릴 자가 네게서 내게로 나올 것이라 그의 근본은 상고에, 영원에 있느니라"(미 5:2).

미가서는 예수님께서 태어나시기 700년 전에 씌어진 것인데 그때 이미 예수님의 출생지를 예언해 놓으셨습니다. 주님은 정말 신실하십니다.

이사야 53장에서는 메시야가 어떠한 삶을 사실지, 어떤 죽음을 맞이하실지도 기록하고 있는데 이것도 다 이루어졌습니다. 메시아는 고통당하시고, 죄인과 같은 모습으로 처형당하실 것이며, 부자의 묘실에 안장될 것이라고 했는데 다 이루어졌습니다. 그리고 죽은 뒤에 그의 몸이 썩지 않을 것도 시편 16편 10절에서 말씀하고 있는데 예수님께서는 말씀 그대로 죽으신 뒤에도 몸이 썩지 않고 부활하셨습니다. 얼마나 놀랍습니까. 하나님께서는 구약성경을 통해 예수님에 대해서 기록해 놓으신 모든 약속들을 결국 다 이루셨습니다. 이처럼 우리 하나님은 신실하신 분이십니다.

이제 예수님에 대해서 남은 약속은 단 한 가지입니다. 예수님께서 다시 오실 것이라는 약속만 이루어지지 않았습니다. 그러나 이 약속도 이루어질 것입니다. 지금까지 예수님에 대한 약속이 모두 이루어진 것을 볼 때 예수님의 재림도 반드시 이루어질 것입니다. 하나님께서 이루십니다.

그런데 예수님께서 이 땅에 다시 오실 때 어디로 오실까요?

어떤 사람은 자기가 한국에서 태어났으면서 재림 예수라고 주장하는 사람이 있는데 그것은 다 거짓말이고, 엉터리입니다. 스가랴서에 보면 예수님은 감람산으로 오실 것이라고 말씀하고 있습니다.

"그 날에 그의 발이 예루살렘 앞 곧 동쪽 감람산에 서실 것이요"(슥 14:4).

구약성경에 예수님께서 어디로 오실 것인지까지도 기록해 놓고 있습니다. 놀랍지 않습니까? 하나님께서는 지금까지 예수님에 대해서 하신 약속을 다 지키셨고, 남은 것도 다 지키실 것입니다.

그렇다면 하나님께서 우리에게 하신 다른 약속들은 어떨까요? 그 약속도 다 지키실 것입니다. 우리를 보호하시겠다는 약속, 우리의 필요를 따라 공급하시겠다는 약속, 기도하면 응답하시겠다는 약속, 끝 날까지 함께 하시겠다는 약속…. 신실하신 하나님이시기 때문에 이런 모든 약속을 반드시 지키십니다. 이것이 우리가 하나님을 영화롭게 하고 하나님께 영광 돌려야 하는 이유입니다. 이런 신실하신 하나님께 온전한 영광을 돌립시다.

다섯째, 하나님은 긍휼이 많은 분이기 때문에 하나님께 영광을 돌려야 합니다.

"이방인들도 그 긍휼하심으로 말미암아 하나님께 영광을 돌리게 하려 하심이라"(롬 15:9a).

하나님은 긍휼이 많으신 분으로 특별히 이방인에 대해서 참으로 긍휼이 많으신 분이십니다. 원래 이방인은 하나님의 약속에서 제외된 사람들이었습니다. 이스라엘 사람들은 약속의 사람들이었기 때문에 메시야도 약속받을 수 있었고, 하나님의 구원 계획안에도 들어가 있었습니다. 그러나 이방사람들은 하나님의 약속과 무관한 사람들이었고, 하나님의 축복을 받을 아무런 자격이 없는 사람들이었습니다.

이방인들의 상태는 에베소서에 잘 표현되어 있습니다.

"그 때에 너희는 그리스도 밖에 있었고 이스라엘 나라 밖의 사람이라 약속의 언약들에 대하여는 외인이요 세상에서 소망이 없고 하나님도 없는 자이더니"(엡 2:12).

이방인들은 이 말씀과 같은 사람들이었습니다. 그럼에도 불구하고 하나님께서 이방인인 우리를 구원해 주셨습니다. 도대체 어떻게 된 것일까요? 분명히 약속은 없었습니다. 하나님께서는 이스라엘과 약속하셨고, 그들과 언약을 맺으셨습니다. 그런데도 우리를 구원해 주셨습니다. 이것은 하나님의 긍휼하심 외에 다른 것으로 설명할 수가 없습니다. 하나님의 긍휼하심 때문에 유대인뿐만 아니라 우리 이방인들도 구원해 주신 것입니다. 그러므로 우리는 하나님께 영광을 돌려야 하는 것입니다.

"의인을 위하여 죽는 자가 쉽지 않고 선인을 위하여 용감히 죽는 자가 혹 있거니와 우리가 아직 죄인 되었을 때에 그리스도께서 우리를 위하여 죽으심으로 하나님께서 우리에 대한 자기의 사랑을 확증하셨느니라"(롬 5:7-8).

과거에 우리는 죄인들이었습니다. 그런데 거룩하신 하나님께서 우리를 위한 사랑을 보여 주셨습니다. 얼마나 위대한 하나님의 긍휼입니까! 로마서 5장 10절을 보면 우리는 과거에 하나님과 원수된 사람들이었습니다. 원수를 위해서 목숨을 버리는 사람을 보셨습니까? 사랑하는 사람을 위해서 목숨을 버리는 것도 결코 쉬운 일이 아닌데 하나님께서는 원수를 위해서 목숨을 버리셨습니다. 얼마나 위대한 하나님의 사랑입니까! 이런 사랑에 우리는 감격하지 않을 수 없습니다.

본문 9절에 보면 다윗은 하나님을 이렇게 찬양합니다.

"그러므로 내가 열방 중에서 주께 감사하고 주의 이름을 찬송하리로다."

하나님의 그 놀라운 긍휼을 생각하면 하나님을 찬양하지 않을 수 없었기에 다윗이 이렇게 찬양하고 있는 것입니다.

모세도 하나님의 은혜를 생각하니 너무너무 감사해서 10절에서 이렇게 말하고 있습니다.

"열방들아 주의 백성과 함께 즐거워하라."

또 11절은 이렇게 말합니다.

"모든 열방들아 주를 찬양하며 모든 백성들아 그를 찬송하라."

이스라엘뿐 아니라 모든 열방들에게 주님을 찬양하라고 이야기하고 있습니다. 이방인들에게도 구원의 은혜를 베풀어 주셨기 때문입니다. 우리도 하나님의 은혜와 긍휼을 생각하면서 우리의 삶을 통해 하나님께 무한 영광을 돌릴 수 있어야겠습니다. 우리를 만드신 목적, 구원해주신 목적이 하나님께서 영광 받으시기 위함이었습니다.

우리는 하나님께 영광 돌리는 삶을 살아야 합니다. 왜 우리가 하나님께 영광을 돌려야 하는지 그 이유들을 잘 기억하면서 늘 하나님께 영광 돌리는 삶을 살아야겠습니다. 개인적으로도 하나님께 영광 돌려야 하고, 교회적으로도 함께 하나님께 영광 돌려야 합니다. 6절에서 '한 마음과 한 입으로 하나님 곧 우리 주 예수 그리스도의 아버지께 영광을 돌리게 하려 하노라' 하고 있는데 '한 마음과 한 입으로' 라는 것은 교회적으로 하나님께 영광 돌리는 것을 말하는 것입니다. 우리는 개인적으로도 하나님께 영광을 돌려야 하지만, 교회적으로도 예배드림으로 하나님께 영광 돌려야 합니다. 이것을 잘하기 위해서 우리는 서로 받아주는 것이 필요합니다. 7절에 보면 '그러므로 그리스도께서 우리를 받아 하나님께 영광을 돌리심과 같이 너희도 서로 받으라' 고 하였습니다. 서로 받아주어 한 마음과 한 입이 되어 하나님께 영광을 돌려야 합니다. 그리스도인들이 서로 받아주지 못할 때 하나님께서 영광 받으실 수 없습니다. 내 생각과 다른 사람의 생각이 달라도 성경에서 명확하게 구분지은 것이 아니라면 서로 이해하고 받아줄 줄 알아야 합니다. 확신은 좋으나 나의 확신 때문에 다른 사람을 정죄하고 비판해서는 안 된다고 로마서 14장에서 배웠습니다. 우리는 항상 서로 받아주고 이해하면서 하나님께 큰 영광을 돌릴 수 있어야 하겠습니다.

20
사역을 생각한다

(롬 15:14-33)

롬 15:14-33

14 내 형제들아 너희가 스스로 선함이 가득하고 모든 지식이 차서 능히 서로 권하는 자임을 나도 확신하노라

15 그러나 내가 너희로 다시 생각나게 하려고 하나님께서 내게 주신 은혜로 말미암아 더욱 담대히 대략 너희에게 썼노니

16 이 은혜는 곧 나로 이방인을 위하여 그리스도 예수의 일꾼이 되어 하나님의 복음의 제사장 직분을 하게 하사 이방인을 제물로 드리는 것이 성령 안에서 거룩하게 되어 받으실 만하게 하려 하심이라

17 그러므로 내가 그리스도 예수 안에서 하나님의 일에 대하여 자랑하는 것이 있거니와

18 그리스도께서 이방인들을 순종하게 하기 위하여 나를 통하여 역사하신 것 외에는 내가 감히 말하지 아니하노라 그 일은 말과 행위로

19 표적과 기사의 능력으로 성령의 능력으로 이루어졌으며 그리하여 내가 예루살렘으로부터 두루 행하여 일루리곤까지 그리스도의 복음을 편만하게 전하였노라

20 또 내가 그리스도의 이름을 부르는 곳에는 복음을 전하지 않기를 힘썼노니 이는 남의 터 위에 건축하지 아니하려 함이라

21 기록된 바 주의 소식을 받지 못한 자들이 볼 것이요 듣지 못한 자들이 깨달으리라 함과 같으니라

22 그러므로 또한 내가 너희에게 가려 하던 것이 여러 번 막혔더니

23 이제는 이 지방에 일할 곳이 없고 또 여러 해 전부터 언제든지 서바나로 갈 때에 너희에게 가기를 바라고 있었으니

24 이는 지나가는 길에 너희를 보고 먼저 너희와 사귐으로 얼마간 기쁨을 가진 후에 너희가 그리로 보내주기를 바람이라

25 그러나 이제는 내가 성도를 섬기는 일로 예루살렘에 가노니

26 이는 마게도냐와 아가야 사람들이 예루살렘 성도 중 가난한 자들을 위하여 기쁘게 얼마를 연보하였음이라

27 저희가 기뻐서 하였거니와 또한 저희는 그들에게 빚진 자니 만일 이방인들이 그들의 영적인 것을 나눠 가졌으면 육적인 것으로 그들을 섬기는 것이 마땅하니라

28 그러므로 내가 이 일을 마치고 이 열매를 그들에게 확증한 후에 너희에게 들렀다가 서바나로 가리라

29 내가 너희에게 나아갈 때에 그리스도의 충만한 복을 가지고 갈 줄을 아노라

30 형제들아 내가 우리 주 예수 그리스도와 성령의 사랑으로 말미암아 너희를 권하노니 너희 기도에 나와 힘을 같이 하여 나를 위하여 하나님께 빌어

31 나로 유대에서 순종하지 아니하는 자들로부터 건짐을 받게 하고 또 예루살렘에 대하여 내가 섬기는 일을 성도들이 받을 만하게 하고

32 나로 하나님의 뜻을 따라 기쁨으로 너희에게 나아가 너희와 함께 편히 쉬게 하라

33 평강의 하나님께서 너희 모든 사람과 함께 계실지어다 아멘

예수님 다음으로 영향을 끼친 사람 사도 바울

인류 역사상 사람들에게 가장 큰 영향력을 끼친 사람이 예수 그리스도라면 두 번째로 큰 영향력을 끼친 사람은 사도 바울입니다. 그는 유럽에 처음으로 복음을 전했고, 신약성경의 절반을 기록한 사람입니다.

지금 이 세상에서 제일 강하고 잘 사는 나라는 미국이지만 미국 이전에 강하고 잘 살았던 나라는 유럽의 영국, 프랑스, 독일 같은 나라들입니다. 그런데 이것이 기독교와 무관하지 않습니다. 예수 그리스도의 복음은 예루살렘에서 시작해서 유럽으로 넘어가 결국 미국으로 가서 우리 한국까지 오게 되었습니다. 그런데 세계 역사를 관찰해보면 복음이 들어가고, 기독교가 활발히 일어난 곳에서는 항상 하나님의 축복으로 그 나라들이 잘 되고, 잘 살게 된 것을 보게 됩니다. 만약에 복음이 예루살렘에서 유럽으로 가지 않고 아시아로 먼저 갔다면 세계의 역사는 달라졌을 것입니다. 지금 아시아에는 가난한 나라들이 많이 있는데 복음이 아시아로 먼저 들어왔다면 유럽보다도 아시아의 나라들이 훨씬 더 잘 살고 있을 것입니다. 이 유럽에 처음으로 복음을 전한 사람이 바로 사도 바울입니다.

또, 사도 바울은 성경 중에서 신약성경의 절반을 기록한 사람입니다. 성경은 구약과 신약으로 구성되어 있는데, 신약성경은 27권의 작은 책들이 모여서 이루어진 것입니다. 이 신약성경 27권 중에서 13권을 사도 바울이 기록하였습니다. 인류 역사에 있어서 사람들에게 가장 큰 영향을 끼친 책을 꼽으라면 당연히 성경입니다. 그런 성경의 신약 절반을 사도 바울이 기록했으니 그가 얼마나 인류 역사에 큰 영향을 끼친 사람인지 알 수 있습니다. 그래서 사도 바울은 예수님 다음으로 사람들에게 큰 영향력을 끼친 사람입니다.

원래 사도 바울은 지독한 박해자였습니다. 그런데 부활하신 예수님을 만나는 사건을 경험한 후 박해자에서 복음의 수호자로, 복음의 변증자로, 복음의 전달자로 거듭나게 되었습니다. 그 후 전 생애를 복음 전하는데 바치게 되고, 결국에는 로마에서 순교를 당함으로 그의 생애를 마감하게 됩니다. 이런 사람이 사도 바울입니다.

이 사도 바울은 복음에 대해서 얼마나 열정적이었는지 모릅니다. 본문에도 그의 열정을 엿볼 수 있는 구절들이 나옵니다.

"내가 예루살렘으로부터 두루 행하여 일루리곤까지 그리스도의 복음을 편만하게 전하였노라"(롬 15:19b).

사도 바울이 얼마나 여러 곳을 돌아다니며 복음을 전했는지 기록하고 있습니다. '일루리곤'이라는 지역은 오늘날로 이야기하면 알바니아와 유고슬라비아가 있는 지역입니다. 예루살렘으로부터 상당히 떨어져 있는 곳인데 이렇게 열심히 다른 지역을 돌아다니면서 복음을 전했습니다.

사도 바울은 무엇 때문에 이렇게 열심히 복음을 전했을까요?

복음에 대한 열정 때문입니다. 복음에 대한 열정이 있다 보니 여기저기 다니며 많은 사람들에게 복음을 전할 수밖에 없었습니다.

"이제는 이 지방에 일할 곳이 없고 또 여러 해 전부터 언제든지 서바나로 갈 때에 너희에게 가기를 바라고 있었으니 이는 지나가는 길에 너희를 보고 먼저 너희와 사귐으로 얼마간 기쁨을 가진 후에 너희가 그리로 보내주기를 바람이라"(롬 15:23-24).

이 말씀에서는 사도 바울이 서바나로 가서 복음을 전하고 싶어 하는 마음을 기록하고 있습니다. '서바나'는 스페인을 말하는 것으로 예루살렘과는 먼 거리입니다. 그는 로마에 먼저 갔다가 스페인으로 가기를 원했습니다. 복음에 대한 열정이 얼마나 뜨거웠는지 알 수 있습니다.

사도 바울은 무엇 때문에 복음에 대하여 그토록 열정적인 사람이 되었을까요?

그에게는 두 가지 이유가 있었습니다.

첫째, 복음을 전하는 일이 하나님을 기쁘시게 하는 일임을 알았기 때문입니다.

"이 은혜는 곧 나로 이방인을 위하여 그리스도 예수의 일꾼이 되어 하나님의 복음의 제사장 직분을 하게 하사 이방인을 제물로 드리는 것이 성령 안에서 거룩하게 되어 받으실 만하게 하려 하심이라"(롬 15:16).

이 말씀에서 그는 자신을 '복음의 제사장'으로 표현하고 있고, 그의 사역을 통해서 구원받은 사람들을 '제물'로 표현하고 있습니다. 그는 이 일이 하나님을 기쁘시게 한다는 것을 알았기 때문에 열정적으로 복음을 전하였습니다. 16절 끝부분에 '받으실 만하게 하려 하심이라'라는 표현이 나옵니다. 하나님께서 기쁨으로 받으실 것을 알았기 때문에 그가 복음을 전했다는 뜻입니다.

둘째, 복음을 전하는 일이 다른 사람들에게 복임을 알았기 때문입니다.

"내가 너희에게 나아갈 때에 그리스도의 충만한 복을 가지고 갈 줄을 아노라"(롬 15:29).

여기 '복'이라는 단어가 나옵니다. '그리스도의 충만한 복.'

사람들은 복을 참 좋아하는데, 사람이 누릴 수 있는 최고의 복은 '예수 그리스도'입니다. 사람들에게 예수 그리스도보다 더 좋은 복은 있을 수 없습니다. 돈도 좋고, 건강도 좋고, 명예도 좋고, 다 좋지만 예수님 자체가 가장 큰 복입니다. 예수 그리스도야말로 복의 근원이며, 복 자체입니다. 사도 바울은 예수 그리스도를 전하는 것이 사람들에게 복이라는 것을 알았기 때문에 열심히 복음을 전했습니다. 우리도 사도 바울처럼 열심히 복음을 전함으로 하나님을 기쁘시게 하고, 많은 사람들을 복되게 할 수 있어야겠습니다.

사역이란 무엇인가요, 사역은 어떻게 하는 것인가요?

본문을 여러 번 읽다보면 사역이란 무엇인가, 사역은 어떻게 하는 것인가 하는 것을 생각해 보게 됩니다. 본문을 통해서 사역에 대하여 7가지를 살펴볼 수 있는데 우리도 사역에 대하여, 사역을 하는 방법에 대하여 제대로 알고 맡겨진 사역을 잘 감당해야겠습니다.

첫째, 사역을 하려면 소명의식과 사명의식이 있어야 합니다.

"이 은혜는 곧 나로 이방인을 위하여 그리스도 예수의 일꾼이 되어"(롬 15:16a).

사도 바울은 자신이 '이방인을 위한 사도'라는 분명한 소명의식이 있었습니다. 또, 복음전도에 대해서도 강한 사명의식을 가지고 있었습니다. 복음을 전하는 사람들, 사역을 하는 사람들, 그리고 주의 일에 헌신하는 사람들은 소명의식과 사명의식이 있어야 합니다. 소명의식과 사명의식 없이는 사역을 감당할 수 없습니다. 복음을 전하지 못하며 헌신할 수 없습니다. 이러한 의식이 없는 사람은 자기의 마음이 내키는 대로 행동하곤 합니다. 기분 좋으면 일을 했다가 또 뭔가 안 좋으면 안 했다가, 일관성이 없습니다. 우리가 주의 일을 할 때는 소명의식과 사명의식을 분명히 가지고 있어야 합니다. 세상 일도 소명의식과 사명의식 없이는 할 수 없는 일들이 많은데 하물며 주의 일이겠습니까. 주일학교 교사, 구역장, 찬양대, 전도…. 어떤 일이든지 주님께서 주신 일이라고 생각하고, 내가 아니면 안 된다는 사명의식을 갖고 감당해야 합니다.

둘째, 사역을 하려면 담대함과 사랑이 필요합니다.

"그러나 내가 너희로 다시 생각나게 하려고 하나님께서 내게 주신 은혜로 말미암아 더욱 담대히 대략 너희에게 썼노니"(롬 15:15).

"형제들아 내가 우리 주 예수 그리스도와 성령의 사랑으로 말미암아 너희를 권하노니"(롬 15:30a).

사도 바울이 사람들을 권할 때나 글을 쓸 때 그 마음에 담대함과 사랑이 있음을 알 수 있습니다. 그에게 이런 마음이 있었기에 그의 사역을 잘 감당할 수 있었습니다. 우리도 마찬가지로 복음을 전하거나 사역을 할 때 담대함과 사랑이 있어야 합니다. 이 두 가지가 반드시 있어야 합니다. 목회하는 사람, 사역하는 사람에게 담대함과 사랑이 없다면 사역을 할 수가 없습니다. 사랑은 많지만 겁이 많아도 안 되고, 담대함은 있지만 사랑이 없어도 안 됩니다. 전도할 때도 영혼에 대한 사랑과 담대함이 있어야 전도를 잘할 수 있는 것입니다.

셋째, 사역은 섬기는 자세로 하는 것입니다.

"그러나 이제는 내가 성도를 섬기는 일로 예루살렘에 가노니 이는 마게도냐와 아가야 사람들이 예루살렘 성도 중 가난한 자들을 위하여 기쁘게 얼마를 연보하였음이라"(롬 15:25-26).

사도 바울은 '내가 성도를 섬기는 일로 예루살렘에 간다'고 하였습니다. 사도 바울의 사역의 개념은 성도를 섬기는 것이었습니다.

"내가 섬기는 일을 성도들이 받을 만하게 하고"(롬 15:31b).

이 말씀에도 '내가 섬기는 일'이라는 표현이 나옵니다. 목회, 사역, 주님을 위한 헌신은 모두 섬김입니다. 섬기는 정신이 없으면 절대로 주님의 일을 못합니다. 섬기는 마음이 있어야 사역도 하고, 헌신도 하고, 봉사도 하는 것입니다. 성도들이 지금 필요로 하는 것이 무엇인가를 잘 살피는 사람이 목회를 잘할 수 있고, 헌신도 잘할 수 있습니다. 사역이란 곧 섬김입니다. 우리 모두가 섬기는 마음을 가지고 사역을 감당해야겠습니다. 목회나 사역뿐 아니라 정치나 나라 일도, 통치하려는 자세가 아니라 국민들을 섬기는 자세로 해야 합니다. 권력자는 다스리는 자가 아닌, 섬기는 자가 되어야 합니다. 섬기는 리더십을 갖고 일을 한다면 목회도, 정치도 성공적으로 감당할 수 있을 것입니다.

넷째, 사역은 성령의 능력으로 하는 것입니다.

"그리스도께서 이방인들을 순종하게 하기 위하여 나를 통하여 역사하신 것 외에는 내가 감히 말하지 아니하노라 그 일은 말과 행위로 표적과 기사의 능력으로 성령의 능력으로 이루어졌으며"(롬 15:18-19a).

사역은 성령의 능력으로 하는 것입니다. 목회도, 헌신도 성령의 능력으로 해야 합니다. 하나님께서 나를 통해서 일하시도록 하는 것입니다. 목회, 사역, 헌신, 봉사 모두 다 마찬가지입니다. 사역을 하고, 헌신을 할 때 우리가 하는 것 같지만 사실은 하나님께서 나를 통해서 일하시는 것입니다. 내 능력으로 하는 것 같지만, 성령의 능력으로 하는 것입니다. 그렇기 때문에 나를 통하여 어떤 일이 잘 된다고 교만할 것도 없고, 어떤 일이 잘 안 된다고 해서 크게 낙심할 것도 없습니다. 언젠가 하나님께서 역사하시면 나를 통해서도 놀라운 일을 하실 것이기 때문입니다. 그래서 주의 일을 할 때는 내가 하는 것이 아니라 하나님께서 나를 통해서 일하시며, 내 힘으로 하는 것이 아니라 성령의 능력으로 하는 것이라는 사실을 잘 인식하면서 하나님께서 주시는 놀라운 능력으로 큰일을 감당하는 우리가 되어야겠습니다.

다섯째, 사역은 하나님의 뜻을 따라 해야 합니다.

"나로 하나님의 뜻을 따라 기쁨으로 너희에게 나아가 너희와 함께 편히 쉬게 하라"(롬 15:32).

'나로 하나님의 뜻을 따라.' 사도 바울은 어떤 일을 할 때 자기 뜻대로 하는 것이 아니라 항상 하나님의 뜻대로 하였습니다. 우리들도 마찬가지입니다. 내 뜻대로 하는 것이 아니라 하나님의 뜻대로 해야 합니다. 왜냐하면 우리는 하나님의 종이고, 하나님은 우리의 주인이시기 때문입니다. 종이 마음대로 해서는 안 됩니다. 내 주인 되시는 하나님의 뜻이 무엇인지, 하나님의 뜻이 어디에 있는지를 생각하면서 하나님의 뜻에 맞추어 일을 해나가야 합니다. 삶 가운데에서도 항상 하나님의 뜻이 무엇인가를 살필 수 있어야 합니다. 살아가면서 어떤 중요한 결정을 내릴 때에도 내 마음대로 하지 말고 하나님의 뜻이 어디 있는지, 하나님은 내가 어떻게 하기를 원하시는지 살피며 결정해야 합니다. 그렇게 할 때 우리가 하나님의 뜻을 따를 수 있고, 하나님의 뜻대로 해야 그 일이 성립될 수 있습니다. 늘 하나님의 뜻을 추구하고, 하나님의 뜻을 이루며 살아갑시다.

여섯째, 사역을 할 때는 사람들의 도움과 기도가 필요합니다.
"이는 지나가는 길에 너희를 보고 먼저 너희와 사귐으로 얼마간 기쁨을 가진 후에 너희가 그리로 보내주기를 바람이라"(롬 15:24).
지금 사도 바울의 계획은 먼저 로마에 가서 그들과 함께 사귐을 가짐으로 얼마동안 기쁨을 누리고, 그 다음에 스페인으로 보내주면 고맙겠다고 이야기하고 있습니다. "나는 당신들과 교제하기를 원합니다. 나는 당신들의 격려가 필요합니다. 나는 당신들의 후원이 필요합니다. 그러니 내 사역을 좀 도와주십시오"라는 말입니다.
"너희 기도에 나와 힘을 같이하여 나를 위하여 하나님께 빌어" (롬 15:30b).
이번에는 로마교회 성도들에게 자신을 위해서 기도해 달라고 부탁하는 내용입니다. 기도 내용은 31-32절을 보면 알 수 있습니다.

"나로 유대에서 순종하지 아니하는 자들로부터 건짐을 받게 하고 또 예루살렘에 대하여 내가 섬기는 일을 성도들이 받을 만하게 하고 나로 하나님의 뜻을 따라 기쁨으로 너희에게 나아가 너희와 함께 편히 쉬게 하라"(롬 15:31-32).

하나님의 보호를 위해, 성공적인 사역을 위해, 하나님의 인도하심을 위해 기도를 부탁하고 있습니다. 사도 바울은 사역을 할 때 다른 사람의 도움이 필요하고, 기도가 필요하다는 것을 철저하게 알았던 사람입니다. 사도 바울이 다른 사람들의 기도와 도움을 필요로 했다면 우리는 얼마나 더 많은 기도와 도움이 필요하겠습니까. 우리도 서로 돕고, 서로를 위해서 기도하는 가운데 주님의 몸 된 교회를 아름답게 세워나갑시다.

일곱째, 사역을 하기 위해서는 소신과 철학도 필요합니다.

"또 내가 그리스도의 이름을 부르는 곳에는 복음을 전하지 않기를 힘썼노니 이는 남의 터 위에 건축하지 아니하려 함이라 기록된 바 주의 소식을 받지 못한 자들이 볼 것이요 듣지 못한 자들이 깨달으리라 함과 같으니라"(롬 15:20-21).

사도 바울은 자신의 사역에 소신과 철학을 가지고 있었습니다. 그 소신과 철학은 될 수 있으면 복음이 전해지지 않은 곳에 가서 복음을 전하는 것이었습니다. 왜 이런 소신과 철학을 가졌는가 하면 이왕이면 복음이 전해지지 않은 곳에 가서 복음을 전해야 더 많은 영혼을 얻을 수 있고, 사역자 간에 생길 수 있는 갈등도 피할 수 있기 때문입니다. 이미 사역자가 있는 곳, 복음이 전해진 곳에 들어간다면 말씀을 받는 성도들이 혼란스러워할 수도 있고, 리더십에 대해서도 혼선이 생길 수 있습니다. 그래서 사도 바울은 될 수 있으면 사역자가 들어가지 않은 곳, 복음이 전해지지 않은 곳에 가서 사역하기를 원했습니다. 사역을 하기 위해서는 이런 소신과 철학도 필요합니다.

본문을 통해서 사역에 관해 일곱 가지를 생각해 보았습니다. 이 본문 말씀은 주로 목회자와 사역자에게 해당되는 말씀입니다. 그러나 크게 보면 예수 그리스도를 영접한 그리스도인들은 모두 사역자요, 전도자라고 볼 수 있습니다. 우리는 다 직접적으로 간접적으로 사역에 동참하고 있습니다. 그래서 크게 보면 우리 모두에게 해당되는 말씀이라고 볼 수 있습니다. 사역에 관한 이 말씀들을 마음에 깊이 새기면서 더욱 뜨겁게 복음을 증거하고, 더욱 열정적으로 사역을 감당하는 우리가 됩시다.

21

아름다운 사람들

(롬 16:1-16)

론 16:1-16

1 내가 겐그레아 교회의 일꾼으로 있는 우리 자매 뵈뵈를 너희에게 추천하노니

2 너희는 주 안에서 성도들의 합당한 예절로 그를 영접하고 무엇이든지 그에게 소용되는 바를 도와줄지니 이는 그가 여러 사람과 나의 보호자가 되었음이라

3 너희는 그리스도 예수 안에서 나의 동역자들인 브리스가와 아굴라에게 문안하라

4 그들은 내 목숨을 위하여 자기들의 목까지도 내놓았나니 나뿐 아니라 이방인의 모든 교회도 그들에게 감사하느니라

5 또 저의 집에 있는 교회에도 문안하라 내가 사랑하는 에배네도에게 문안하라 그는 아시아에서 그리스도께 처음 맺은 열매니라

6 너희를 위하여 많이 수고한 마리아에게 문안하라

7 내 친척이요 나와 함께 갇혔던 안드로니고와 유니아에게 문안하라 그들은 사도들에게 존중히 여겨지고 또한 나보다 먼저 그리스도 안에 있는 자라

8 또 주 안에서 내 사랑하는 암블리아에게 문안하라

9 그리스도 안에서 우리의 동역자인 우르바노와 나의 사랑하는 스다구에게 문안하라

10 그리스도 안에서 인정함을 받은 아벨레에게 문안하라 아리스도불로의 권속에게 문안하라

11 내 친척 헤로디온에게 문안하라 나깃수의 가족 중 주 안에 있는 자들에게 문안하라

12 주 안에서 수고한 드루배나와 드루보사에게 문안하라 주 안에서 많이 수고하고 사랑하는 버시에게 문안하라

13 주 안에서 택하심을 입은 루포와 그의 어머니에게 문안하라 그의 어머니는 곧 내 어머니니라

14 아순그리도와 블레곤과 허메와 바드로바와 허마와 및 그들과 함께 있는 형제들에게 문안하라

15 빌롤로고와 율리아와 또 네레오와 그의 자매와 올름바와 그들과 함께 있는 모든 성도에게 문안하라

16 너희가 거룩하게 입맞춤으로 서로 문안하라 그리스도의 모든 교회가 다 너희에게 문안하느니라

본문에는 많은 사람들의 이름이 나옵니다. 모두 27명의 이름이 나오는데 1절에 나오는 뵈뵈를 제외한 나머지 26명은 그 당시 다 로마에 살던 사람들입니다. 사도 바울은 이제 로마서 편지를 마감하면서 로마에 있는 사람들에게 안부를 전하고 있습니다. 그런데 여기에 나오는 사람들을 보면 참 다양합니다. 사도 바울의 편지를 보면 교회 안에 있는 다양한 사람들을 주로 '유대인이나 헬라인이나, 종이나 자유인이나, 남자나 여자'라는 말로 많이 표현했는데, 이 본문에 그들이 나오는 것을 볼 수 있습니다. 본문에 나오는 사람들을 살펴보면 남자도 있고, 여자도 있습니다. 유대인도 있고, 이방인도 있습니다. 8절에는 암블리아, 9절에는 우르바노라는 이름이 나오는데 이 이름들은 라틴어로 이들은 이방인이었다고 생각됩니다. 또, 자유인도 있고, 종도 있습니다. 누가 종인지 밝히지는 않았지만 8-10절에 나오는 암블리아, 우르바노, 스다구, 아벨레라는 이름은 그 당시 노예들이 흔하게 가졌던 이름들입니다. 이들은 어쩌면 노예였을 것입니다. 이 본문에는 남자, 여자, 유대인, 이방인, 종, 자유인 할 것 없이 여러 사람들이 등장하고 있습니다. 그런데 이들의 한결 같은 공통점이 무엇이었는가 하면 하나님께서 보시기에 참 아름다운 사람들이었다는 것입니다. 본문에 나오는 몇 사람에 대하여 생각해보면서 하나님께서 우리에게 주시는 교훈이 무엇인지 살펴보고 이들로부터 배우기를 원합니다.

1. 뵈뵈

"내가 겐그레아 교회의 일꾼으로 있는 우리 자매 뵈뵈를 너희에게 추천하노니 너희는 주 안에서 성도들의 합당한 예절로 그를 영접하고 무엇이든지 그에게 소용되는 바를 도와줄지니 이는 그가 여러 사람과 나의 보호자가 되었음이라"(롬 16:1-2).

뵈뵈라는 사람은 여자인데 겐그레아 교회의 일꾼이라고 소개하고 있습니다. 겐그레아는 고린도에서 그리 멀지 않은 곳에 있었습니다. 고린도에서 10km밖에 떨어지지 않은 오늘날 그리스에 있는 도시입니다. 그런데 바울이 로마서를 어디에서 기록했는가 하면 바로 고린도에서 기록하였습니다. 그래서 이런 정황들을 살펴볼 때 누군가가 로마서를 로마교회에 전달해야 했을 텐데 아마도 이 뵈뵈가 그 역할을 맡은 것이 아닌가 많은 학자들이 생각하고 있습니다. 이 뵈뵈를 로마교회로 보내면서 추천한 것입니다. "뵈뵈라는 자매가 여러분에게 갈 테니까 그 자매를 잘 영접해주고, 필요한 것이 있으면 좀 도와주기 바란다"고 사도 바울이 로마교회 성도들에게 기록하고 있는 것입니다..

그런데 뵈뵈라는 자매에 대해서 2절 끝부분에 보면 '여러 사람과 나의 보호자가 되었다'라고 기록되어 있습니다. 많은 사람들에게 도움을 주고, 많은 사람들의 후원자가 되어주었다는 말씀입니다. 아마도 뵈뵈가 사도 바울과 많은 사람들에게 물질적인 도움을 주었다고 생각됩니다. 만약 그것이 사실이라면 뵈뵈는 사도행전 16장에 나오는 루디아와 상당히 닮은 점이 많은 사람입니다.

"안식일에 우리가 기도할 곳이 있을까 하여 문 밖 강가에 나가 거기 앉아서 모인 여자들에게 말하는데 두아디라시에 있는 자색 옷감 장사로서 하나님을 섬기는 루디아라 하는 한 여자가 말을 듣고 있을 때 주께서 그 마음을 열어 바울의 말을 따르게 하신지라 그와 그 집이 다 침례를 받고 우리에게 청하여 이르되 만일 나를 주 믿는 자로 알거든 내 집에 들어와 유하라 하고 강권하여 머물 게 하니라"(행 16:13-15).

뵈뵈와 루디아는 사람들의 보호자가 되어주고, 물질적인 도움을 준 점, 후원자가 되어준 점에서 비슷한 점이 많습니다. 뵈뵈에 대해서는 자세히 나와 있지 않기 때문에 루디아를 보면 뵈뵈가 어떠한 일을 했을지 짐작할 수 있습니다.

루디아는 사도 바울이 빌립보 지방에서 사역을 할 때 사도 바울 일행을 맞아준 사람입니다. 자기의 집에 머물도록 하면서 식사와 필요한 것들을 제공해주었습니다. 그녀가 이렇게 할 수 있었던 것은 그녀가 믿음의 사람이기도 했지만 능력도 있었기 때문에 가능했을 것입니다. 그녀의 직업은 자색 옷감 장사였습니다. 지금으로 말하면 사업가로서 재력도 있고 믿음도 있어서 가난한 사역자들을 자기 집으로 모셔서 지내도록 도와준 것입니다. 참 귀한 자매입니다. 뵈뵈도 이와 같은 자매였습니다. 다른 사람의 후원자가 되어주고, 다른 사람의 필요를 공급해주는 역할을 뵈뵈가 한 것입니다. 교회에는 이런 사람들이 필요합니다. 사역자들과 물질적으로 어려운 사람들을 기꺼이 도와줄 줄 알고 후원자 역할을 해주는 이런 사람들이 꼭 필요합니다. 우리 교회에도 이런 분들이 여러 분 있습니다. 우리 교회의 뵈뵈, 우리 교회의 루디아 같은 분들이라고 할 수 있겠지요. 그런데 더 많은 분들이 교회에서 이런 역할을 할 수 있으면 좋겠습니다.

2. 브리스가와 아굴라

"너희는 그리스도 예수 안에서 나의 동역자들인 브리스가와 아굴라에게 문안하라 그들은 내 목숨을 위하여 자기들의 목까지도 내놓았나니 나뿐 아니라 이방인의 모든 교회도 그들에게 감사하느니라"(롬 16:3-4).

이번에는 브리스가와 아굴라에게 문안을 합니다. 이 두 사람은 부부입니다. 아굴라가 남편이고, 브리스가가 아내입니다. 브리스가는 브리스길라라고도 합니다. 이 부부는 사도 바울이 2차 선교여행 중에 고린도에서 만났습니다. 이들은 원래 로마에서 살았는데 글라우디오 황제가 모든 유대인들은 로마를 떠나라는 명령을 내리자 로마를 떠나 고린도까지 오게 된 것입니다. 그리고 거기서 사도 바울을 만났습니다. 이들은 신실한 사람들입니다. 가는 곳마다 자기 집을 열어서 교회로 사용한 것을 볼 수 있습니다.

"또 저의 집에 있는 교회에도 문안하라"(롬 16:5a).

이 부부의 집에 교회가 있었고, 그곳에서 사람들이 모여 하나님께 예배를 드렸습니다. 그런데 로마에서만 그렇게 한 것이 아니라 고린도전서에 보면 에베소에 살 때도 그렇게 했습니다.

"아굴라와 부리스가와 그 집에 있는 교회가 주 안에서 너희에게 간절히 문안하고"(고전 16:19b).

이것은 그들이 에베소에 있을 때의 상황입니다. 이들은 가는 곳마다 자기 집을 열어 교회로 사용하는 것을 볼 수 있습니다. 얼마나 믿음이 좋은 사람들인지 알 수 있습니다. 그리고 특별히 사도 바울에게 헌신적이었습니다.

"그들은 내 목숨을 위하여 자기들의 목까지도 내놓았나니"(롬 16:4a).

이들이 사도 바울을 얼마나 위해 주었는지 잘 알 수 있습니다. 사도 바울을 위해서 이 부부가 자기들의 목까지도 내놓았다고 말하고 있습니다. 구체적으로 어떤 상황에서 그렇게 했는지 알 수 없지만 사도 바울을 위해서 죽을 용의가 있을 만큼 사도 바울을 사랑했고, 그의 사역을 도왔다는 사실입니다.

예수님께서 요한복음 15장 13절에서 "사람이 친구를 위하여 자기 목숨을 버리면 이보다 더 큰 사랑이 없다"고 하셨는데 이 부부는 이 말씀을 실천했습니다. 실질적으로 죽기까지는 안 했지만 죽는 상황이 되면 기꺼이 죽을 각오를 하였으니 얼마나 귀한 사랑을 보여준 것입니까. 그래서 사도 바울이 26명에게 문안인사를 하면서 이 부부의 이름을 제일 앞에 두었습니다. 여러 사람들 중에서 이 부부는 목이라도 내놓을 정도로 사도 바울을 아껴주고 사랑해주었으니 당연한 것이겠지요. 사도 바울은 이런 사람들이 있었기 때문에 하나님의 사역을 잘 감당할 수 있었습니다. 우리도 주님의 사역을 위해서는 우리의 목이라도 내놓을 수 있는 믿음과 용기가 있어야 합니다. 이런 사람들이 있었기 때문에 초대교회가 부흥했고, 많은 영혼들이 구원받을 수 있었습니다. 우리 가운데에도 브리스가와 아굴라 같은 믿음 있고 용기 있는 형제들, 자매들, 부부들이 많이 나올 수 있기를 바랍니다.

3. 에배네도

"또 저의 집에 있는 교회에도 문안하라 내가 사랑하는 에배네도에게 문안하라 그는 아시아에서 그리스도께 처음 맺은 열매니라"(롬 16:5).

에배네도는 사도 바울이 아시아에서 그리스도께 처음 맺은 열매라고 소개하고 있습니다. 여기 나오는 아시아는 지금 우리나라가 속한 아시아가 아니라 소아시아, 즉 터키 지역을 말하는 것입니다. 이 지역에서 사도 바울이 처음 전도한 사람, 처음 구령해서 구원받은 사람이 에배네도입니다. 처음 구령한 사람이니 얼마나 애착이 가겠습니까. 사도 바울은 자기에게 잘해준 사람들도 생각났지만, 자기가 처음 전도하여 구원받은 에배네도를 잊을 수가 없었습니다. 이 사람이 로마에 살기 때문에 이 에배네도에게도 안부 좀 전해달라고 이야기하는 것입니다.

여러분들은 여러분들이 전도한 사람 중에서 어떤 사람이 생각나십니까? 어떤 분들은 상당히 많은 사람들이 떠오르겠지만 어떤 분들은 전도를 하지 않아 떠오르는 사람이 없을 것입니다. 우리도 전도에 힘써서 "이 사람은 내가 주님께 맺은 열매이다"라고 간증할 수 있어야겠습니다.

4. 마리아

"너희를 위하여 많이 수고한 마리아에게 문안하라"(롬 16:6).

마리아라는 여인이 등장하고 있습니다. 성경에 마리아가 참 많이 나오는데 이 마리아는 '너희를 위해 많이 수고한 마리아' 입니다.

"주 안에서 수고한 드루배나와 드루보사에게 문안하라 주 안에서 많이 수고하고 사랑하는 버시에게 문안하라"(롬 16:12).

드루배나, 드루보사, 버시도 나오는데 이들도 수고를 많이 한 사람들입니다. 마리아, 드루배나, 드루보사, 버시는 모두 다 여자입니다. 이런 자매들이 있었기에 로마교회가 든든하게 서갈 수 있었습니다. 우리들의 교회도 마찬가지입니다. 교회가 이만큼 성장하고 부흥한 것은 많은 사람들이 교회를 위해 수고했기 때문입니다. 교회를 위해 수고해 주신 분들을 생각하면 얼마나 감사한지 모릅니다. 하나님께서 이런 분들을 특별히 축복해 주시기를 원합니다.

'수고'라는 것은 소수의 몇 사람만 해야 하는 것이 아닙니다. 사실 교회를 세워 나가기 위해서는 모든 사람들이 다 수고를 해야 하는 것입니다. 교회는 소수 몇 사람의 교회가 아닙니다. 우리 모두가 교회의 가족들이고, 교회의 지체들입니다. 그러므로 수고를 할 때는 함께 해야 합니다. 3절과 9절에는 '동역자'라는 말이 나옵니다. '동역자'란 '함께 일하는 사람'이라는 의미입니다. 목사나 소수의 사역자, 집사, 소수의 몇 사람만이 일하는 것이 아니라 우리 모두가 다 동역자이므로 함께 힘을 모아야 합니다. 우리 모두가 힘을 합해 교회를 잘 세워나가서 하나님께 큰 영광 돌리고, 많은 사람들을 주님께로 인도하며, 이 지역사회를 위해서도 좋은 일을 많이 감당할 수 있어야겠습니다. 우리들의 교회에도 마리아, 드루배나, 드루보사, 버시 같이 수고를 많이 하는 사람들이 일어나야겠습니다.

여러분이 하는 수고는 절대로 헛되지 않습니다. 어떤 때 여러분은 수고를 하면서도 과연 이것이 헛된 수고가 아닌가 생각할 때가 있을 것입니다. 목사님이 별로 알아주는 것 같지도 않고, 다른 성도들도 알아주는 것 같지 않은데 이거 내가 괜한 일을 하는 것이 아닌가 하는 생각을 혹 하실지도 모르겠습니다. 그러나 여러분, 절대로 그렇지 않습니다. 목사도 사람이다 보니 수고한 사람들을 일일이 챙겨주지 못할 때가 있고, 다른 성도들도 미처 알아보지 못할 때가 있습니다. 그러나 하나님은 여러분이 수고하고 있는 것을 다 알고 계십니다. 그리고 여러분이 하는 수고가 절대로 헛되지 않도록 해 주십니다. 수고하는 만큼 그 열매를 하나님께서 거두시고 영광 받으십니다.

"그러므로 내 사랑하는 형제들아 견실하며 흔들리지 말고 항상 주의 일에 더욱 힘쓰는 자들이 되라 이는 너희 수고가 주 안에서 헛되지 않은 줄 앎이라"(고전 15:58).

'흔들리지 말고 항상 주의 일에 더욱 힘쓰는 자들이 되라' 고 말씀하십니다. 절대로 우리의 수고가 헛되지 않는다고 말씀하고 있습니다. 이 하나님의 약속을 믿고 정말 힘써서 열심히 수고함으로 주님의 몸 된 교회를 잘 일구어 나갈 수 있는 우리가 되어야겠습니다.

5. 안드로니고와 유니아

"내 친척이요 나와 함께 갇혔던 안드로니고와 유니아에게 문안하라 그들은 사도들에게 존중히 여겨지고 또한 나보다 먼저 그리스도 안에 있는 자라"(롬 16:7).

안드로니고와 유니아가 나옵니다. 이 사람들은 한 사람은 남자이고, 한 사람은 여자여서 부부일 가능성이 많습니다. 사도 바울은 이 사람들을 '내 친척' 이라고 표현했습니다. 진짜 사도 바울의 친척인지, 아니면 동족개념으로 친척이라고 표현한 것인지는 알 수 없습니다. 로마서 9장 3절을 보면 사도 바울은 자기 동족을 일컬어 '내 친척' 이라는 표현을 쓰고 있는 것을 볼 수 있습니다. 그래서 진짜 친척인지, 아닌지는 알 수 없지만 이 두 사람은 정말 믿음이 좋은 사람들이었습니다. 이들은 사도 바울과 함께 감옥에도 들어갔었습니다. 얼마나 믿음이 좋고, 얼마나 열심히 주의 일을 했으면 감옥까지 갔겠습니까. 그러다보니 사도들에게 존중히 여김을 받았다고 기록되어 있습니다. 참으로 대단한 사람들입니다. 이들은 신앙생활도 상당히 오랫동안 했던 것 같습니다. 7절 후반절에 '또한 나보다 먼저 그리스도 안에 있는 자' 라고 사도 바울이 말한 것을 보면 바울보다 믿은 지가 더 오래된 사람들이라는 것을 알 수 있습니다. 신앙생활을 오래 했다고 해서 다 믿음이 좋은 것은 아닙니다. 그런데 이들은 신앙생활도 오래 했고, 믿음도 좋고, 모든 면에서 본이 되었습니다. 그래서 사도들로부터 존중히 여김을 받았던 것입니다. 여러분들도 이런 사람이 되시기 바랍니다. 교회 지도자들에 의해서, 목사님들에 의해서, 집사님들에 의해서 인정받는 그런 사람이 되시기 바랍니다.

교회 안에는 특별히 존중히 여김을 받는 사람들이 있습니다. 그런 분들이 있어야만 합니다. 그것이 성서적입니다. 어떤 사람들은 교회는 공평해야 한다고 말하는데 그 말도 맞지만 어떤 사람들은 특별히 존중히 여겨질 수밖에 없습니다. 로마교회에서는 안드로니고와 유니아가 사도들에 의해서 특별히 존중을 받았던 사람들입니다. 빌립보서 2장 29절에 보면 에바브로디도라는 사람에 대해서 사도 바울이 "이와 같은 자들을 존귀히 여기라"고 이야기하고 있습니다. 또, 고린도전서 16장 18절에 보면 몇 사람에 대하여 이야기하면서 "너희는 이런 사람들을 알아주라"고 말씀하고 있습니다. 교회 안에서는 특별히 알아줘야하는 사람이 있어야 하는 것이 당연한 일입니다. 그것이 성경적입니다. 믿음 좋은 사람들, 열심히 수고한 사람들을 알아줘야 하는 것입니다. 이런 사람들은 믿음 없는 사람들과 같을 수 없기 때문입니다. 우리들의 교회에도 안드로니고와 유니아 같은 사람들이 많이 나와서 하나님께 큰 영광을 돌릴 수 있기를 바랍니다.

6. 아벨레

"그리스도 안에서 인정함을 받은 아벨레에게 문안하라"(롬 16:10a).

아벨레라는 사람은 그리스도 안에서 인정함을 받았다고 이야기하고 있습니다. 사도 바울이 영적 아들 디모데에게 늘 권면했던 것이 그리스도 안에서 인정받는 일꾼이 되라는 것이었습니다.

"너는 진리의 말씀을 옳게 분별하며 부끄러울 것이 없는 일꾼으로 인정된 자로 자신을 하나님 앞에 드리기를 힘쓰라"(딤후 2:15).

사도 바울이 디모데에게, 그리고 우리들에게 요구하는 것이 '인정된 자가 되라' 는 것입니다. 하나님께 인정받는 사람이 되라는 것이지요. 그런데 로마교회에서 아벨레가 그런 사람이었습니다. 그리스도 안에서 이 사람은 인정을 받았습니다. 믿음 좋은 사람, 신실한 사람으로 거룩한 삶을 산다는 것을 누가 봐도 다 알았습니다. 인정받았습니다. 우리도 그리스도 안에서 인정받는 성도들, 인정받는 일꾼들이 될 수 있기를 바랍니다.

7. 루포의 어머니

"주 안에서 택하심을 입은 루포와 그의 어머니에게 문안하라 그의 어머니는 곧 내 어머니니라"(롬 16:13).

루포와 그의 어머니를 언급하고 있습니다. 루포라는 이름은 마가복음에도 나옵니다.

"마침 알렉산더와 루포의 아버지인 구레네 사람 시몬이 시골로부터 와서 지나가는데 그들이 그를 억지로 같이 가게 하여 예수의 십자가를 지우고"(눅 15:21).

예수님이 십자가를 지고 골고다 언덕을 올라가실 때 힘이 없어 쓰러지셨습니다. 그 때 로마병정들이 지나가던 한 사람을 지목해서 대신 십자가를 지고 올라가게 했는데 그 사람의 이름이 구레네 사람 시몬, 바로 루포의 아버지였습니다. 이 시몬의 아들 이름이 루포입니다. 그런데 본문에 나온 루포가 시몬의 아들 루포인지는 확실하게 알 수 없지만 같은 인물일 가능성이 상당히 높습니다. 왜냐하면 본문의 루포가 살고 있는 곳이 로마인데 마가복음은 로마에서 기록된 책입니다. 그러므로 동일인물일 가능성이 높습니다. 어쩌면 구레네 사람 시몬은 처음에는 예수님을 안 믿었을지도 모릅니다. 그러나 이 일이 계기가 되어서 예수님에 대해서 관심을 가지게 되었고, 믿게 되어 그 아들들까지 믿음이 좋은 사람들이 되지 않았을까 생각해볼 수 있습니다.

그런데 여기서 보기 원하는 사람은 루포가 아닌 그의 어머니입니다. 사도 바울은 '그의 어머니는 곧 내 어머니' 라고 했습니다. 루포의 어머니가 사도 바울에게 얼마나 잘해 주었으면 이런 말을 했겠습니까. 사도 바울은 참으로 외롭고 힘든 삶을 살았습니다. 가족도 없이 늘 떠돌아다니면서 어렵게 살았습니다. 그런데 사도 바울에게 이 루포의 어머니가 친 어머니처럼 잘 해준 것을 알 수 있습니다. 그렇게 할 수 있었던 것은 루포의 어머니 마음속에 그리스도의 사랑이 있었기 때문입니다.

교회의 좋은 점이 바로 이런 것입니다. 교회는 다양한 사람들이 모여서 한 교회를 이룹니다. 일단 교회에 들어오면 모두가 다 한 형제요, 자매입니다. 연세가 많은 분들은 아버지가 되고, 어머니가 됩니다. 나이가 어린 사람들은 동생이요, 자녀들로 서로 관계를 맺습니다. 이것이 얼마나 좋은지 모릅니다. 그래서 교회라는 곳은 결국 우리의 또 다른 가족 공동체라고 말할 수 있습니다. 우리에게 육신의 가족들이 있지만 그 가족 못지않게 끈끈한 정을 나누는 것이 교회 가족입니다. 그리스도의 피로 맺어진 가족관계라 할 수 있습니다. 그러므로 교회 안에서 성도들을 깊이 사랑할 수 있어야겠습니다.

이 본문에 보면 사도 바울이 사람들을 이야기할 때 자주 사용하는 단어가 '사랑하는 ~ ~' 입니다. 사도 바울이 사랑하지도 않으면서 괜히 이렇게 말했다고 생각하지 않습니다. 그에게 사랑하는 마음이 있었기 때문에 이렇게 표현한 것입니다. 그리고 가장 많이 나온 표현은 '문안하라' 입니다. 사랑하지 않으면 문안할 이유도 없습니다. 사랑하니까 보고 싶고, 그립고, 그리고 문안도 좀 해달라고 부탁하는 것입니다. 하나님께서 우리들을 한 교회로 불러 모아 주셨습니다. 우리는 교회 안의 한 형제요, 자매임을 늘 기억하면서 주 안에서 깊은 사랑을 나눌 수 있어야겠습니다. 루포의 어머니와 사도 바울의 관계를 통해서 배울 수 있는 교훈이 이것입니다.

본문에 나오는 사람들은 각각 환경과 배경이 달랐지만 한결 같이 아름다운 사람들이었습니다. 이런 사람들이 있었기에 로마교회가 든든히 세워질 수 있었습니다. 하나님께서는 우리들도 우리의 교회로 불러주셨습니다. 우리의 교회도 많은 사람들의 수고와 눈물과 기도가 있었기에 오늘날까지 성장해올 수 있었습니다. 우리도 본문에서 살펴본 사람들의 믿음을 본받아서, 열심을 다해 하나님께서 우리에게 허락하신 교회를 잘 세워 나가도록 합시다.

22

이런 사람 조심하십시오

(롬 16:17-27)

롬 16:17-27

17 형제들아 내가 너희를 권하노니 너희가 배운 교훈을 거슬러 분쟁을 일으키거나 거치게 하는 자들을 살피고 그들에게서 떠나라

18 이같은 자들은 우리 주 그리스도를 섬기지 아니하고 다만 자기들의 배만 섬기나니 교활한 말과 아첨하는 말로 순진한 자들의 마음을 미혹하느니라

19 너희의 순종함이 모든 사람에게 들리는지라 그러므로 내가 너희로 말미암아 기뻐하노니 너희가 선한 데 지혜롭고 악한 데 미련하기를 원하노라

20 평강의 하나님께서 속히 사탄을 너희 발 아래에서 상하게 하시리라 우리 주 예수의 은혜가 너희에게 있을지어다

21 나의 동역자 디모데와 나의 친척 누기오와 야손과 소시바더가 너희에게 문안하느니라

22 이 편지를 기록하는 나 더디오도 주 안에서 너희에게 문안하노라

23 나와 온 교회를 돌보아 주는 가이오도 너희에게 문안하고 이 성의 재무관 에라스도와 형제 구아도도 너희에게 문안하느니라

24 (없음)

25 나의 복음과 예수 그리스도를 전파함은 영세 전부터 감추어졌다가

26 이제는 나타내신 바 되었으며 영원하신 하나님의 명을 따라 선지자들의 글로 말미암아 모든 민족이 믿어 순종하게 하시려고 알게 하신 바 그 신비의 계시를 따라 된 것이니 이 복음으로 너희를 능히 견고하게 하실

27 지혜로우신 하나님께 예수 그리스도로 말미암아 영광이 세세무궁하도록 있을지어다 아멘

로마서의 마지막 부분인 본문은 크게 세 부분으로 나누어져 있습니다.

(1) 17-20절 : 로마서를 마감하면서 마지막으로 로마교회 성도들에게 당부하고 싶은 말씀

(2) 21-23절 : 다시 한 번 로마교회 성도들에게 문안하는 내용

(3) 25-27절 : 로마서를 마무리하면서 하나님께 영광 돌리는 내용

본문을 살펴보면서 하나님께서 우리에게 주시는 교훈이 무엇인지 함께 생각해 보기를 원합니다.

본문을 살펴보기 전에 먼저 24절을 잠깐 보기 원합니다. 로마서 16장 24절을 보면 '없음' 이라고 나와 있습니다. 왜 24절이 없는가 하면 처음에 신약성경의 원본은 헬라어로 기록되었습니다. 그런데 사도 바울이 기록한 로마서의 원본은 이 세상에 없고, 누군가가 원본을 베껴서 쓴 필사본 즉 사본이 있는데 초기 믿을만한 헬라어 사본에는 이 24절이 없습니다. 그러나 나중에 늦게 나온 사본에는 24절의 내용이 간혹 들어가 있기도 합니다. 그러므로 초기의 사본이 더 믿을 만하기 때문에 원본에는 24절이 없었을 확률이 더 높다는 결론이 나옵니다. 바로 이런 이유 때문에, 아마 원본에는 없었을 것이라고 생각해서 개역개정판이나 최근에 나오는 좋은 성경에는 이 구절을 '없음' 이라고 기록하는 것입니다. 이런 말씀이 없다고 해서 하나님의 말씀을 성경에서 제하여 버렸다고 생각해서는 안 됩니다. 일부 사람들은 특정 구절이 빠진 성경은 별로 안 좋은 것이라고 생각하는데 그렇지 않습니다. 오히려 원본에 더 충실하려고 노력했기

때문에 원본에 없었을 것 같은 말씀은 아예 **빼놓고** 기록하는 것입니다. 그런 경우가 본문의 24절입니다.

이제 본문을 살펴보겠습니다.

1. 로마교회 성도들에게 당부하는 마지막 권면 (롬 16:17-20)

사도 바울이 로마서를 끝내기 전에 로마의 성도들에게 마지막 권면을 해주고 있습니다. 그 내용은 문제 있는 사람들을 멀리하고 그들로부터 떠나라는 것입니다.

"형제들아 내가 너희를 권하노니 너희가 배운 교훈을 거슬러 분쟁을 일으키거나 거치게 하는 자들을 살피고 그들에게서 떠나라" (롬 16:17).

로마교회는 사실 굉장히 좋은 교회였습니다. 성도 중에는 브리스길라와 아굴라 같이 믿음 좋은 부부들도 있었고, 교회를 위해서 수고하는 신실한 성도들이 여러 명 있었으며, 사도들에게 존중히 여김을 받는 사람들, 그리스도 안에서 인정함을 받은 사람들도 있었습니다. 성도를 보면 그 교회를 알 수 있는데 이같이 좋은 성도들이 있는 것으로 보아 로마교회는 좋은 교회였다는 것을 알 수 있습니다. 그럼에도 불구하고 사도 바울이 문제를 일으키는 사람들을 살피고 그들에게서 떠나라고 말씀하고 있는 것을 보면 교회 안에 문제를 일으키는 사람들, 문제를 일으킬 가능성이 높은 사람들도 있었던 것 같습니다. 문제를 일으킬만한 사람들이 없다면 이런 말씀을 굳이 할 필요가 없었겠지요. 교회 안에 그러한 사람들이 이미 있거나 아니면 그럴 가능성이 충분히 있기 때문에 사도 바울이 그런 사람들을 조심하고, 멀리하고, 떠나라고 말씀하는 것입니다.

그러면 이렇게 좋은 교회에 왜 문제 있는 성도들이 있는 것일까요?

그 대답을 20절에서 발견할 수 있습니다.

"평강의 하나님께서 속히 사탄을 너희 발 아래에서 상하게 하시리라"(롬 16:20a).

로마교회 안에 문제 있는 사람들이 있었는데 결국 그들을 뒤에서 조종하는 세력이 사탄이라는 것입니다. 사탄이 존재하는 한 교회 안에는 늘 문제가 있을 수 있고, 여러 가지 복잡한 상황이 벌어질 수 있습니다. 사탄은 하나님의 교회가 잘 되는 것을 절대로 원치 않습니다. 어떻게 해서라도 교회를 분쟁에 휩싸이게 만듭니다. 그리고 교회로 하여금 교회의 본분에 충실하지 못하도록 훼방을 합니다. 이것이 마귀가 이 땅에서 하는 중요한 일 중 하나입니다. 왜 이 땅의 교회들이 많은 문제를 가지고 있는지 이제 이해가 되시지요? 교회는 하나님도 역사하시지만 하나님의 반대 세력인 마귀도 역사함으로 교회에 문제들이 많은 것입니다.

그래서 그런 사람들이 있으면 잘 살피고 그들을 떠나라고 말씀하고 있습니다. 어떤 사람들이 지금 마귀에 의해서 쓰임 받고 있는지, 분쟁을 야기시키고 있는지 잘 살피라는 것입니다. 그리고 파악이 되었으면 그 사람들을 멀리하고 떠나라고 했습니다. 그런데 우리 생각 같아서는 그들이 떠났으면 좋겠는데 왜 성도들보고 떠나라고 하는 것일까요? 왜 그런가 하면 그들은 안 떠나기 때문입니다. 그들은 교회를 파괴시킬 목적이 있기 때문에 교회를 잘 안 떠납니다. 그러니까 마음이 약한 사람들, 순수한 사람들이 어쩔 수 없이 교회를 떠나게 되는 것이지요. 이것이 사도 바울이 내다보고 있는 것이고, 교회의 현실인 것입니다. 그들은 교회를 안 떠날 뿐 아니라 계속 돌아다니면서 자기네 쪽으로 사람들을 끌어들이고, 교회를 망가뜨리는 일을 함께 하도록 사람들을 미혹합니다.

"이 같은 자들은 우리 주 그리스도를 섬기지 아니하고 다만 자기들의 배만 섬기나니 교활한 말과 아첨하는 말로 순진한 자들의 마음을 미혹하느니라"(롬 16:18).

그들이 '순진한 자들의 마음을 미혹한다' 고 이야기하고 있습니다. 그들이 하는 일이 이런 것입니다. 마귀에게 쓰임 받는 사람들이 교회를 헐기 위해서, 세력을 키우기 위해서 사람들을 찾아다니고 미혹하는 짓을 합니다. 그들은 "나는 그리스도인이야. 나는 교회를 위해서 이런 일들을 하고 있어"라고 말하지만 사실은 하나님을 섬기는 사람들이 아닙니다. 말씀에 의하면 이 사람들은 '자기들의 배를 섬기는 사람' 이라고 이야기하고 있습니다. 자기들의 배를 섬긴다는 것은 자신들의 목적을 위해서 그렇게 한다는 것입니다. 절대로 하나님을 위해서나 교회를 위해서 하는 것이 아니라는 말씀입니다. 혹시 이런 사람들이 있다면 절대로 미혹되지 마시기 바랍니다. 이러한 사람들은 비교적 말을 능란하게 잘합니다. 이 사람들은 '교활한 말' 과 '아첨하는 말' 을 한다고 이야기하고 있습니다. 아무리 말을 잘하고 그럴 듯하게 들린다고 해도 잘 분별할 수 있어야 합니다. 간혹 순진한 사람들이 멋모르고 그런 사람들에게 넘어가는데 그것은 참으로 비극입니다. 그 사람들은 교회를 세우는 척 하지만 결국은 교회를 허물어뜨리는 사람들입니다. 우리가 교회를 세우는 사람이 되어야지 교회를 허무는 역할을 해서야 되겠습니까? 안 되지요. 그렇기 때문에 그런 사람들과 함께 할 수 없는 것입니다.

"너희의 순종함이 모든 사람에게 들리는지라 그러므로 내가 너희로 말미암아 기뻐하노니 너희가 선한 데 지혜롭고 악한 데 미련하기를 원하노라"(롬 16:19).

그런 일에 연루되지 않고 끌려가지 않기 위해서는 '선한 데 지혜롭고 악한 데 미련하라' 고 말씀하고 있습니다. 사람이 선한 일에 지혜롭고 선한 일에 머리를 써야지, 악한 일을 생각하고 악한 쪽으로만 머리를 쓴다면 참 불행한 일입니다. 그런 사람이 되지 마십시오, 항상 선한 일에는 지혜로운 사람이 되시고, 악한 일에는 바보가 되십시오. 그것이 성경이 말하는 것이고, 그것이 복입니다.

2. 로마교회 성도들에게 전하는 문안 인사 (롬 16:21-23)

"나의 동역자 디모데와 나의 친척 누기오와 야손과 소시바더가 너희에게 문안하느니라 이 편지를 기록하는 나 더디오도 주 안에서 너희에게 문안하노라 나와 온 교회를 돌보아 주는 가이오도 너희에게 문안하고 이 성의 재무관 에라스도와 형제 구아도도 너희에게 문안하느니라"(롬 16:21-23).

고린도에서 사도 바울과 함께 있는 사람들이 지금 로마교회 성도들에게 안부를 전하고 있습니다. 로마서 16장 3-16절 말씀에서는 바울이 직접 로마 성도들에게 안부를 전했습니다. 그런데 이번에는 바울과 함께 있는 사람들이 로마에 있는 성도들에게 안부를 전하는 것입니다. 사도 바울이 그 안부를 전해주고 있습니다.

이 본문에 어떤 사람들이 등장하는가 하면 먼저 디모데가 나옵니다. 디모데는 사도 바울의 영적 아들로 끝까지 사도 바울 곁에서 하나님의 사역을 도왔습니다.

그 다음에는 누기오, 야손, 소시바더 이런 사람들이 나옵니다.

사도행전 13장 1절에 보면 안디옥교회의 5명의 지도자가 나옵니다. 그들은 바나바, 시므온, 루기오, 마나엔, 그리고 나중에 이름이 바울로 바뀐 사울입니다. 어떤 학자들은 본문에 나오는 누기오가 사도행전 13장 1절에 나오는 루기오가 아닐까 생각하는데 정확한 것은 알 수 없습니다. 개역개정판 성경에는 '누기오'와 '루기오'로 철자를 약간 다르게 표기하는데, 표준새번역 성경이나 영어성경, 헬라어성경에 보면 철자가 똑같습니다. 그러므로 같은 사람인지, 아닌지 정확히 알 수는 없습니다. 하지만 학자들은 같은 인물일 것이라고 추측합니다.

사도행전 17장 5-9절에 보면 사도 바울이 데살로니가에서 사역할 때 큰 어려움을 당한 적이 있습니다. 그 때 야손이라는 사람이 사도 바울을 보호해주었습니다. 그 야손이 본문에 나오는 야손이 아닐까 생각해볼 수 있는데 물론 이것도 정확한 것은 아닙니다.

또, 사도행전 20장 4절을 보면 사도 바울이 소아시아지역으로 갈 때 동행한 사람 중에 소바더라는 사람이 있었습니다. 그 소바더가 이 본문에 나오는 소시바더가 아닐까라는 의견도 있습니다.

어쨌든 이런 사람들이 사도 바울 곁에 있었고, 로마교회 성도들에게 문안 인사를 하고 있는 것입니다.

22절에 보면 더디오라는 사람도 문안 인사를 하고 있습니다. 더디오는 본문에서 '이 편지를 기록하는 나 더디오'라고 표현하고 있는데 이것은 로마서를 기록한 것을 말하는 것이 아닙니다. 전체적으로 로마서를 쓴 사람은 사도 바울이라고 로마서 1장 서두에서 밝히고 있습니다. 여기서 이 편지를 기록한다는 것은 대필해주는 역할을 했다는 말입니다. 그 당시에는 양피지에 붓으로 글씨를 잘 써야 했는데 정신을 바짝 차리고 집중해서 쓰는 것이 사도 바울에게는 힘든 일이어서 사도 바울이 불러주고 더디오가 받아쓴 것입니다. 더디오가 대필해주면서 안부도 전하고 있습니다. 이 더디오라는 이름은 라틴어로 '세 번째'라는 의미입니다. 아마 그는 셋째 아들이었을 것이라고 추측할 수 있습니다. 영어로 '세 번째'는 'third'인데 '더디오'와 발음이 비슷합니다. 그 말에서 붙여진 이름일 것입니다.

23절에는 가이오라는 사람이 문안 인사를 하고 있습니다. 가이오라는 사람은 신약성경에 세 사람 정도 나옵니다. 사도행전 19장 29절에 '마게도냐 사람 가이오'가 나오고, 사도행전 20장 4절에 '더베 사람 가이오'가 나오는데 이 두 사람은 본문에 나오는 가이오와는 다른 사람들인 것 같습니다. 그러나 고린도전서 1장 14절에 나오는 가이오는 같은 사람일 것이라고 많은 학자들이 생각합니다.

"나는 그리스보와 가이오 외에는 너희 중 아무에게도 내가 침례를 베풀지 아니한 것을 감사하노니"(고전 1:14).

여기 나오는 가이오는 사도 바울이 침례를 준 가이오입니다. 사도 바울이 고린도에 있는 사람들에게 고린도전서를 기록하면서 가이오에 대해 쓴 것을 보면 가이오는 고린도에 사는 사람입니다. 본문 23절에 보면 가이오에 대해 '나와 온 교회를 돌보아 주는 가이오'라고 말하고 있습니다. 가이오가 돌보고 있는 교회는 고린도교회를 말하는 것입니다. 그리고 가이오는 지금 사도 바울과 함께 고린도에 있습니다. 그러므로 로마서는 사도 바울이 고린도에서 기록했다는 것을 알 수 있습니다.

또, 계속 보면 에라스도라는 사람이 나옵니다. 그는 이 성의 재무관이라고 했습니다. 이 성은 고린도를 말합니다. 고린도에서 재무관을 하는 사람이 에라스도였습니다. 이 사람은 신분이 높은 사람이었습니다. 초대교회 성도들의 분포를 보면 신분이 낮은 사람로부터 에라스도처럼 상당히 지위가 높은 사람들도 있었다는 것을 알 수 있습니다. 고고학자들이 고린도지역을 발굴해 나가다가 광장으로 쓰였던 곳에서 벽돌을 하나 발견했는데 그 벽돌에 에라스도라는 이름이 나옵니다. "이곳에 들어간 포장의 경비는 지방행정관 에라스도가 부담했다"라고 발굴된 벽돌에 씌어져 있었습니다. 본문의 에라스도와 벽돌에 새겨진 에라스도가 같은 인물이 아닌가 생각됩니다. 사도행전 19장 22절을 보면 에라스도에 대한 언급이 나오는데 "자기를 돕는 사람 중에서 디모데와 에라스도 두 사람을 마게도냐로 보내고"라고 기록되어 있습니다. 에라스도가 사도 바울을 돕는 사람이었다는 것을 발견할 수 있습니다. 로마서의 에라스도와 벽돌에 씌어진 에라스도와 사도행전 19장 22절의 에라스도가 동일 인물이라면 이 사람은 정말 믿음이 좋은 사람입니다. 사회적인 지위도 높았지만 사도 바울을 열심히 돕고, 교회를 열심히 섬긴 위대한 하나님의 사람으로 볼 수 있습니다. 우리 중에서도 에라스도와 같이 지위도 있고, 믿음도 좋은 사람들이 많이 나올 수 있기를 바랍니다.

마지막으로 등장하는 인물이 구아도라는 사람입니다. 구아도라는 말은 '네 번째'라는 의미입니다. 이 사람은 넷째 아들이었던 것 같습니다. 영어로 1/4, 4중주라는 말이 '쿼터(quarter)', '콰르텟

(quartet)'인데 발음이 '구아도'와 비슷합니다.

지금까지 어떤 사람들이 사도 바울 곁에 있었고, 그를 도왔는지 살펴보았습니다.

3. 하나님께 대한 찬양 (롬 16:25-27)

"나의 복음과 예수 그리스도를 전파함은 영세 전부터 감추어졌다가 이제는 나타내신 바 되었으며 영원하신 하나님의 명을 따라 선지자들의 글로 말미암아 모든 민족이 믿어 순종하게 하시려고 알게 하신 바 그 신비의 계시를 따라 된 것이니 이 복음으로 너희를 능히 견고하게 하실 지혜로우신 하나님께 예수 그리스도로 말미암아 영광이 세세 무궁하도록 있을지어다 아멘"(롬 16:25-27).

이 말씀은 하나님을 찬양하는 내용입니다. 사도 바울의 다른 서신서들을 보면 보통 제일 마지막에는 성도들을 축복하는 말로 끝맺음을 하였습니다. 가장 대표적인 문구가 "우리 주 예수 그리스도의 은혜가 너희와 함께 있을 지어다" 하는 말입니다. 그런데 유일하게 이 로마서만큼은 하나님을 찬양하는 말로 끝을 맺고 있습니다. 성도들을 축복하는 말은 20절 하반절에서 이미 "우리 주 예수의 은혜가 너희에게 있을 지어다"라고 하였습니다. 그리고 이제 로마서의 마지막을 조금 독특하게 하나님을 찬양하는 내용으로 마치고 있습니다.

예수님의 복음에 대한 중요한 몇 가지 사실

그런데 로마서의 마지막 부분을 유심히 잘 살펴보면 예수님의 복음에 대해서 중요한 몇 가지 사실을 우리에게 이야기해주고 있는 것을 볼 수 있습니다.

첫째, 예수 그리스도의 복음은 오랫동안 감추어졌다가 드러난 신비이다.

"나의 복음과 예수 그리스도를 전파함은 영세 전부터 감추어졌다가 이제는 나타내신 바 되었으며"(롬 16:25-26a).

예수 그리스도의 복음이 전에는 감추어졌다가 이제는 나타난 바 되었다고 이야기하고 있습니다. 예수 그리스도의 복음은 구약시대에는 감추어져 있다가 신약시대에 명확하게 드러나게 되었습니다. 이런 것을 볼 때 하나님의 계시는 점진적인 것이라는 것을 알 수 있습니다. 구약시대에 성도들이 가졌던 하나님의 계시와 우리가 지금 알고 있는 하나님의 계시는 내용면에서 많은 차이가 있습니다. 우리가 하나님의 계시를 훨씬 더 많이 알고 있습니다. 우리는 신약까지 다 알고 있으니까요. 구약시대의 성도들은 신약이 없어서 예수 그리스도의 복음을 몰랐습니다.

그러면 구약시대 성도들은 어떻게 구원받을 수 있었을까요? 그 당시에도 하나님께서 사람들에게 보여주신 계시가 있었습니다. 그리고 하나님은 항상 하나님께서 나타내 보여주신 것을 기준으로 해서 사람들을 평가하십니다. 우리에게는 예수 그리스도를 보여주셨기 때문에 우리는 예수 그리스도를 반드시 믿어야만 합니다. 예수님을 몰랐던 구약시대의 성도들은 그 당시 하나님께서 보여주신 그 계시를 기준으로 평가하여 구원할 사람은 구원해 주시고, 멸망시킬 사람은 멸망시키는 것입니다. 그렇기 때문에 예수님을 직접적으로 몰랐던 노아, 아브라함, 욥, 모세 같은 사람들도 구원받을 수 있었던 것입니다.

둘째, 예수 그리스도의 복음은 선지자들의 글을 통해 나타났다.

"이제는 나타내신 바 되었으며 영원하신 하나님의 명을 따라 선지자들의 글로 말미암아"(롬 16:26a).

선지자들의 글로 말미암아 결국 복음이 드러났다고 말씀하고 있습니다. 여기에 대해서는 로마서 1장 2절에서도 말씀한 바 있습니다.

"이 복음은 하나님이 선지자들을 통하여 그의 아들에 관하여 성경에 미리 약속하신 것이라"(롬 1:2).

복음은 이미 구약시대, 구약성경에서도 하나님께서 선지자들을 통하여 나타내 보이셨습니다. 그래서 시편, 이사야의 글에 오실 메시야 예수 그리스도에 대한 기록들이 많은 것을 볼 수 있습니다. 선지자들이 기록한 것입니다. 그런데 선지자들이 기록은 하면서도 모든 것을 정확하게 이해하지는 못했을 수도 있습니다. 예를 들어서 시편 같은 경우 다윗이 예수님에 대해 예언하는 글을 썼지만, 그 글이 예수님에 대한 예언임을 이해하지 못했을 수도 있다는 말입니다. 그러나 결국 때가 되었을 때 하나님께서 복음 전하는 자들을 통하여 그 말씀이 바로 예수 그리스도를 두고 하신 말씀이라는 것을 밝히 드러내 보여주셨습니다.

셋째, 예수 그리스도의 복음은 모든 민족이 믿어 순종해야 하는 것이다.

26절 중간에 보면 '모든 민족이 믿어 순종하게 하시려고' 라는 말씀이 나옵니다. 복음이 사람들에게 적용되기 위해서는 사람들이 믿어야 합니다. 믿음이 구원받는 방법입니다. 사실 로마서 전체를 통해서 사도 바울이 계속 강조하는 것이 '오직 사람은 믿음으로만 하나님께 나아갈 수 있고 의로워질 수 있다' 하는 것입니다. 즉 '이신득의(以信得義)'의 교리를 로마서에서 가르치고 있습니다. 그런데 여기서도 믿음을 한 번 더 강조하고 있습니다.

그리고 복음의 대상, 복음을 받아들여야 하는 사람은 '모든 민족'입니다. 모든 민족이 믿어 순종해야 하는 것입니다. 유대인뿐만 아니라 모든 이방인, 이 세상 모든 사람들이 다 복음을 받아들여야 하고, 구원을 받아야 한다는 것을 여기서 말씀하고 있습니다.

그래서 예수님께서 이렇게 말씀하셨습니다.

"너희는 가서 모든 민족을 제자로 삼아 아버지와 아들과 성령의 이름으로 침례를 베풀고"(마 28:19).

"너희는 온 천하에 다니며 만민에게 복음을 전파하라"(막 16:15).

특정한 어떤 사람들만이 아니라 세상의 모든 사람들이 복음을 들어야 합니다. 그래서 우리가 복음을 전해야 하는 것입니다. 우리의 교회가 선교를 해야 하는 것입니다. 이것이 바로 교회가 이 땅에 존재하는 이유입니다.

그리고 교회가 복음을 잘 전하기 위해서는 교회가 든든히 서야 합니다. 교회가 든든하게 서기 위해서는 본문에 나온 것처럼 교회에서 문제를 일으키는 사람들, 잘못된 사람들을 경계하고 조심해야 하는 것입니다.

사랑하는 성도 여러분!

교회가 이 세상에 존재하는 목적은 주님의 지상명령을 성취하기 위해서입니다. 우리는 모두 이 일을 잘 감당할 수 있어야 합니다. 하나님께서는 교회를 통해서 모든 지역에 복음이 왕성하게 전파되기를 원하고 계십니다. 교회를 통해서 우리나라 전역에 복음이 널리 증거되기를 원하시고, 더 나아가서는 이 세상 끝까지 복음이 증거되기를 원하고 계십니다. 그래서 교회를 세워 주신 것이고, 우리들을 교회에 속하게 해 주신 것입니다.

성도 여러분!

복음 전도에 열심을 냅시다. 이 일을 하라고 하나님께서 우리의 생명을 지금까지 붙들어 주시고, 우리의 교회를 지켜주시는 것입니다. 우리는 그렇게 하기 위해서 우리 교회를 잘 세워 나가고, 잘 지켜 나가야 합니다.

하나님께서 우리에게 주신 로마서의 말씀을 잘 기억하면서 교회를 아름답게 세우고, 복음을 능력 있게 전하며, 승리하는 삶을 사시기 바랍니다.